정당한 위반

나쁜 세상에서 살아가는 법을 묻는다

정당한 위반

제1판 1쇄 발행일 2011년 10월 26일
제1판 2쇄 발행일 2011년 12월 25일

글 박용현
기획 책도둑(김민호, 박정훈, 박정식)
디자인 장원석
표지그림 장광석
인쇄 (주)갑우문화사
발행인 김은지
발행처 철수와영희

등록번호 제 319-2005-42호
주소 서울 마포구 망원1동 386-2 양경회관 302-1호
전화 02-332-0815
팩스 02-6091-0815
전자우편 chulsu815@hanmail.net

* 표지에 쓰인 이미지는 키스 해링의 드로잉 스타일을 차용해 다시 그렸음을 밝힙니다.
* 책값은 뒤표지에 있습니다.

ISBN 978-89-93463-19-4 03300

철수와영희 출판사는 '어린이' 철수와 영희, '어른' 철수와 영희에게 도움 되는 책을 펴내기 위해 노력하고 있습니다.

나쁜 세상에서 살아가는 법을 묻는다

정당한 위반

박용현 지음

철수와영희

서문

삶의 아름다움을 갈망하는 당신께

1.

'그'가 그리웠다. 10년 동안. 1998년 봄, 〈한겨레21〉 기자로 왔을 때 '그'의 앞에 처음 선 서른 즈음 총각은 발그레 얼굴을 붉혔던 기억이 난다.

그해 새로운 정부가 출범했고, 벚꽃을 하얗게 흩어놓던 바람은 5년차 기자의 갈망도 흔들어 깨웠다. 지긋지긋했던 권위주의 시대를 밀어낼, 더 나은 세상의 낌새에 배가 고팠다.

먼저 1980년대 민주화운동의 도덕성을 짓뭉갰던 '강기훈 유서대필 사건' 관련자들에게 달려갔다. 그에게 유죄의 굴레를 씌웠던 판검사들은 입을 다물었다. 답답한 학교와 가난이 싫어 동반 투신자살한 네 여중생의 영혼을 만나러 서울 대학로 밤거리로 나갔다. '머리카락이 뽑힐 것 같은 속도'로 달리고 나면 가슴이 좀 시원해진다는 여중생 꼭지(당시 16살·가명)는 폭주족 오빠를 기다리고 있었다. 서울역에서 만난 젊은 노숙인에겐 "일자리를 구하러 바닷가로 갈 차비" 몇만 원을 건넸다. 외환위기인데도 재벌들은 외화를 빼돌려 국외에서 호화 생활을 하다 적발됐고, 수배 노동자는 서울의 어떤 골목길 반지하 방에서 불안한 눈빛으로 기자를 기다리고 있었다.

커다란 눈망울이 귀여웠던 나임(당시 3살)은 지금 어디 있을까. 엄마는 한국 사람인데도 파키스탄인 아빠를 따라 이 땅에서 쫓겨나야 했던 나임. 외환위기로 신음하던 40대 가장은 "원조교제에 나서는 딸을 보며 피눈물을 흘렸다"고 말했다. 만주에 종군위안부로 끌려갔던 대구 출신 조윤옥 할머니는 해방 뒤 북한 국적으로 등록됐다는 이유만으로 돌아오지 못하고 있었다. 옌벤에서 두 동생과 58년 만에 해후하는 모습은 카메라마저 눈물 흘리게 했다.

세계인권선언 50돌이던 그해, 장기수들의 사상의 자유는 감옥 속에서만 허용됐고, '영남위원회'라는 공안사건이 세밑을 스산하게 장식했다.

세상은 변할 것 같으면서도 변하지 않았고, 서른 즈음의 사랑은 이뤄질 것 같으면서도 이뤄지지 않았다. 실연에 빠질수록 '그'에 대한 열정만 뜨거워졌을 뿐.

2008년, 10년을 돌고 돌아 다시 〈한겨레21〉에서 맞는 봄. 또 새로운 정부가 출범했고, 승리자들은 지난 세월을 '잃어버린 10년'이라고 부른다. '그'를 떠나 있던 시간이니 내게는 분명 상실의 세월일 수도 있겠으나, 저들이 잃어버린 건 무엇인지 파란 새싹처럼 궁금증이 솟는다. 권력에 배고팠다고 하면서도 뱃속엔 땅뙈기니 오피스텔이니 잔뜩 비곗덩어리를 숨기고 있다 들켜버린 내장비만 환자들이 잃어버린 건 무엇일까.

지난 10년 사이 정말 무언가를 잃어버린 이들은 따로 있다. 눈망울이 커다란, 러블린이라는 예쁜 이름의 나이지리아 소녀는 아빠와 함께 이 땅에서 쫓겨나야 한다. 10년 전 서울에서 태어났고 김치만으로 밥 한 공기를 먹어치우는 러블린을 대한민국은 여전히 품어주지 못한다. 전국 단위 일제고사가 초·중학교에까지 부활하고, 14살 중학생은 "제발, 학원이 없어지게 해주세요"라고 하나님께

기도한다. 이랜드노조 부위원장은 소망교회를 찾아가 "노동자들은 구제금융 상황으로 돌아갈 것 같아 불안하다"고 호소했고, 어떤 골목길 반지하 방에서는 비정규직 삶에 지친 아줌마 노동자가 수면제로 생을 마감했다. 조윤옥 할머니는 정부의 무관심 속에 끝내 바스러진 유골로 고향 땅을 밟았다. 성폭행당한 여고생(17)은 화장실에서 홀로 아이를 낳아 버릴 때까지 철저히 혼자였고, 끔찍한 어린이 살해 사건이 반복돼도 어린이들은 여전히 정책의 우선순위에서 밀려 있다.

세계인권선언 60돌인 올해, 10년 수배 끝에 붙잡힌 국가보안법 위반 혐의자는 3살·4살 두 딸과 생이별했다. 강기훈 씨는 이제야 필적감정 결과가 뒤집혀 무죄가 입증됐으나, 재심이란 절차가 또 그를 기다린다. 판검사들은 아직도 입을 다물고 있다. 판검사보다 높은 곳에는 재벌이 있으니, 10년 전처럼 외화 밀반출 같은 '사소한' 혐의로는 결코 처벌되지 않을 기세다.

세상은 변한 것 같으면서도 변하지 않았고, 그리움은 세월을 먹고 자랐다.

마흔 즈음의 애 아빠가 돼 다시 '그' 앞에 섰는데도, 심장은 방망이질하고 펜 끝은 달빛 아래 수줍은 개나리 가지처럼 떨린다. 다행히, 희망의 낌새를 찾는 습관은 여전하다. 이제 떨리는 손으로 '그'에게 매주 두꺼운 연서를 보내기로 한다. 지난 10년 동안 변하지 않은, 오히려 세련되어져 더 잔혹하고 은밀해져 더 야비한 세상의 모습을 거기 담으려 한다. 그건 아귀다툼 지옥과 연옥의 묘사처럼 읽기 불편한 것일 수도 있겠다. 그러나 『신곡』이 그랬듯, 그것은 지독한 사랑의 발로. '그'와 다시 손잡고 찾아가고픈 봄날 정원 같은 세상을 그리기 위함이다.

2.

앞의 글은 3년 전 〈한겨레21〉 편집장을 맡고 나서 처음 쓴 권두 칼럼 '만리재에서'다. 이후 3년간 매주 '그'에게 연애편지를 썼다. 거기에 담긴 세상은 '예전보다 더 세련되어져 더더욱 잔혹하고, 예측보다 더 은밀해져 더더욱 야비한' 모습이었다. 과거에는 일도양단의 명쾌한 논리로 정의와 부정의를 재단할 수 있었다지만, 이제 세상은 회색의 정의를 둘러 입고 그 모호함 속으로 추악한 본모습을 숨겨버렸다.

이 책으로 묶인 124편의 글들은 그 나쁜 세상에 대한 (불완전한) 기록이자, 그 나쁜 세상에서 살아가는 법에 대한 (미완의) 모색이다. 나쁜 세상에 깨지고, 스스로 성찰하고, 다시 일어나 부딪쳐 살아가고, 몸과 마음에 멍이 들어도 여전히 삶의 아름다움에 대한 갈망을 놓지 않는 '그'와 소통하려 했던 흔적이다.

그 과정에서 가장 많이 의지했던 건 심플한 상식이었다. 내가 배우고 수긍했던 상식들을 저 회색의 두툼한 망토 속에서 끄집어내는 것이면 대개는 충분했다. 교과서에 나오는 상식일 수도 있고, 사회 구성원 대다수가 이성을 발휘해 도달할 수 있는 상식일 수도 있고, 대한민국이란 나라 이외의 곳에서는 이미 대부분 제도로 통용되는 상식일 수도 있는 것들에게 '상식'이라는 제 이름을 찾아주고 싶었다.

그리고 약간의 점성(粘性)을 더하면 됐다. 만물에는 서로 끌어당기는 힘이 있어 그 작용으로 태양이 여명을 일으키고 황혼 속에 지며 달빛에 바다가 움직인다고 하는데, 사람 사이에 작용하는 만유인력이란 너무도 미미해 인간사의 끈끈한 얽힘과 터질 듯한 사랑과 숭엄한 연대의 힘을 설명하기엔 턱없다. 그러니 사람 사이엔 다른 어떤 끌어당김의 힘이 있을 터, 그걸 일컫는 말로 점성을 생각했다. 하기야 우리 몸에서 분비되는 눈물, 땀, 타액, 그리고 붉은 피까지, 물보다 진한 그 점성의 액체들을 통해 우리는 공감하고 분노하고 사랑하고 꿈꾸지 않던가. 민주주의도 그 점성의 오랜 진화가 빚어낸 (미완의) 작품이 아닐까. 인권이나 정의와 같은 추상의 가치가 우리 마음에 눌어붙을 수 있는 것도 그 점성 탓이 아닐까. 딱딱한 법에 관한 이야기 속에도 늘큰한 점성은 어김없이 자리 잡고 있다. 사정이 이러하니 우리의 모든 소통은 연서일 수밖에 없다.

애초 '그'는 〈한겨레21〉의 독자를 상정한 비유였지만, 이제 더 많은 독자들로 편지의 수신자를 확장해보려 한다. 이미 세상에 내놓았던 글들을 다시 묶어 책을 만드는 일이 염치없는 짓이란 건 알지만, 글을 써온 지난 3년간 불행히도 세상은 조금도 변하지 않았기에 그 나쁜 세상에서 살아가는 법에 대해 한 명이라도 더 뜻을 나눌 이가 있을 것 같아 간절한 마음으로 원고를 추슬렀다.

다만, 크게 변한 건 없다 해도, 한두 해 전의 구체적 사건·인물을 예로 들거나 그에 관한 지식을 전제로 삼고 있는 일부 글을 읽을 때 불편함을 겪을 독자들께 깊은 헤아림을 구한다.

3.

부족한 글에 공감과 격려로 답해준 〈한겨레21〉 독자 여러분께 고개 숙여 감사드린다. 함께했던 기자들에게 그동안 숨겨온 경의를 표한다. 기자의 길을 이끌어준 선배들께는 부끄러울 따름이다. 여기 내놓은 글들의 99퍼센트는 두말없이 그들 모두를 자양분으로 했다.

그중에서도 숱한 마감의 새벽을 같이 지키며 각 글마다 첫 독자로서 멋진 제목을 선물해준 유현산·구둘래·신윤동욱에게 진 빚이 크다. 출판을 권하고 용기를 북돋워준 '철수와영희' 출판사의 박정훈 대표와 박정식 팀장은 소중한 인연이다.

내가 가진 점성의 원천인 가족, 특히나 지치지 않는 장난꾼이자 영감의 공급자인 아들 시영에게 못다 한 사랑의 말도 전하고 싶다.

2011년 10월

만리재에서 박용현

추천의 글

정의와 인권, 민주주의를 향한 성찰의 시선

홍세화 〈르몽드 디플로마티크〉 한국판 편집인

'철들다'의 말뜻이 '세상을 안다'가 아니라 '세상과 타협할 줄 안다'에 가깝다면, 〈한겨레〉에는 나이를 먹어도 철들지 않는 구성원이 꽤 있다. 박용현도 그중 하나인데, 특히 그는 철들지 '않는' 쪽보다 철들지 '못하는' 쪽에 가까울 것 같다.

이 책은 철들지 못하는 박용현과 그에게 잘 어울리지 않을 법한 시사주간지 편집장 자리의 독특한 결합이 낳은 희귀한 열매라고 할 수 있다. 이 점은 "'그'가 그리웠다."로 시작되는 이 책의 서문 "삶의 아름다움을 갈망하는 당신께"를 읽은 '당신'이라면 부인하기 어려울 것이다.

그가 시인이 아닌 신문기자가 된 걸 두고 시대 탓도 있지 않겠느냐고 말하면 시인과 신문기자 둘 중 어느 쪽에 누가 되는지 잘 모르겠는데, 그가 법조인이 되지 않은 건 그의 정서로 보건대 잘된 일이라기보다 그저 당연한 일로 보인다.

힘없는 사람들을 위해 정의의 파수꾼이 되겠다는 청년 법학도의 로망을 그 또한 가졌을 법하지만, 인간 박용현이 갖고 있는 남다른 '결'은 이미 "사법시험 왜 안 봤어?"라는 세간의 물음에서 너무 많이 동떨어져 있었다. 더구나 법이란 그 뿌리부터 '강한 자의 권리'라는 크로포트킨의 말에서 멀지 않은 게 우리의 현실 아닌가.

검찰 총수가 정의나 법이 아닌 '체제'의 수호자임을 자랑스럽게 자임하는 땅인데, 그럼에도 '고결한 판결'을 가능하게 할 '고결한 인간'에 대한 소망을 안타까울 정도로 끌어안고 있는 것도 그의 남다른 결에서 비롯된 것일 게다.

그의 시선이 낮은 곳을 향하듯, 문체도 낮은 곳으로 잔잔히 흐르는 물처럼 흐른다. 법이 상식을 우롱하는 현실에 관해 말할 때조차 그의 목소리는 커지지 않는다. 정의와 인권, 민주주의를 향한 그의 바람은 디테일을 강조할 줄 아는 섬세함과 만나면서 끊임없는 성찰이라는 과제를 자신에게 던지고 우리 사회의 약자들인 어린이, 가난한 노인, 장애인, 노숙인 들을 안쓰럽게 돌아본다. 차마 그들을 정면으로 마주 보지도 못하는 것은 우리에게 동행을 강요하지 않는 것처럼 그다운 모습이다.

가랑비에 옷 젖는다고 했다. 그러니 누가 알겠는가. 그의 낮은 시선과 잔잔한 목소리를 찬찬히 따라가다 보면 혹시 철들면서, 또는 철들기 위해 잃어버린, 하지만 한때나마 소중하게 품었던, 우리를 인간답게 하는 가치들을 다시 느낄 수 있을지. 예컨대 '정당한' 것은 결코 '위반'이 될 수 없다는 소박한 믿음 같은 것들을…….

차례

4장 | 어린이 사회주의를 위해

5장 | 당신의 인권은 안녕한가

6장 | 정의로운 나라가 할 일

1장

민주주의 특강

지금은 아주 심플하게 상식의 영역에 속하는 일도 그 출발은 이단이었던 경우가 많다. 누구나 평등하게(나이에 따른 차별은 제외하고) 한 표씩 행사하는 지금의 선거제도도 그중 하나다. 선진국으로 불리는 스위스에서 여성 참정권이 실현된 게 1971년부터란 사실은 많이 알려져 있지만 여전히 놀라운 일이다.

태양과 사랑과 민주주의

파시즘의 풍경

세상에 가장 빛나는 것이 무어냐고 묻는다면, 그것은 태양과 사랑과 민주주의.

풀잎이 싱그럽고 바다가 반짝이는 것도 태양이 빛나기 때문. 아이의 얼굴이 해맑고 연인의 하얀 이가 눈부신 것도 사랑이 빛나기 때문. 인류가 야만을 넘어 조화로운 사회를 조금씩 빚어온 것도 민주주의가 빛나기 시작한 이후. 거리에 자유로운 발걸음이 가볍고, 모두가 노력한 만큼 얻게 되는 사회라 믿어 기꺼이 땀 흘리며 인생을 살아가는 것도 민주주의가 빛나기 때문.

장마철에 며칠씩 내리는 비를 지켜본 사람은 안다. 하루에 태양과 만나는 시간이 없을 때 우리의 신경계가 얼마나 못 견뎌하며 그 빛을 갈망하는지. 사랑 없이 청춘의 며칠이라도 보내본 사람은 안다. 우리는 사랑의 광도에 민감하게 진화한 식물들임을. 파쇼의 그늘에 숨죽여 살아본 사람은 안다. 왜 "신새벽 뒷골목"에서 "신음소리 통곡소리 탄식소리"를 가슴팍에 새겨야 하는지. 민주주의를 위한 싸움 말고는 희망이라곤 없는 일상이 얼마나 "떨리는 치떨리는 노여움"인지. 얼마나 "타는 목마름으로" 그 이름을 부르게 되는

지.(김지하 「타는 목마름으로」)

2009년 7월 22일 저 세 가지 빛나는 것들이 빛을 잃었다.

쌍용자동차 평택공장에서 출구 없는 '정리해고 반대 옥쇄파업'에 동참하던 노동자는 아내가 목을 맸다는 소식을 들었다. 첫돌도 안 된 둘째를 남기고 떠난 아내의 장례식이 그날 아침 열렸다. 공장을 둘러싼 철조망을 사이에 두고 만나 펑펑 울던 아내는 이제 갓 서른 살이었다. 사랑은 그렇게 갔다.

"나중에 (아이들이) 더 크면 다 이야기해야겠지만, 지금은 선녀와 나무꾼 이야기를 빗대서 말해주려고 한다. 엄마가 ○○이 낳고 선녀가 돼서 하늘나라 갔다고. 그리고 아이들 방 천장에 별도 하나 붙여주려고 한다. 하늘로 간 엄마별."(〈오마이뉴스〉 인터뷰 중에서)

모진 세상이 아까운 목숨을 삼키듯, 몇 시간 뒤 달이 태양을 가렸다. 우리나라에서 61년 만에 관측되는 개기일식이었다.

그날도 회사 쪽 확성기에서 터져나온 「오 필승 코리아」가 레퀴엠처럼 평택공장을 감쌌다. 박노자 노르웨이 오슬로대 교수(한국학)는 그 풍경을 전해듣고 "이게 바로 파시즘의 풍경"이라고 말했다.

일식이 끝나고 다시 몇 시간 뒤 언론 관련법이 대한민국 국회를 난장판으로 만들었다. 여당 국회의원들은 다수의 힘으로 '집단 지성' 대신 '집단 지성마비'를 발휘했다. 국회의장석 위 금빛 무궁화 표지는 고함 속에 빛나는데, 민주주의는 조급한 의사봉에 맞아 새앙쥐처럼 사망했다.

저 세 가지가 가장 빛나는 이유는 스스로 영원을 향해 빛나기 때문이다. 태양은 그날 잠시의 부재로 인류에게 잊지 못할 흥분을 선사한 뒤 곧 다시 이글거리기 시작했다. 45억 년 동안 변함없는 모습이다. 사랑은 죽음도 갈라놓은 수 없는 것이라고 하지 않았나. 집

천장에 별로 박아둔 사랑은 산 자의 심장과 죽은 자의 혼백에 영원히 남아, 세상의 잔인한 훼방에도 오히려 영원히 붉게 빛날 것이다. 살아남은 자들도 살아서 사랑을 빛내기 위해 새 각오를 다질 것이다. 그리고 민주주의도 '만세'에 빛나지 않겠는가. 자유와 정의에 민감한 사람들이 살아남는 한, 역사에서 그래왔듯 다시 국회의 사당 창공에 민주주의의 깃발이 꽂힐 것이다. 찬란한 햇빛을 받아 기어이 눈부실 것이다.

세상에 가장 빛나는 것이 무엇이냐고 묻는다면, 그것은 태양과 사랑과 민주주의.

세상의 가장 빛나는 것들로 빛나게 하라.

눈카마스

아프리카에서 인권 변호사로 일하는 친구한테서 전자우편이 왔다. 그냥 근황을 전하는 편지였을 뿐인데, 마지막에 꼬리말로 붙여놓은 글귀 때문에 한동안 전자우편 창을 닫지 못했다. 미국의 법철학자 로널드 드워킨이 '눈카마스'를 소개하며 했다는 그 말.

실로 오랜만에 눈카마스(nunca mas)란 단어를 떠올린다. '절대로 다시는'(never again). 1970~80년대 남미의 독재정권들이 무수한 고문과 납치와 학살을 자행하며 국민을 상대로 '더러운 전쟁'을 벌였고, 이후 그 실상을 조사한 아르헨티나 '실종자위원회'가 84년 제출한 5만여 페이지짜리 보고서의 제목이 그것이었다. 절대로 다시는 반복하지 말자.

더러운 전쟁의 참혹함은 되새기기도 겁난다. "특공대는 영장 없이 체제 전복범으로 의심되는 사람을 체포하고…… 아이들은 부모가 보는 앞에서 고문을 당하였고, 부모는 아이가 보는 앞에서 고문을 당하였다. ……희생자의 시신을 운동장에 파묻었다. 더 이상 매립지가 부족하자 다음에는 희생자의 시신을 동력톱으로……."

(잭 도널리, 『인권과 국제정치』, 오름 펴냄, 2002)

그런 끔찍한 일들은 남미뿐 아니라 아프리카에도 있었고 아시아에도 있었고 대한민국에도 있었다. 그리고 모두들 그 끔찍한 일들이 '있었다'라는 과거형일 뿐이길 바랐다. 눈카마스.

그러나 이 초록색 별에는 권력을 탐하여 '더러운 전쟁'에 유혹을 느끼는 인간들이 끔찍한 유전자를 이어가고 있으며, 적당한 기후와 토양만 갖춰지면 남미든 아프리카든 아시아든 가리지 않고 언제든 그 징그러운 실뿌리를 뻗는다.

독재와 내전과 난민이 끊이지 않는 아프리카의 친구는 그래서 늘 분주하고 고단하다. 그래서 지금도 그 글귀를 전자우편 꼬리말로 달아놓고 사는 거다.

인간 사냥을 하듯 시위대 검거 포상금을 지급하겠다고 하고, 방송사에 사복경찰이 들어가 아수라장을 만들고, 검찰·감사원은 정권의 입맛에 따라 움직이고, 국무총리는 국회를 무시하고, 지지율 10퍼센트대의 대통령은 국민을 무시하고……. 바야흐로 이곳에서도 더러운 전쟁의 유전자가 세포분열을 시작하는 듯하다. 피를 흘려야만 학살인가. 거리에서 벌어지는 국민의 인격에 대한 고문, 인터넷에서 벌어지는 국민의 정신에 대한 납치, 권력의 독한 태도에 상처받는 국민의 영혼에 대한 학살이 소리 없이 진행되고 있다. 선거를 통한 재집권을 생각한다면 도저히 할 수 없을 것만 같은 행동을 대통령이나 집권당이나 태연히 반복하고 있다.

하지만 이 초록색 별에는 '더러운 전쟁'에서도 끝내 살아남아 "눈카마스"를 외치는 사람들도 굳센 유전자를 이어왔다. 이 별이 푸른 이유는 그들 때문이다. 그리고 그들을 키우는 건 역설적이게도 저 끔찍한 유전자가 파헤쳐놓은 토양이다. 드워킨은 이 말을 한 거다.

"어느 곳에서든 독재에 대항하는 가장 확실한 보증수표는…… 독재가 왜 혐오스런 것인지에 대해 대중의 인식이 높아지는 것이다."

국민은 그들을 잘살게 해주겠다던 정치세력이 집권하자마자 어떻게 사나운 맹수로 변하는지, 잊었던 오랜 기억을 되찾고 있다. 독재는 왜 혐오스런 것인지, 우리는 잊고 있었던 거다. 굳센 유전자들이여, 눈카마스.

나는 저만큼 뜨거웠나

1987년 대통령 선거가 다가오던 초겨울 어느 날, P는 통일민주당 당사 앞에 있었다. 대학생 50여 명이 연좌농성을 벌이고 있었다. 선거를 앞두고 한반도를 감싼 대기는 한껏 부풀어, 마치 휘발유라도 섞여 있는 양 폭발의 기운을 품고 있었다. 노태우, 김영삼, 김대중, 김종필이 후보로 나섰다. 백기완도 가세했다. 저 치 떨리는 독재에 선거로 마침표를 찍을 수 있겠다는 희망이 불온한 공기를 타고 젊은이들의 가슴으로 전염됐다. 캠퍼스에선 논쟁이 뜨거웠다. 민주화 세력인 YS와 DJ가 후보를 단일화해야 한다. 후보단일화론, 이른바 '후단'이었다. 한계는 있지만 상대적으로 더 개혁적인 DJ로 후보를 단일화해야 한다. 비판적 지지론, 이른바 '비지'였다. 무슨 말이냐, 민중 후보 백기완을 밀어야 한다. 민중후보론이었다. 그중 '후단' 계열의 대학생들은 YS의 통일민주당과 DJ의 평화민주당으로 향했다. 단일화 촉구 농성을 벌였다. 농성장에선 누군가 분신을 결심했다는 흉흉한 소문도 돌았다. 그만큼 절박했다.

DJ라는 사람이 처음 P의 뇌리에 와 박힌 건 그 시절이었다. 지겹게 반복한 '후단'과 '비지' 논쟁을 통해서였다. 그리고 끝내 서로 양보하지 않은 그들, 좀 더 크게는 DJ에 서운했다. 독재를 종식하기는커녕 군인 출신 대통령에게 '직선'이란 이름만 달아준 선거 결과에 P의 소주잔은 하염없이 비어갔다.

그로부터 10년 뒤 DJ는 대통령이 됐다. P는 정치부 기자로 대통령 선거를 취재했다. 하지만 이회창 한나라당 후보 쪽 취재를 담당했던지라, DJ와는 어떤 식사 자리에서 먼발치에 떨어져 밥을 먹은 게 인연의 전부였다. 솔직히 말해, P가 '사상 최초의 수평적 정권교체'에 흥분했던 건 사실이지만, DJ 개인에게 축하의 마음까지 건네는 쪽은 아니었다. 하지만 그해 대통령 선거 뒤 서울 수유리 4·19 묘역에 보랏빛 물결이 출렁이는 것을 보고 P는 달떴다. 이곳을 찾은 DJ를 맞이하기 위해 민주화실천가족운동협의회 소속 어머니들이 저마다 머리에 보라색 스카프를 두르고 나와 있었다. 머리가 희끗희끗한 어머니들도 소녀처럼 들뜬 박수를 쳤다. 그들의 눈에는 민주화운동을 하다 감옥에 갇힌 아들·딸들이 철문을 나와 다가오고 있었는지도 모른다. 그러나 이 보라색 물결이 이후로도 사라지지 않고 매주 양심수 석방을 위한 목요집회로 이어지는 것을 보며 P는 다시 DJ에 서운했던 기억도 있다.

그리고 또 한 차례 DJ가 P의 뇌리에 박힌 것은 2000년 남북 정상회담 때였다. DJ와 김정일 북한 국방위원장이 포옹하는 장면, 전 정권에서 파탄시킨 한반도 평화를 복원하는 그 큰 발걸음을 지켜볼 때, '후단'과 '비지'의 쓰린 기억을 떠올리며 P는 무언가 빚진 자처럼 엷게 웃었다.

또 한 번 강산이 바뀐 2009년 여름, 병상에 누운 DJ를 보았다. 정치적 셈이나 역사적 평가라는 이성의 작용으로만 뇌리 속에 끌어들였던 그를, P는 고백하건대, 처음으로 마음속에 받아들였다. 그가 쓰러지기 직전에 보인 용맹함 때문이리라. 민주주의와 인권, 평화가 한꺼번에 무너져내리는 시대, 불편한 노구를 이끌고 다시 광장에 나서 "행동하지 않는 양심은 악의 편"이라는 사자후를 토하고 뜨거운 눈물을 쏟던 DJ를 보았기 때문이리라. 그리고는 쓰러진 DJ를 보며 P는 생각했다. 나는 대학생 시절 저만큼 뜨거웠나. 지금 저만큼 용맹한가. 먼 훗날 육신의 힘이 다해갈 즈음 저만큼 굳셀 수 있겠나. P는 세월이 완성해가는 한 인물의 온전한 형상을 목도하며, 이 거인의 쾌유를 참마음으로 빌었다.

민주주의 특강

2009년 새해 벽두에 전직 대통령들이 이런저런 자리를 빌려 일제히 '민주주의 특강'을 했다.

"국회 절차가 있는데 도끼 같은 것을 갖고 국회의사당을 깨는 것은 우리나라밖에 없는 것 같다. 국회의장이 참을 만큼 참았고 해도 넘겼으니까 이제 (쟁점법안 상정을) 직권으로 단호히 해야 한다."(전두환 씨)

"국회의원들은 다수의 표로 당선됐으니 다수에 복종해야 한다. 우리가 과거 야당 시절 험악하게 싸우고 국회의원에서 제명까지

당했지만, (야당이 쟁점법안 처리를 막으려 국회의사당 출입문에) 쇠사슬을 묶는 것은 있을 수 없는 일이다." (김영삼 전 대통령)

"지난 1년 동안 민주주의가 큰 도전을 받고 20~30년 전으로 역주행을 하고 있다. 그러나 강권정치나 억압정치는 성공할 수 없을 것이다." (김대중 전 대통령)

앞의 두 견해는, 어쨌든 선거라는 과정을 거쳐 국회를 구성했으니 다수당의 정책 선택권을 보장해야 한다는, 절차적 민주주의를 강조한 말로 해석할 수 있다. 김영삼 전 대통령은 이런 소신에 바탕해 집권 당시인 1996년 말 안기부법·노동관계법 날치기를 성사시켰으니 그렇다 치고, 전두환 씨는 총칼로 민주 시민의 육신을 깨뜨리고 집권한 장본인으로서 민주주의에 관한 한 입을 다물고 있는 편이 나을 것이다. 나머지 한 견해는 실질적 민주주의를 말하고 있는 듯싶다. 선거라는 대의민주적 절차는 일회적인 만큼, 이후에도 주권자의 지향이 무엇인지 끊임없이 묻고 그에 따른 정책 선택을 해야 한다는 뜻일 것이다.

미국의 정치학자 잭 도널리는 절차적·실질적 민주주의에 대해 이렇게 설명한다. "미국인들은 특히 절차적 의미의 민주주의를 중요하게 여기는 것으로 보이며…… 이런 인식은 대부분의 경우 옳지만, 민주적 절차를 실질적 결과로 '테스트'해보는 것은 언제나 정당하다. 예를 들어, 중앙아메리카의 선거로 집권한 대다수 정부에 대한 일반적인 불만은 정부가 실제로는 소수의 이익만을 대변해왔다는 것이다."

이명박 정부는 집권 첫해 온 국민의 저항을 잠재우며 미국산 쇠고기 수입을 밀어붙였다. 또 4대강 사업은 국민의 55.8퍼센트가 반대하고 방송법 개정에 반대하는 의견은 61.1퍼센트에 이르는데(문화방송 조사), 정부·여당은 막무가내로 밀어붙인다. 다수에 복종해야 한다는 절차적 민주주의의 원칙은 어떤 수를 쓰든, 어떤 요행을 타든 일단 의회의 다수를 점하기만 하면, 국민이야 뭐라고 하든 마음대로 할 수 있다는 한꺼풀 형식주의로 오그라들고 말았다.

그런데 이건 또 뭔가. 양심에 따른 병역거부자 문제에선 대체복무 허용에 반대하는 의견이 68.1퍼센트에 이른 여론조사 결과를 근거로, 이미 굳게 약속했던 대체복무제 추진을 백지화하려 한다. 국제사회에 했던 약속도 안중에 없다. 어떤 문제에선 다수 여론을 등에 업고, 어떤 문제에선 다수 여론을 백안시한다.

다시 잭 도널리의 설명을 빌리면, 다수결에 의한 민주주의는 다수가 자신들의 권리나 이익을 지키는 수단으로 존중돼야 하고, 다른 한편으론 사회가 다수의 뜻에 따라 특정 개인이나 소수 집단을 학대할 수도 있는 만큼 '국제적으로 공인된 인권'은 다수의 의사에 반해서라도 보호해야 한다. 이런 '두 차원'의 민주주의가 조화를 이루는 게 대다수 선진국들의 민주주의 모델이다.

반면 정부는 미국산 쇠고기 수입이나 4대강 사업 등 다수의 뜻을 따라야 할 일반 정책에선 다수 여론을 무시하고, 양심적 병역거부자 문제처럼 인권의 원칙을 따라야 할 정책에선 다수 여론을 무기로 인권과 반대 방향으로 가려 한다. 상식을 정확히 180도 뒤집은, 절묘한 한국식 민주주의 모델의 탄생이다.

'효율성'이라는 이름의 폭력

"저녁 9시 정도 된 것 같다. 진찰이 모두 끝나고 소파에 앉아 기지

개를 켰다. 그리고 피로를 풀기 위해 마티아스 그뤼네발트에 대한 책을 읽고 있을 때였다. 갑자기 내 방이 사라지더니, 곧 아파트가 사라져버렸다. 주위를 둘러보니 두렵게도 내 시야가 미치는 곳 어디에도 아파트 벽들이 남아 있지 않았다. 그리고 스피커에서 큰 소리가 들렸다. '벽을 제거하라는 이번 달 17번째 포고령에 따라…….'" (마크 마조워, 『암흑의 대륙』, 후마니타스 펴냄, 2009)

1934년 한 독일인 의사가 기록한 꿈의 내용이다. 나치의 전체주의 체제가 개인에 대한 통제를 강화해나가던 시절이다. 마티아스 그뤼네발트는 유명한 종교화인 〈이젠하임 제단화〉를 그린 16세기의 독일 화가다. 개인은 그야말로 사회에 종속된 하나의 나사못처럼 여겨지던 숨 막히는 체제에서 그 의사는 하루 일과를 마치고 아주 잠깐 '자유로운' 개인적 취향의 시간을 가지고 싶었을 것이다. 그러나 그마저도 감시당할 수 있고 그로 인해 불이익에 처해질 수 있다는 강박이 그를 짓눌렀던 게다.

아주 상식적인 이야기를 하자면, 자유민주주의 체제의 기본 전제는 자유로운 개인의 자유로운 삶이다. 물론 사회 전체의 필요에 따라 개인의 자유는 제한된다. 문제는 그 '제한'을 아무 '제한' 없이 무제한도로 늘릴 수 있느냐는 것이다. 이 질문에 '그렇다'고 답한다면 전체주의 사회일 것이다. 자유민주주의 사회라면 '자유의 제한에는 엄격한 잣대와 한계가 필요하다'고 답할 게 분명하다. 그 잣대와 한계가 어디까지인지 끊임없이 사유하고 토론하지 않는다면, 그 사회는 알게 모르게 전체주의를 향해 걸음을 내딛고 있을지 모른다.

자유의 한계를 가늠할 때 작용하는 한 가지 대립항은 '민주주의·인권의 원칙 대 효율성'이 아닐까.

2009년 여름 김태환 제주도지사에 대한 주민소환투표를 둘러싸고 벌어진 논란이 한 사례가 될 수 있다. 소수의 반대 세력에 의해 주민소환투표가 추진됨으로써 막대한 투표 비용과 행정 공백을 초래했다는 주장은 효율성의 손을 들고 있다. 이런 시각은 주민소환제가 대의제를 보완하기 위해 도입한 직접민주주의의 요소이며, 이는 그 자체로 민주주의 향상에 이바지한다는 점은 도외시한다. 더구나 이런 주장을 펴는 이들은 김 지사 쪽이 "소환에 반대하면 투표장에 가지 말라"는 말을 공개적으로 한 뒤 일부 동장·이장들이 투표소 앞에서 투표하러 오는 주민들을 '감시'했다는, 비밀투표라는 절대적 민주주의 원칙을 훼손한 일에도 애써 눈감는다.

정보·수사 기관의 감청도 하나의 사례다. 흔히 안보나 강력 범죄 방지를 위해 감청의 범위를 늘려야 한다고 주장한다. 물론 안보나 치안의 효율성만 따지자면 최대한 투명한, 말하자면 아파트 벽을 모두 없애버린 사회를 만드는 게 옳다. 하지만 개인의 사생활을 보호해야 한다는 인권의 원칙을 고려하기에 자유민주주의 체제에서는 감청에 제도적인 통제를 가한다. 감청 대상자가 아무리 위험한 인물이더라도, 이러한 원칙에는 영향을 미치지 않는다. 결국 감청에 대해 얼마나 정교하고 합리적인 통제 방안을 고안하느냐에 따라 그 사회의 자유민주주의화 지수가 산출되는 것이다.

2009년 가을에는 우리가 알지 못하던 또 하나의 감청 기법이 〈한겨레21〉 보도를 통해 세상에 드러났다. '패킷 감청'이라는 이름의 이 기법은 감청 대상자가 인터넷을 통해 접속한 웹사이트 주소와 접속 시간, 입력하는 검색어, 열람한 웹페이지 내용, 전자우편과 메신저 송수신 내용 등을 모두 실시간으로 엿볼 수 있다. 이런 방식이 자유민주주의 체제에서 허용 가능한 범위인지, 어떤 제한이 필요한지, 제도적 통제 수단에는 무엇이 있을지 아직 우리 사회는 생각해본 적이 없었다.(2011년 3월 참여연대 등 6개 단체로 이뤄진 공안기구감시네트워크가 패킷 감청에 대해 헌법 소원을 내면서 비로소 공적인 논의가 시작됐다고 할 수 있다. 사회적 토론을 촉구하는 차원에서 한 가지 '급진적' 아이디어를 내자면, 모든 감청을 법원의 영장에 기초하되 그 집행은 국가인권위원회가 담당하도록 하는 건 어떨까? 최소한 국가인권위에 감청 통제 권한을 주는 것은 어떨까? 그러면 수사기관과 국가인권위라는 국가기관 간의 견제와 균형을 이룰 수 있지 않을까?)

한 가지 분명한 것은 시민사회와 법조계, 학계, 언론 등이 고민의 끈을 놓고 있는 시간만큼 자유민주주의는 성큼성큼 우리에게서 멀어진다는 사실이다. 그러고 난 뒤 누군가는 탄식할 것이다.

"꿈을 기록한 뒤에 그 의사는 또 한 번 이 꿈을 기록한 사실 때문에 고발당하는 꿈까지 꾸었다. 이제 잠조차 사적 영역이 아니었던 것이다."(앞의 책)

한 표의 상식

지금은 아주 심플하게 상식의 영역에 속하는 일도 그 출발은 이단이었던 경우가 많다. 누구나 평등하게(나이에 따른 차별은 제외하고) 한 표씩 행사하는 지금의 선거제도도 그중 하나다. 선진국으로 불리는 스위스에서 여성 참정권이 실현된 게 1971년부터란 사실은 많이 알려져 있지만 여전히 놀라운 일이다.

미국에서는 흑인들이 참정권을 누리기 시작한 게 1870년이고, 여성은 1920년에야 투표권을 얻었다. 앞서 백인 남성들이 투표로 자신들의 지도자를 선출하게 된 과정도 간단치는 않았다. 영국 국왕의 지배를 벗어나려면 독립전쟁을 치러야 했다. 하지만 막상 전쟁을 벌이기 전 대다수 미국인은 영국의 식민통치가 부당하다는 느낌을 받을지언정 독립, 그러니까 왕의 통치를 거부하는 일에 선뜻 동의하지는 못했던 것 같다.

그때 세습 왕정의 부당성을 정면으로 공격하며 식민지 미국인의 심금을 흔들어놓은 게 토머스 페인이었다. 그는 "지구상의 어느 동떨어진 곳으로 이주한 소수의 사람들"을 상상하며 정부의 기원에 대해 설명한다.

척박한 환경에서 홀로 살아갈 수 없는 그들은 자연히 사회를 이뤄 협력하게 되지만 "이주 초기의 어려움이 점차 극복돼감에 따라, 그들은 불가피하게 서로에 대한 의무와 애정을 망각하기 시작할 것"이고 어긋나는 사회적 관계를 조정하기 위해 정부를 필요로 하게 된다는 것이다. 그때 "어떤 적당한 나무가 그들에게 의사당을 제공해주고, 그 나뭇가지 밑으로 식민지의 모든 주민이 공적인 문제를 숙고하기 위해 모"이게 되는 게 정부의 기원이란 설명이다. 인구가 많아지고 지역이 넓어짐에 따라 사람들은 대표자를 선출하는 방식을 고안하고, "피선출자들이 선출자들과 관련 없는 이익을 떠올리지 못하게 하려면 선거를 자주 하는 것이 바람직하다"는 것도 깨닫는다. 그렇게 피선출자를 빈번하게 교체하면서 정부는 사회 구성원 공통의 이해관계를 추구하게 된다. 그러니 "한 사람을 다른 사람보다 까마득히 높은 자리에 앉히"고 그 자리를 세습하게 하는 왕정은 정부의 본질에 어긋난다는 것이다. 역사는 "그렇게 자주 인류에게 사자(능력 있는 왕) 대신 당나귀(형편없는 왕)를 줌으로써 왕위 계승권을 웃음거리로 만들"었다는 독설도 덧붙였다. 이런 내용이 담긴 페인의 팸플릿을 읽은 미국인은 "눈빛이 확 달라졌다"

고 한다. 인구가 300만 명가량이던 당시 미국에서 이 팸플릿이 3개월 사이에 12만 부나 팔렸단다.

장황하게 인용했지만, 페인의 팸플릿 제목은 심플하게도 『상식』이었다. 지금은 상식이 된 바로 그 상식이다. 그런 상식으로 우리의 선거도 치러지기를 바란다. 적어도, 왕 노릇 하려는 이들이나 선출자들과 관련 없는 이익을 떠올리는 이들은 교체시킬 수 있기를 바라는 마음이다. 세금을 거둬 어려운 주민을 돌보는 데 쓰기보다 호화청사 건립을 서두른다거나, 불법·비리를 저질러도 자리를 유지할 수 있다고 믿는 당나귀들은 엉덩이를 때려 쫓아버리는 것이다.

첨언하자면, 한 개인은 왕처럼 군림하기 어려운 시대가 됐다고 해도 어떤 정치적 집합체는 그런 호사를 누리기도 한다는 생각이 든다. 예컨대 불법·비리를 저질러 자리에서 쫓겨난 국회의원이나 지방자치단체장을 공천했던 정당이 뻔뻔하게도 그 선거구에 또 누군가를 후보로 공천하는 일을 어떻게 이해해야 할까. 세습이 아니라 선출에 의해 결정되는 자리인데도 그런 행태가 통한다는 건 놀라운 일이자, 우리 시대의 또 다른 상식이 되고 있다. 우리는 『상식』을 다시 써야 할까 보다.

1553년, 1930년, 2009년의 광장

광장은 때로 축제의 무대이고, 때로 토론의 장이며, 때로 화형장이다.

1553년 10월 27일 오전 11시 스위스 제네바의 샹펠 광장에서 미

겔 세르베투스가 불타는 장작 더미 위에서 그가 쓴 책들과 함께 불타 사라졌다. 미리 목을 졸라 죽이거나 마취를 한 뒤 화형을 집행함으로써 고통을 줄여주는 방식도 있었건만, 세르베투스는 말짱한 정신으로 생살이 타는 고통 속에 죽어가야 했다. 이 극악한 형벌의 이유는 무엇이었을까?

당시 제네바는 가톨릭 권력을 몰아낸 종교개혁가 칼뱅의 철권통치 아래 있었다. 가톨릭은 물론 신교 사상 중에서도 칼뱅의 생각과 다른 것은 일절 용납되지 않았다. 칼뱅과 다른 성서 해석을 책으로 낸 행위, 오직 그것이 세르베투스를 화형장으로 인도했다. 중세 가톨릭의 부패와 독선에 맞서 새로운 기독교를 구현한 제네바에서 종교재판과 화형이라는 비인간적인 악습이 어느새 복원된 것이다. 그리고 침묵이 흘렀다. 칼뱅은 검열과 탄압으로 지식인들의 입을 봉쇄했고, 거리의 사소한 주먹다툼을 난동으로 몰아 반대파를 붙잡아 고문하고 처형하는 구실로 삼했다.

오스트리아 출신의 작가 슈테판 츠바이크는 이런 시대에 양심의 명령에 따라 칼뱅을 비판하며 그 대가로 고통스런 삶을 살아간 유일한 지식인이던 세바스티안 카스텔리오의 이야기를 책으로 소개했다. 『다른 의견을 가질 권리』(바오 펴냄, 2009). 이 책은 1930년대 히틀러의 파시즘이 지배하던 시기에 출판됐다. 사상과 표현을 억압하는 증오의 강압 정치로, 16세기와 20세기가 기묘하게 오버랩된다. 츠바이크가 카스텔리오를 불러낸 건 우연이 아니었다.

광장이 마을 사람 모두 명절을 축하하고 서로 노고를 위로하며 술과 풍성한 음식을 즐기는 곳일 때는 평화의 시대다. 광장이 마을 사람 모두 자유롭게 의견을 나누고 공동체의 미래에 대해 공통의 꿈을 빚어내는 공간일 때는, 난관이 가로놓여 있을지언정 희망의 시대다. 그러나 어둠의 시대가 닥치면, 광장은 텅 빈 채 곁눈질로 서로를 훔기는 그림자 몇 개만이 잰걸음 치는 을씨년스러운 장소가 된다. 그리고 급기야 마을 사람 모두의 공포를 빨아들여 악마의 혀처럼 불을 뿜는 화형의 무대가 된다.

촛불 정국 이후 서울시청 앞 서울광장은 간혹 관제 축제의 어설픈 열기로 채워지곤 했으나, 더 이상 시민의 축제가 열리는 공간도, 공동체의 의제를 토론하는 공간도 아니었다. 광장을 둘러친 '차벽'은 기묘하게 조형화된 공포다. 그리고 그곳에서 화형식이 거행된다. 전직 대통령의 불행한 죽음을 추모하고픈 순수한 정서가 거기에서 화형당했다. 목소리를 모아 억울함을 호소하고픈 힘없는 사람들의 애통이 거기에서 불태워졌다. 누구든 자유롭게 생각하고 말할 수 있는 자유민주주의 체제가 거기에서 불살라졌다. 침묵이 찾아왔다. 악마의 혀 같은 불꽃은 '21세기의 카스텔리오'들을 부르고 있다.

중세 암흑기를 가까스로 벗어나 종교개혁을 막 이룬 시점에 세르베투스의 화형을 지켜본 카스텔리오의 탄식은, 어렵게 이뤄온 민주주의의 종언을 지켜보는 우리의 심정과 크게 다르지 않다. "빛이 오고 난 뒤에도 우리가 한 번 더 이토록 캄캄한 어둠 속에 살아야 했다는 사실을 후세는 이해하지 못할 것이다." (카스텔리오, 『의심의 기술』, 앞 책에서 재인용)

서울광장에 깔린 켄터키블루그래스가 뜨거운 태양 아래 이글거린다. 풀빛이 붉다.

아름다운 진보를 위해

월드컵, 국가를 들으며…

SBS의 남아공월드컵 중계방송을 보면서 한 가지 참 잘하는 게 있다고 느꼈다. 경기 시작 전 국가가 연주될 때 그 가사를 번역해 자막으로 보여준 점이다. 낯선 나라들의 낯선 국가를 그저 스쳐듣지 않고 가사를 음미하며 들을 수 있는 기회를 줬기 때문이다. 그리고 그 가사들에서 낯설지 않으면서도 낯선 단어들을 발견하고는 어떤 낯선 감정을 느끼기도 했다.

예를 들면, 우리 국가대표팀이 16강 진출을 확정 지은 조별예선 3차전 상대국 나이지리아의 국가는 이렇게 노래한다. "자유와 평화, 통일로 하나 된 나라를 위한 우리의 영웅적 선조들의 노력은 결코 헛되지 않으리라. ……창조주여, 우리에게 고귀한 대의를 지키도록 하시고, 우리 지도자들을 올바른 길로 이끄시고, 우리 젊은이들로 하여금 진리를 깨닫고 사랑과 정직 속에 자라서 공정하고 진실한 삶을 살아…… 마침내 평화와 정의가 지배하는 나라를 건설하게 하소서." 우리에게 쓰라린 패배를 안겨준 아르헨티나 국가는 강렬한 감탄사로 시작한다. "사람들이여! 저 성스러운 울부짖음을 들으라. 자유! 자유! 자유!…… 고귀한 평등이 왕좌에 오른 것을 보라." 우리의 첫 제물이 됐던 그리스의 국가도 "만세! 자유여! 만세!"로 끝맺는다. 운명적인 16강전 상대 우루과이 선수들은 이런 국가를 들으며 전의를 다졌다. "우루과이인이여, 조국이 아니면 죽음이다! ……자유가 아니면 영광스러운 죽음을. 이는 우리의 영혼이 선포한 바 우리가 영웅적으로 지켜낼 맹세이니. ……독재자들을 떨게 하라. 우리는 전투 속에서도 자유를 외치리라! 죽어가면서도 또한 자유를 외치리라!"

자유, 평등, 독립, 정의, 평화 그리고 이를 위한 투쟁. 마치 1980년대 민주화를 위해 거리로 뛰쳐나간 이들이 부르던 노래를 듣는 듯하다. 군사독재 정권에 항거하던 민주단체가 낸 성명서를 보는 듯하다. 독립운동가들이 비밀결사를 맺으며 비장하게 낭독하던 맹세문을 읽는 듯하다. 그도 그럴 것이 대다수 근현대 국가가 탄생한 배경에는 독립전쟁과 혁명과 민주화 투쟁이 자리 잡고 있다. 건국 이후 실제 정치 상황이 어떻게 전개됐는지는 별개의 문제로 치더라도, 적어도 대다수 국가(國家)의 태반에는 자유, 민주, 평등, 평화의 정신이 깃들어 있었고 그것이 국가(國歌)에 오롯이 새겨졌다고 할 수 있다.

대한민국이 겪은 건국의 전후사도 이와 다르지 않은데, 우리의 애국가는 어쩐지 밋밋한 맛이다. '고귀한 대의'에 대해서도, '성스러운 울부짖음'에 대해서도, '영웅적 맹세'에 대해서도 말하지 않는다. 한국대표팀의 선전과 거리응원의 열정에 감동하면서도 아쉬움이 들었던 대목이다. 우리가 '대~한민국'을 외칠 때, 그 대한민국은 어떤 대의에 바쳐진 나라이며, 우리는 어떤 고귀한 이상을 향해 울부짖고 있으며, 마음속에 어떤 떨림의 맹세를 하고 있는지 알 수 없었기 때문이다.

자유, 평등, 독립, 정의, 평화 그리고 이를 위한 투쟁. 너무나 격조했던 단어들이다. 낯설고 반갑다. 국가가 연주될 때마다 이런 단어들로 흐트러진 정신을 깨울 수 있다면 참 좋은 일일 것이다. 그런 국가라면 매일 아침 출근해서 한 번씩 부르고 싶을 정도다. 그런 국가를 부른다면 우리나라의 지도자라는 자들도 좀 더 올바른 길로 인도되지 않을까 상상해본다.

국무총리실 소속 공직윤리지원관실이란 곳에서 이명박 대통령을 비판하는 동영상을 블로그에 올린 민간인을 사찰했다. 천안함 사건에 대한 의혹을 제기하거나 장난기 어린 문자메시지를 보낸 이들이 형사처벌의 공포에 시달려야 했다. 소득양극화와 지역 불균형을 치유할 주요 수단인 조세정책은 오히려 역주행하고 있다. 세계에서 유일하게 외국 군대에 전시작전통제권을 넘겨주고 있는 우리 정부는 그 권한의 반환 시기를 연기하려고 안달이다. 이런 와중에 우리는 월드컵 경기를 봤다. 애국가가 울려퍼졌다. '대~한민국'을 외쳤다. 환호와 함성은 흐린 하늘 속으로 공허하게 흩어졌다.

여성 지도자의 가슴

낸시 펠로시 미국 민주당 원내대표(전 하원의장)가 뉴스에 나올 때면 그의 젖가슴을 한번씩 보게 된다. 어릴 적, 세상에 대한 알 수 없는 두려움이 어둠처럼 찾아오면 서둘러 작은 머리통을 부비며 파고들던 어머니의 따뜻한 젖가슴.

펠로시는 미국 대통령 승계 서열 2위인 하원의장에 오른 역사상 첫 여성이다. 동시에 다섯 자녀의 어머니요, 여섯 손자의 할머니다. 하지만 이국의 정치인을 보며 난데없이 어머니 젖가슴을 생각하는 건 그런 이유에서가 아니다. 그가 사회적 약자와 소외된 이들을 위해 애써온 정치인이라는 말을 듣고서, '정치적 모성'이라고 이름할 무엇을 느꼈다고나 할까.

펠로시는 사회적 소수자인 동성애자의 권리를 옹호하며 에이즈 감염인의 주택·의료 복지를 확대하는 법안과 제도 마련에 힘썼고, 장애인의 복지 향상을 돕는 시민단체를 지원하는 법안도 주도한 것으로 알려졌다. 그의 지역구는 미국에서 유권자 성향이 가장 좌파적인 곳 가운데 하나라고 한다. 그의 정책적 색채가 사회적 약자에 우호적일 것임은 당연한 일이기도 하다. 그런 정치인이 중앙 정치에서도 큰 성공을 거뒀으니, 약자와 소수자들은 세상에 대한 두려움을 조금이나마 덜 수 있지 않을까.

힐러리 클린턴 국무장관도 정치적 모성이 느껴지는 인물이다. 그는 어린이에 대한 법률 지원에 헌신해온 변호사로서 1996년 『한 마을이 필요하다*It Takes a Village*』는 책을 썼다. "한 아이를 키우려면 마을 전체가 필요하다"는 아프리카 속담에서 제목을 따온 이 책은 소외된 어린이들에 대한 사회의 책임을 강조하고 있다. 예를 들면, 가난한 흑인동네 아이들에게 좋은 음식을 제공하고 지적 계발에 도움이 될 환경을 만들어줬더니 지능이 다른 아이들보다 훨씬 높아지더라는 연구 결과 등을 소개하고 있다. 사회 전체가 아이들의 복지를 우선적 과제로 여기고 조건이 뒤처진 아이들은 더욱 챙겨줘야 한다는 그의 생각은 '어린이를 위한 공산주의'라는 말까지 듣는다. 투표권도 없는 어린이들을 대변하려는 정치인의 진정 어린 모습에서, 냉철한 이미지 너머로 푸근한 가슴이 느껴진다. 그가 버락 오바마 대통령과 민주당 대선 후보 경선을 벌일 때, 그가 미국 대통령이 된다면 가난과 범죄에 찌든 미국 빈곤층 어린이들은 조금 더 밝아진 미래를 살게 되지 않을까 생각했다.

미국에서 모성 정치 바람을 일으키고 있다는 두 사람의 미덕은 여성성의 고정관념인 부드러움만도 아니요, 그 고정관념의 부정인 강인함만도 아닌 것 같다. 바로 그 근저에 자리잡은 정치적 모성, 그 아름다운 진보성에서 이들의 정치적 힘을 찾고 싶다.

우리에게도 어머니 가슴을 지닌 여성 지도자들이 주류가 되고 최고의 자리에 오르는 날을 기다린다. 그때는 장애인들이 "장애인교육지원법안이 발의된 지 1년이 지났는데도 국회가 정치 현안을 이유로 심의에 늑장을 부린다"며 국회 앞에서 단식농성을 벌이는 일만이라도 없어지지 않겠는가. 가난의 대물림이니 새로운 계급사회니 하는 말들도 누어들고, 세상에 대한 두려움에 소리 없이 우는 아이들도 줄어들지 않겠는가.

그러나 현실에선 정치판 악다구니에 팔을 걷거나 독설의 칼날을 꼬나쥐고 있는 여성 정치인들의 모습이 도드라진다. 무엇보다, 가장 앞서 최고의 자리로 달려가고 있는 박근혜 한나라당 의원을 보자. 긴급조치 위반 사건 재판을 맡았던 판사 명단이 공개되자 자신에 대한 정치 공세라고 주장했다. 차라리 조용히 눈물 흘려 그 시대 인권 유린의 책임자인 아버지의 죄업까지 씻어내릴 수는 없었는지. 그 눈물로 억울하게 고초 겪은 숱한 이들의 상처를 닦아줄 수는 없었는지. 더 이상 정치적 모성을 운운해 무엇하랴.

○○시 △△구 이야기

○○시 △△구는 여느 도시와는 사뭇 다르다. 관내 제철소에서

나오는 폐열을 이용해 지역난방을 한다. 아파트 단지, 수영장, 학교, 병원 등에 저렴한 값에 공급한다. 에너지를 절약하면서 환경을 지키는 데도 도움이 된다. 공업지대와 주거지역에는 다양한 공원이 들어서 있다.

이곳엔 다른 지역과 달리 재래시장이 잘 발달돼 있다. 보호지역을 지정해 관리·육성하기 때문이다. 자영업자에게 위협이 되는 대형마트나 기업형슈퍼(SSM)는 별도로 규제한다. '재래시장에서 장보기' 바람이 일어 상인들은 주머니가 넉넉해지고 주민들도 싼값에 물건을 살 수 있으니 누이 좋고 매부 좋고다. 훈훈한 인심을 누리는 건 덤이다.

친환경 무상급식은 기본이다. 아이들의 학습 준비물과 교복도 무상 지원한다. 집안 형편이 어렵다고 학교에서 주눅 들어야 할 필요가 없다. 요즘 관심의 대상이 되고 있는 핀란드식 교육도 뿌리내리고 있다. 경쟁보다 협력을 중시하며 실력과 민주시민 의식을 동시에 지닌 인재를 키워내는 핀란드형 공교육이 핀란드형 혁신학교의 모습으로 자리잡고 있다.

동마다 생긴 작은 도서관에서는 부모와 손잡고 찾아와 책을 보는 아이들 모습이 익숙한 풍경이 됐다. 각 동에는 공공 보육시설도 자리잡았다. 영·유아 예방접종은 무료이고, 아이들이 맘 놓고 뛰어놀 생태올레길도 만들어졌다. 주말엔 단란한 가족들이 구청이 마련한 공공 주말농장에서 자연과 진탕 놀다오곤 한다.

아이들만 즐거운 건 아니다. 65살 이상 노인은 틀니를 할 때 의료보험 본인 부담금을 지원받는다. 기초노령연금도 해마다 오르고 있다.

다른 도시들처럼 이곳에도 개발은 이뤄진다. 하지만 도시 개발에 주민들이 참여하는 제도가 도입됐다. 민·관·기업 3자가 협의체를 만들어 개발에 따른 각종 문제를 논의한다. 개발지역 원주민들이 개발의 피해자가 되지 않고 재정착할 수 있도록 지방정부가 합리적 보상과 이주대책을 마련한다. 서울 용산에서 벌어진 끔찍한 참사가 되풀이될 우려는 사라졌다.

어떤가. 당장 이사라도 가고 싶은 동네 아닌가. 그러나 아쉽게도 이런 동네는 이제 막 태동했을 뿐이다. 청사진이 겨우 그려진 상태다. 2010년 6·2 지방선거에서 당선된 민주노동당 소속 인천지역 구청장 2명이 선거 기간에 내놓은 공약들이 모두 실현된다면, 우리는 이런 동네가 우리 옆에 실재함을 목도할 수 있게 된다.

지방선거 결과를 받아든 진보개혁 진영은 큰 기쁨과 작은 실망도 잠시. 2012년 다시 펼쳐질 격전을 생각하며 지난 선거의 교훈을 뽑아내고 새로운 비전과 승리의 방법을 모색하느라 분주한 모습이다. 더 많은 성찰과 논쟁이 뒤따라야 할 것이다.

이를 지켜보면서 한 가지 더 꼭 보고 싶은 게 있다. 미래의 비전 제시와 함께하는 현실적 성취다. 앞에 그려진 ○○시 △△구의 빈칸에 실재하는 도시와 구의 이름을 새겨넣는 것이다. 그곳으로 사람들이 이사오게 하는 것이다. 일상의 진보개혁 정치가 어떤 것인지 처음으로 확인해볼 기회를 주는 것이다. 그러면 '구'가 '시'로, '시'가 '나라'로 자라날 것이다. 그런 꿈의 도시를 보고 싶다.

이상한 나라의 여행담

후진국 이야기

이상한 나라의 여행담을 들었다. 어느 나라인지는 밝히지 않겠다. 그 나라 국민의 명예를 훼손할 수 있으니. 인종에 대한 편견을 강화할 수도 있으니, 어느 대륙에 있는 나라인지도 함구하겠다. 그냥 독자 여러분이 여행해봤거나 대중매체를 통해 접했던 후진국 가운데 하나를 연상하시라.

"사업차 그 나라에 가서 거래처 사람을 만났는데, 접대를 하겠다며 어느 술집으로 데려가더라구. 수도 한복판에 있는 나름 번화한 뒷골목으로 들어서니까 번듯한 건물이 나오고 그 지하로 갔지. 우리로 치면 룸살롱이나 단란주점 같은 데더라구. 엄청 컸지. 그리고…… 아가씨도 부르더라구, 그 친구. 술이 몇 순배 도니까, 그 친구가 묻는데, '이 건물 주인이 누군지 모르시죠?' 내가 알 턱이 있나. 누구냐고 했더니, 아, 글쎄…… 그 나라 대통령이래. 대통령이 건물 주인인 곳에서 그렇게 질펀한 업소가 버젓이 영업을 하고 있다니, 한편으론 웃기는 나라구나, 생각도 들고 또 한편으론 뭐랄까, 이국적인 흥취도 좀 나더라니까. 그 친구가 그래서 일부러 거기로 날 데려갔구나, 짐작했지. 그런데 사정을 더 들어보니 완전

황당하더구만. 그 대통령이 선거에 나왔을 때도 그 건물 업소가 문제가 됐대. 업소에서 성매매가 중계된 일까지 언론에 보도됐다더라구. 그런데도 시정이 안 되고 대통령이 돼서까지 그런 업소를 내쫓지 않고 있다니, 그 대통령이란 사람 정신 세계가 궁금해질 정도였다니까. 또 참모들이 있을 텐데 그네들은 뭐하는 사람들인지 몰라. 아무튼 그 사람, 말 한마디로 전봇대를 뽑아버리고 전 국토에 운하를 파겠다고 나설 정도로 카리스마며 추진력이며 대단하다고 하던데, 왜 자기 건물에 세든 업소 하나 정리하는 건 그리도 더딘지 모를 일이야. 자기 재산이랑 관련되니까 그런가? 아니, 대통령 선거 때 그 건물 포함해서 재산을 사회에 내놓겠다는 약속도 했다던데, 빨리 사회 환원이라도 해버리든지. 왜 애물단지를 그렇게 끌어안고 있는지, 원. 하긴, 그 사람 재산이 그 나라 장·차관 같은 고위공직자 통틀어서 가장 많다더만. 역대 대통령 중에서도 제일로 많고. 그 나라 이제 막 선진국에 진입하겠다면서 선진화 구호도 여기저기서 요란하던데, 이런 사정을 아는 사람이라면 그 나라 아무리 경제 성장해도 선진국으로 인정해주겠어? 이런 일이 있어도 금방 잊혀지고 무슨 정치 쟁점화도 안 되나 봐. 들어보니 나라의 품격이고 여성의 성상품화 문제고 이런 고상한 주제는 아예 정치인들 관심사도 아닌 것 같더라고. 더구나 입 꼭 다물고 있는 여성 정치인들은 배알도 없는지……. 하기야 선거에서 돈 받고 비례대표 국회의원 자리 내주고 그런 정치인들이 득시글대는 나라니까, 할 말 없지. 그나저나 언제 그 나라 가거든 그 건물에 한번 가봐. 관광 삼아."

제발 나와는 무관한, 먼 나라 이야기이길 빌었다. 꿈 속에서도 모골이 송연했다.

나라의 품격

1.

그 칼럼을 쓴 건 순전히 품격 때문이었다. 나라의 품격.

〈한겨레〉 24시팀장으로 있던 2007년 7월, 이명박 당시 한나라당 경선 후보에 대한 검증이 최대 관심사였다. 이 후보 소유의 서울 양재동 빌딩 임대료와 관련한 제보를 받고 취재하던 후배 기자가 건물에 입주한 업소들에 대한 취재 결과를 보고했다. 학원, 식당, 유흥업소……. 대통령이 되겠다는 사람이 자기 건물에 여종업원이 나오는 술집을 들여놨다는 게 처음엔 믿어지지 않았다. 그가 대통령이 된다면 나라의 위신이 어찌 될까. 대통령 후보의 능력뿐 아니라 품격도 검증해야겠다는 생각이 들었다. 그래서 쓴 게 '대선후보와 섹시클럽: 품격의 검증'이란 칼럼이었다.

점잖게 지적했으니 곧바로 조처가 있으리라 여겼다. 그러나 몇 달 뒤 문제의 유흥업소에서 성매매까지 이뤄지고 있다는 사실을 밝혀내 보도한 이후에도 이명박 캠프 쪽의 반응은 무반응에 가까웠다. 대선이 끝나고 건물 주인이 '대통령 후보'가 아닌 '현직 대통령'인 상황에서 그 유흥업소는 어찌 됐을지 궁금해졌다. 취재를 해보니, 마찬가지였다. 재차 보도가 나간 뒤에도 묵묵부답이었다. 그해 여름 촛불의 아우성에 보인 이명박 대통령의 불감증 같은 반응이 내겐 익숙한 것이었다. 그리고 가을도 다 지난 어느날 이명박 대통령이 유흥업소 주인을 상대로 건물을 비워달라는 소송을 냈다는 소식을 듣고, 만시지탄보다 감격이 앞섰다. 사람 말을 듣기는 하는구나…….

2.

헌법재판소는 소수자를 위한 최후의 보루였다. '세금폭탄' 때문에 시름에 젖어 있던 1퍼센트의 소수 국민들을 위해 그 누구도 딴죽 걸지 못하던 '1가구 1주택주의'를 단숨에 허물어줬다. 종합부동산세의 입법 목적은 정당하다고 하면서도 그 목적을 이룰 핵심적인 수단인 세대별 합산 과세와 1주택 보유자 과세를 무력화하는 기발한 법리를 고안해냈다.

그런데 9명의 헌법재판소 재판관 가운데 8명이 종합부동산세 대상자라고 한다. 그리고 세대별 합산 과세가 위헌이 된 상황에서 재판관들이 소유한 집을 부부 공동 명의로 바꿀 경우 8명 모두 종합부동산세의 굴레를 벗어나거나 세금이 큰 폭으로 줄어든다고 한다. 이들의 재산 내역은 헌법재판소 공보에 실려 있는데, 무슨 이유에서인지 다른 국가기관과 달리 이를 인터넷 홈페이지에는 올리지 않았다.

헌법 재판소의 결정으로 종합부동산세를 재원으로 한 부동산 교부세가 크게 줄면서 지방자치단체들의 재정난은 심화할 것이고, 재정이 취약한 지역의 복지 예산이 타격을 받으면 금융위기의 한파가 문지방을 파고드는 계절에 취약 계층의 삶은 더 팍팍해질 게 뻔하다. 그러고 보면 헌법재판소는 진정 소수자와 사회적 약자를 위한 최후의 보루는 아닌 셈이다.

훌륭한 인격과 뛰어난 능력을 인정받아 최고 재판관 자리에 오른 이들이 대부분 1퍼센트의 부자 축에 끼어 있는 나라, 이들이 기괴한 논리로 자신을 포함한 1퍼센트의 부자 편을 드는 나라, 소수자 보호라는 사명을 띠고 있는 이들이 누가 소수자인지 분별하지도 못하는 나라, 이런 나라의 품격에 대해 우리는 무슨 말을 해야 할까.

이 칼럼을 쓰는 건 품격을 걱정해서다. 나라의 품격.

뇌물을 먹어야만 탐관오리인가

그들의 머릿속에 들어가보지 않았으니 알 수 없는 일이다. 그들의 존재가 의식에 어떤 영향을 끼쳤는지.

얼마 전 네살배기 아들놈이 폐렴에 걸려 입원했는데, 경비 아저씨가 당신 일인 양 걱정을 해줬다. "애는 어때요? 어린애가 입원까지……." "곧 괜찮아지겠죠." 고마움을 표시하고 지나치려는데 다시 발길을 붙잡는 아저씨의 목소리. "그런데, 저……. 이것 좀 해주시죠." 서명용지를 내민다. 아파트 세금을 깎아달라는 탄원서 부류였다. 삶의 질 6년 연속 세계 1위인 노르웨이를 포함해 북유럽 나라들이 세금을 많이 거둬 훌륭한 복지국가를 만든 데 부러움을 느껴온 나로선 동의하기 어려운 탄원이었다. 그러나 조금 전 아들을 걱정해주던 아저씨의 표정이 채 망막에서 사라지기도 전이었다. 우리집 호수의 서명란이 비어 있으면 그에게도 무언가 불이익이 올 것 같았다. 솔직히 내게 돌아올지 모를 소소한 이익이 잠시 머릿속을 맴돈 것도 사실이다. "다른 분들도 다 하셨거든요." 아저씨가 계속 쳐다봤다. 볼펜을 들었다.

누군가 그 서명용지를 보고 "평소 말과 소신은 어디 가고 결국 네게 이익이 오는 쪽으로 행동했구나"라고 따진다면, 나는 여러 가지 설명을 하고 싶을 것이다. 그러나 그 변명의 상황은 스스로에게도 매우 구차하게 느껴질 것 같다.

나라의 중대한 정책에 영향을 끼치는 사람이라면 어떨까. 어떤 정책을 만들고 집행한 결과 수많은 사람들이 고통받고 불행에 빠지게 된 반면, 극소수의 사람들은 그 혜택으로 부유하고 행복해졌다. 그런데 그 정책 결정자는 혜택받은 극소수에 속해 있다. "다수를 행복하게 하겠다던 말과 소신은 어디 갔느냐"고 따진다면, 그도 여러 가지 설명을 하고 싶을 것이다.

그러나 변명은 역시 구차할 터. '정책 실패의 혜택'을 누리는 정책 결정자들은 몇 가지 유형 가운데 하나로 낙인찍힐 뿐이다. 의도적으로 제 이익을 앞세웠거나, 의도적이지는 않지만 제게 이익이 되는 방향으로 설득당했거나, 아니면 그저 무능했거나. 어느 경우든, 그가 나라의 정책 결정자일진대 그냥 넘어갈 수 없는 일이다. 무능의 경우를 빼고는, 비록 뇌물을 챙기지 않았더라도 엄연한 '부작위의 부패 스캔들'이라 할 만하다.

이런 과격한 논리에 찬동해줄 이를 찾아보니 드물었다. 다행히 2300여년 전으로부터 하나의 대답이 왔다. "개와 돼지가 사람이 먹을 양식을 먹되 단속할 줄 모르며, 길에 굶어 죽은 시체가 있어도 창고를 열 줄 모르고, 사람들이 굶어 죽으면 말하기를 '내가 그렇게 한 것이 아니요, 흉년 때문이다' 하니, 이 어찌 사람을 찔러 죽이고 말하기를 '내가 그렇게 한 것이 아니요, 병기 때문이다'라고 말하는 것과 다르겠습니까? 왕께서 죄를 흉년에 돌리지 않으시면 천하의 백성들이 왕께 올 것입니다." (『맹자』 양혜왕 장구 상)

부작위의 혹정에 대한 질타다. 서민이 살 집을 땅부자들이 독식하고 집 없어 길 헤매는 이 즐비해도 이를 바로잡지 않고 백성의 투기심리를 탓하는 공직자들에게 맹자는 뭐라 말할까. 더구나 그들이 서울 강남의 금값 아파트를 소유하고 있다면.

부동산뿐인가. 사교육을 근절하겠다고 이런저런 정책을 내놓으면서, 자신의 귀한 자녀들에게는 수준 높은 사교육을 제공해주는 공직자들, 생활고로 한 가족이 동반자살까지 하는 복지 후진국에서 '세금 폭탄'이란 말만 나오면 꼼짝 못하는 공직자들, 늘 부자 편에 서 있는 정당과 언론……. 이들이 서민의 자리로 내려와 더불어 눕고 더불어 먹으며 더불어 이야기하는 세상이 오지 않는 까닭은 무엇일까.

그들의 머릿속에 들어가보지 않았으니 알 수 없는 일이다. 그들이 존재의 요구에 굴복한 탓인지, 아닌지.

쉬운 퀴즈

문: 아래에서 묘사하는 나라는 어디일까요? 아래 '보기'에서 고르세요. 답은 복수일 수도 있습니다.

현재 이 나라의 경제정책은 소수를 위해 다수 사람들과 국가의 이익은 고려하지 않으며, 소수가 마음대로 공동의 재부를 강탈하도록 방임하고 있다. 또한 국제자본이 이 나라에서 이윤을 약탈하는 데에도 일조한다. 이는 필연적으로 가장 야만적이고 잔혹한 자본주의를 가져왔다. 다시 말해 소수를 위해 다수가 희생한 대가로 소수는 폭발적인 부를 이뤘고, 이 나라는 국제자본의 통치와 수탈을 당하고 있다.

예전엔 대학을 나오면 직장을 구하는 것은 큰 문제가 아니었다. 하지만 지금 세대는 대학교 때부터 직장 문제를 고민하고, 미래의 삶에 대해 불안감을 가지고 있다. 이 나라에는 뼈빠지게 노동하면서도 노동자로 인정받지조차 못하는 계층이 있다. 이들의 불안한 사회·경제적 지위는 노동 착취로 이어지고 있으나 정부는 이들에게 무관심할 뿐이다.

이 나라 내부에는 많은 대립이 존재하고 있다. 빈부 모순, 정부와 국민 간의 모순 등이 곳곳에서 민중 봉기와 시위를 유발하고 있다. 이에 맞서는 이 나라의 경찰력은 세계 최강 수준이다. 대규모로 동원된 경찰들이 시민을 무작위로 검문하거나 체포하는 일이 다반사다. 군을 동원해 반정부 시위를 유혈 진압한 끔찍한 역사도 있다.

언론·사상에 대한 통제는 예전보다 훨씬 강경해졌다. 정부는 지식인들이 모여서 논쟁하는 것을 좋아하지 않는다. 그래서 지식인들은 이 나라가 나아갈 방향에 대한 최소한의 기본적 합의조차 마련하지 못하고 있다. 모이지 말라, 토론하지 말라고 하는데 어떻게 진정한 논의가 이뤄지겠는가?

'표준답안'만 강요하는 교육체계는 여전하다. 교사들은 학생들에게 나라 시책을 앵무새처럼 반복해서 말한다. '표준답안'은 학생들 스스로의 사고를 허용하지 않고, 서로 다른 의견도 허용하지 않는다. 오로지 '표준답안'에 근거해 사고해야 한다.

그러나 정부는 더 이상 국민의 주인이 아니라는 인식이 퍼지고 있고, 심지어 국가 지도자의 일부 발언이 종종 사람들의 농담거리가 되기도 한다. 정부가 벌이는 무능하고 우스운 행위들이 세계의 웃음거리가 되고 있다.

이 나라는 올림픽 개최국으로 분류된다.

〈보기〉 1)미국 2)일본 3)중국 4)한국

룰 오브 로

'룰 오브 로'(rule of law). 법의 지배, 법치, 법과 원칙이 지배하는 사회……. 다양한 번역이 가능한 이 용어는 오늘날 민주주의·인권과 함께 세계적으로 승인된 국가 운영의 확고한 원칙 중 하나다. 2005년 유엔 사무총장이 내놓은 '더 많은 자유: 모두를 위한 발전과 안보, 인권을 향하여'라는 보고서의 한 대목. "법의 지배와 인권, 민주주의라는 보편적 가치는 그 자체가 목적이다. 이는 정의롭고 기회가 균등하며 안정된 세상을 위한 핵심 가치다." 신생 국가, 사회주의에서 시장주의로 전환하고 있는 나라, 내전 등 혼란을 거쳐 안정을 찾아가는 나라 등에 꼭 필요한 것으로 국제사회가 주문하는 것도 바로 '룰 오브 로'다. 법이 사람을 가려서는 안 된다는 원칙, 특정인의 자의적인 판단이 법을 농단해서는 안 된다는 원칙, 오늘날 나라꼴을 갖췄다고 국제적으로 인정받으려면 반드시 구현돼야 할 원칙이다. 애초 법이란 게 뭔가 곡진한 이유가 있으니 만든 것 아닌가. 모든 사회 구성원이 꼭 지킬 필요가 있으니 생긴 것 아닌가. 법을 어겼으면 누구나 공평하게 그 대가를 치르면 된다.

그런데 법을 만드는 사람들이, 법을 집행해야 할 사람들이 앞장서 "법은 경우에 따라 안 지켜도 된다"고 말하고 있다. "법을 어겼어도 대가를 치르지 않겠다"고 한다. 다들 짐작하다시피, 대한민국 국회의 인사청문회 풍경이다. 위장 전입이나 부동산 다운계약서 작성 혐의에 대해 관행이라거나, 당시엔 꼭 지켜야 할 법이라는 인식이 부족했다거나, 중대한 사안이 아니라고 한다.

그럼, 묻는다. 그런 불법 행위를 관행으로 만들고, 꼭 지키지 않아도 되는 법이라는 인식을 퍼뜨리고, 중대한 사안이 아닌 것처럼 조장한 장본인이 누구인가? 바로 당신들이다. 공직에 있으면서 혹은 부유한 계층으로 일찍이 편입됐으면서, 한 푼이라도 더 재산을 불리고자 혹은 자녀를 남들보다 더 유리한 위치에 올려놓고자, 노블레스 오블리주는커녕 평범한 양심인의 자세마저 걸레처럼 팽개쳐버린 당신들. 그리고 오늘에 이르러 걸레로 양심을 쓱 닦고서 얼굴을 한 번 훔치고서 고위 공직자가 되겠노라고 청문회장 후보자석에 땀 뻘뻘 흘리며 앉아 있는 당신들. 바로 당신들이 그런 관행과 준법의식 마비와 도덕성 결여를 조장해온 장본인이다. 그러고선 되레 남 탓이다.

위장 전입이나 다운계약서 따위가 불법으로 규정된 이유는 이를 막아야 할 이유가 있기 때문이다. 괜한 법을 만들지는 않았을 것이다. 비슷한 예를 들자면, 병역 기피는 불법이다. 하지만 병역 기피를 감행하는 이들은 그다지 양심에 꺼려하지 않는다. 병역 의무를 이행하는 선량한 시민들을 바보 취급한다. 그들 중 누군가는 훗날 국회 인사청문회 후보자석에 앉아 "당시엔 관행이었고, 가능하다면 피하는 게 좋다는 인식이 퍼져 있었으며, 결과적으로 그다지 중대한 사안이 아니다"라고 변명할 것이다(물론 지금도 병역 의무를 석연치 않은 이유로 회피한 이들이 고위 공직에 혹은 후보자 지위에 올라 있다).

사회적 지위를 누리는 자가 법을 우습게 여기는 사례는 얼마든지 더 있다. 홍석현 〈중앙일보〉 회장은 노회찬 진보신당 대표의 '삼성 X파일 사건' 공판에 증인으로 채택됐지만 출석하지 않았다. 과태료 처분을 받고도 또 불출석했다. 법원이 발부한 구인장은 휴지 조각이다. '회사 행사' 때문에 못 나오겠다고 하고는 그만이다. 과태료 300만 원이야 그에겐 휴지 조각보다 못한 돈일 것이다.

대한민국 법 집행의 책임자로서 물색없게도 갖은 의혹의 백화점으로 지목된 법무부 장관 후보자는, 그러고도 '사형 집행'을 입에 올린다. "취임하면 진지하게, 정말 진지하게 검토하겠다"나? 스스로 법을 어긴 자의 손끝에서 나온 서명에 따라, 법의 이름으로, 한 사람의 목숨을 빼앗는 상황이 전개된다면, 법의 의미는 얼마나 뒤죽박죽이 될까.

이 모든 역설들로써 '룰 오브 로'는 끝났다. 국회 인사청문회에 나선 후보자들은 차라리 시민불복종 운동을 선언하라. 법 같지 않은 법은 무시하자고 선동하라. 법의 파탄을 선포하라. 현대 세계에서 나라꼴을 갖춘 국가라면 반드시 존중해야 할 원칙, '룰 오브 로'에 작별을 고하라.

네임 앤드 셰임

'네임 앤드 셰임'(name & shame). '이름 밝혀 창피 주기' 정도로 해석되는 이 용어는 서구의 사회·인권운동 단체들이 사용하는 전술의 하나를 일컫는다. 비리를 저지르거나 인권을 침해하는 장본인이 누구인지 드러내 밝힘으로써 그런 행위를 저지하자는 것이다. 그에게 자식의 이름이 더럽혀지는 걸 원하지 않는 부모가 있다면, 그에게 아버지나 어머니가 구설에 오르는 것을 창피해하는 자녀가 있다면, 그에게 나쁜 짓 하는 친구를 싫어하는 선량한 벗이 있다면, 무엇보다 그에게 일말의 수치심이 있다면, 지탄받을 만한 일이 자신의 이름과 얽혀 공개되는 것을 원하지 않을 테고 설사 그런 일을 저질렀더라도 반성하고 더 이상 지속하지 않을 것이라는 추정이 바탕에 깔려 있다. 인간 본성에 비추면 지극히 원론적이고 특별

할 것도 없는 전술이다.

그러나 서구의 사회·인권운동 단체들은 이 전술이 통하지 않는 경우를 종종 보아왔다. 우간다의 이디 아민 같은 지독한 독재자들이 대표적이다. 이들은 부패로 치부하고 대규모 학살을 저지르고도 이에 대한 비판에 아파하지 않는다. 누군가 힘으로 자신을 제압하지 않는 한, 말의 화살 따위는 두렵지 않은 유전자를 타고난 것이다. 국제사회의 비난 속에서도 꿋꿋이 인종분리정책을 고수했던 남아프리카공화국 백인정권부터 국민이 허리케인의 대재앙에 신음하는데도 국제사회의 지원을 오히려 막아나선 버마 군사독재자들에 이르기까지 '네임 앤드 셰임'에 면역력을 가진 자들의 계보는 면면하다. 서구 단체들은 북한도 그런 정권의 하나로 꼽는다. 독특한 이데올로기와 철저한 내부 단속 기제로 무장하고 있는 탓일까.

우리나라의 과거 군사독재 정권들은 이런 점에선 그나마 나은 축에 속한다고 할까. 말만이라도 '민주'니 '정의'니 주워섬기고, 이런 가치에 대한 국제사회, 특히 미국의 태도를 낑낑대며 살피기도 하고, 국민의 대규모 저항에 반응이라도 했으니 말이다.

촛불정국 이후 다수 국민의 비판에 오히려 재갈을 물리고, 국제앰네스티 같은 국제단체의 인권침해 지적에는 아예 대거리로 나오고, 경제위기 속에서도 시장의 요구에 귀를 닫고 있는 지금의 우리나라 정부는 어떤가. 부자들로 구성된 정부, 부자들만 위한 정책을 입이 아프게 비판해도 아무런 수치심을 느끼지 않는 모습이다. 급기야 소작농민들에게 돌아가야 할 쌀직불금을 공무원들이 가로챈 사실이 드러났는데도 이들에 대한 '네임 앤드 셰임'은 이뤄지지 않았다. 하기야 이름을 밝힌들 무슨 소용일까. 한 나라의 차관이라는 사람이 그런 일에 연루돼 이름이 만천하에 공개됐는데도 '셰임'을 느끼지 않는 듯 물러날 생각을 하지 않았으니. 그뿐인가. 사교육업자들의 돈으로 선거를 치른 교육감이 사교육 시장을 키워줄 국제중학교 설립을 국민의 반대 속에 안면몰수하고 밀어붙인 일도 있다.

국제적으로든 국내적으로든 '네임 앤드 셰임'이 통하지 않는다는 건 그 나라 권력자들에게 올바른 가치기준이나 양심이 없고, 국민이나 국제사회를 존중하는 양식이 없다는 방증이다. 그건 다른 말로 독재국가라는 뜻이다. 이제 '네임 앤드 셰임'이 통하지 않는 나라의 명단에 이름 하나를 추가해야 하겠다. 대~한민국, 짝짝짝 짝짝!

촛불의 기록

화엄 서울

그해 유월은 불안과 설렘이 반분하고 있었습니다. 대기는 습기를 잔뜩 머금었고 거리에 나서면 금세 끈적한 땀이 배었습니다. 가슴이 뛰고 또 두려웠습니다. 대학 새내기는 난생처음 불법의 거리에 뛰어들어, 낯익으면서도 낯선 것임을 알게 된 단어, 민주와 자유를 외치고 있었습니다.

그때 당신은 근처 어딘가에 서 있었습니다. 이제는 이름도 생소해진 페퍼포그차가 지랄탄을 뿜어대며 우리들 한가운데로 밀고 들어왔을 때 말입니다. 제대로 들이마신 지랄탄 연기는 정말이지 호흡기관과 소화기관 모두를 뒤집어놓았습니다. 눈도 뜨지 못하고 숨도 제대로 못 쉬며 구역질을 해대는데, 군홧발 소리는 점점 다가왔습니다. 바로 그때 당신이 팔을 잡아끌었습니다. 가까스로 위기를 모면한 뒤에도 눈은 떠지지가 않아 끝내 당신의 얼굴을 보지 못했습니다. 손수건을 건네 눈물과 콧물을 닦게 하고는 인파 속으로 사라진 당신의 뒷모습도 간직하지 못했습니다. 그 손수건이 그냥 하얀색이었는지 꽃무늬가 들어간 것이었는지도 알 수 없습니다. 쫓고 쫓김의 연속이었던 그 거리 인파 속에서 놓쳐버리고 말았기 때문입니다.

고백하건대, 이후에도 최루탄 자욱한 유월의 거리로 나를 거듭 불러낸 건 당신이었던 것 같습니다. 선배들이 들려주던, 독재에 신음하는 민중의 이야기는 항쟁에 참여할 당위성을 일러줬지만, 첫 거리시위에서 각인된 공포를 떨쳐낼 용기까지 채워주지는 못했습니다. 그러나 경찰에 붙잡혀 무참히 짓밟힐 수 있는 다급한 상황에서도 생면부지의 '동지'를 부축해주던 당신의 손길은, 그 거리에 '사람'이 있음을 알게 해줬습니다. 민주와 자유라는 추상을 뛰어넘는 촉각의 깨침. 다시 나간 거리에서 구멍가게 주인들이 힘내라며 건네주던 빵과 음료수, 연도의 시민들이 쳐주던 박수 소리와 택시·버스기사들의 경적시위 소리, 낯선 얼굴이 건네던 하얀 격려의 미소들은 또 다른 구체적 감각들로 민주와 자유의 공동체를 그려 보였습니다.

이제 다시 유월입니다. 심술궂은 빗줄기 속에서도 촛불은 타올라 6월 10일 그날을 맞고 있습니다. 흔적도 없이 흩어졌을 당신의 손수건은 다시 살아나 1987년 6월과 2008년 6월을 잇는 시간 터널이 됩니다. 오늘도 거리에서 사람들은 처음 보는 이들끼리 반갑게 인사하고, 누군가 가져다놓은 물과 김밥을 나눠 먹으며, 의료봉사단이 꾸려지고, 경찰의 폭력에서 서로를 보호해줍니다. 물론 박수를 쳐주고 하얀 미소도 던집니다. 서울시청 앞 광장의 난장 축제에서도, 광화문 거리의 경찰 차벽 앞에서도.

시간 터널은 더 멀리 연장됩니다. 5·18항쟁으로, 4·19혁명으로, 3·1운동으로……. 시간을 관통해 거리에서 우리가 느낀 그것은 불의에 대한 저항을 가능케 하는 힘, 아니 오히려 저항이 우리에게 주는 선물, 바로 연대의 감격입니다. 그리하여 "發光體(발광체)처럼 절로 빛나는 얼굴들 하고/ 젊은이는 무등 태우고 늙은이는 서로 업고/ 어린이는 꽃 갓끈 빛난 신 신겨 앞세우고/……/ 十方(시방)으로 큰 우레 소리 두루 내는 강처럼/ 흘러들고 흘러나오"(황지우 「화엄광주」)는 사람들이 꽃으로 빛나는 세상을 이룹니다.

하얀색인지 꽃무늬인지 지금도 궁금한 그 선물을 제게 준 당신, 필시 나보다 선배였을 터이니 어느덧 중학생이나 고등학생 자녀를 두었겠습니다. 수만 개 촛불이 불 밝힌 화엄 서울, 그 거리에 아이 손목을 잡고 나온 저 엄마들 가운데 당신은 서 있지 않을까요.

데자뷔

벌써 한 달이 훌쩍 넘도록 정신이 온통 20년 전 역사와 추억의 언저리를 헤매고 있다. 거리를 뒤덮은 우람한 저항의 물결에서 오는 데자뷔일까. 6월이라는 시점까지 기막히게 맞아떨어지니, 단순한 기시감은 아닌 게 분명하다. 1987년 6월항쟁 당시 앳된 청년의 내 모습과 최루탄 연기 속에 손수건을 건네던 이름 모를 동지의 추억 따위를 발굴해낸 것까지는 좋았는데, 요즘 잇따른 강경진압과 부상과 연행의 장면들에 이르니 기억 더듬기는 악몽이 되어간다.

그러면서 맞부딪친 또 하나의 20년 전. 이정희. 학력고사(지금의 수능시험)에서 전국 여자 수석을 차지해 TV와 신문마다 인터뷰가 나온 유명인사인 그를 대학 새내기 시절 한 학회 모임에서 만날 수 있었다. 차분하고 똑똑한 친구였다. 여느 친구들처럼 시대를 고민하던 그는 민주화 운동에 나섰고, 대학 졸업 뒤 변호사가 됐다는 소식이 들리더니, 2008년 4월 민주노동당 국회의원으로 다시 TV와 신문에 등장했다. 그가 국회의원이 됐다는 것은 지난 20년의 '변화'를 증명하는 소식 같았다. 그런데, 그가 거리집회에서 연행되는 시민들을 도우러 나섰다가 경찰에 폭력적으로 연행됐다는 소식은 20년의 시간을 0으로 돌려놓고 말았다.

시민들이 거리로 쏟아져 나오자 법무부 장관을 비롯한 각료들이 나섰다. "(이 집회에는) 국기 문란과 공권력의 무력화까지 초래하여 헌정을 파괴하고 국민 생활을 희생시키려는 저의가 숨겨져 있다. ……(주도 단체의) 상당수가 과거 국사범의 전력이 있는 등 이 단체의 불순성을 의심치 않을 수 없다." 총리도 가세했다. "길거리로 나온 학생들과 시민들은 과격한 집단행위를 자제하고 각자의 집으로, 생업의 현장으로 복귀해달라. 법과 질서의 회복이 불가능해진다면 불가피하게 비상한 각오를 할 수밖에 없다." 1987년 6월에 나온 대국민 담화들이다. 국사범 등 몇 가지 낯선 용어만 빼면, 지금 정부·여당이 내뱉는 말과 판박이다.

그해 서울대생 박종철 씨를 물고문해 숨지게 하고도 '탁 치니 억하고 죽었다'고 발표한 경찰은 잘못을 반성하기는커녕 시위대를 폭력으로 진압했고 연세대생 이한열 씨까지 죽음으로 몰았다. 백골단은 '개 패듯'이라는 말밖에는 달리 적실한 표현을 찾기 힘든 폭력으로 시위대를 떨게 했다. 20년 뒤 경찰 총수는 그 '80년대식 진압'을 다시 들먹거린다. 6월항쟁 몇 해 뒤 다시 명지대생 강경대 씨가 백골단의 쇠파이프에 맞아 숨지고 대학생 등의 분신 항의가 잇따르자, 기득권의 이데올로그들은 "죽음을 선동하는 어둠의 세력이 있다"며 배후론을 폈고 정치 검찰은 '강기훈 유서 대필 사건'을 만들어내 정국의 흐름을 바꿔놓았다. 강기훈 씨의 결백이 입증된 21세기에 들어서도 검찰은 반성은커녕 누군가를 제물 삼아 시국에 대처하는 20년 전 기술을 다시 연마하느라 여념이 없다.

그 암흑의 시대에도 아이들이 태어났다. 이제 열일곱이나 스무 살쯤으로 자라난 그들이 촛불의 거리에 섰다. 그들은 점점 더 폭압적으로 변하는 경찰을 본다. 정부 비판 세력에 신속하게 칼을 겨누는 검찰을 본다. 눈초리가 무섭게 변해가는 최고 권력자를 본다. 그들에게 역사는 무엇일까? 그들이 태어날 당시의 풍경을 다시 고스란히 체험할 수 있다니, 역사는 완벽한 도돌이표란 말인가.

만약 그렇다면 되풀이되는 역사는 또 있다. "오늘은 기쁜 날, 찻값은 무료입니다. 가화다방 주인백." 6월항쟁 끝에 6·29 항복 선언이 나오던 날, 서울의 찻집과 음식점들은 무료로 손님을 맞았다. 시민은 승리했고, 이후 20년 동안 독재와 전횡의 권력자들은 응보의 나날을 보냈다. 데자뷔.

버스와 평화

몇 해 전 미국의 한적한 소도시에 머물 때의 일이다. 자동차 없이 생활하다 보니 버스를 이용해야 했는데, 처음 버스를 탄 날 문화적 충격을 경험했다. 험상궂은 표정에 덩치가 산만 한 운전기사와 유난히 추레한 차림새의 승객들 사이에 앉아 묘한 압박감을 느끼던 차에 목적지가 다가왔다. 얼른 일어나 하차문 앞에 서서 당당하게 하차벨을 눌렀다. 그런데 기사가 갑자기 룸미러로 나를 바라보며 소리를 지르는 것이 아닌가. 흠칫 놀라 가만히 들어보니, 버스가 정차하지도 않았는데 일어서서 움직이면 어떡하느냐, 위험하다, 차가 완전히 선 다음에 일어나서 내려라, 대략 이런 내용이었다.

순간, 그의 다소 거친 말투마저 고맙게 느껴졌다. 그곳은 참 조용하고도 평화로운 소도시였다.

좀 더 번화한 도시에 가서 버스를 탔을 때도 비슷한 광경을 보았다. 서 있는 승객이 있을 정도로 버스 안은 번잡했는데, 차가 멈추더니 움직일 생각을 하지 않았다. 기사(미국 버스기사는 늘 산만 한 덩치다)는 아예 운전석을 벗어나 버스에서 내리는 것이 아닌가. 잠시 뒤 기사는 휠체어를 밀며 나타났다. 휠체어를 고정시키도록 돼 있는 자리에 이르더니 끈으로 휠체어를 단단하게 매줬다. 덩치에 어울리지 않게, 휠체어를 탄 이에게 온갖 유머를 구사하며 수다까지 떨면서. 기다리는 승객들도 대수롭지 않은 듯 각자 하던 일에 몰두하고 있었다. 다소 번화하긴 해도 그곳 역시 평화로운 도시였다.

귀국한 뒤 콩나물시루 같은 버스에 뛰어올라 각종 요가 자세를 연습하며 출근하는 생활을 다시 시작했다. 할머니든 다섯 살배기든 임신부든 버스를 잡기 위해 뛰어야 하고, 승차 직후 손잡이를 붙들지 않으면 엉덩방아를 찧는 낭패를 당할 수 있고, 문이 열린 뒤 조금이라도 늦게 내릴라치면 승객들의 따가운 눈초리에 온몸을 찔려야 하는 서울은 전쟁터 같았다.

그러나 서울의 거리에도 평화의 종소리가 울렸다. 그건 전혀 다른 방향에서 온 복음이었는데, 바로 촛불시위 현장에 신부님과 목사님과 스님들이 가져온 선물이었다. 비록 경찰의 강경 진압에 때로 부딪치고 피 흘리는 일도 있었지만, 권력의 전횡에 맞선 저항의 평화는 면면했다.

일부에선 폴리스 라인을 벗어나면 가차 없이 강경 진압을 한다는 미국 시위 현장의 평화를 얘기하는데, 총기협회의 로비 탓에 총기 소지 금지가 이뤄지지 않아 누구나 주머니에서 권총을 빼들 가능성이 있고 경찰은 이를 감안해 범죄 혐의자에게 가공할 무장과 폭력으로 대응하고 그래서 한 해 수만 명이 총에 맞아 죽는 미국 거리의 차가운 평화를 말함인가.

비록 짐짝 취급을 받으며 출근길 버스를 타야 하고 일상에 지친 저녁엔 뒷골목 선술집에서 악다구니 끓이지 않아도, 이 전쟁터 서울의 평화가 더 따뜻하게 느껴진다. 수만~수십만이 거리로 몰려나와 몸뚱이 하나로 권력의 잘못을 바로잡을 수 있는 대한민국 거리의 평화가 더 마음에 든다.

그러니 권력 있는 자가 거리의 평화를 말하려면, 방패와 진압봉을 내려놓고 버스 운전석에 앉을 일이다. 스스로 왕이면서도 버스 운행에 차질이라도 빚을까 봐 위험도 무릅쓰고 미리 일어나 하차문에 서 있어주던 승객들에게 이젠 그러실 필요 없으니 편안히 앉아 있다 내리시라고 얘기해야 한다. 할머니, 어린이, 임신부부터 세심히 배려해야 한다. 장애인 승객이 기다리고 있으면 다른 승객의 양해를 구하고 얼른 내려 휠체어를 밀어주며 자신 없는 유머라도 건네야 한다. 그러면 승객들은 신명나서 외쳐줄 터. "오라이~"(all right). 버스는 참 조용하고도 평화로운 거리를 신나게 달리는 것이다.

간첩은 누구인가

"한완상은 간첩이다."

아득했다. 이 말을 내뱉는 공안 검사의 표정이 조금이라도 풀려 있었다면, 그렇게 절망적이진 않았을 것이다. 검사 특유의 반듯한 외모에 한 치의 흐트러짐도 없이, 그는 현직 부총리 겸 통일원 장관을 간첩이라 부르고 있었다. 김영삼 정부 시절, 서울지검 출입기자 때의 일이다. 인사차 찾아간 검사실에서 나는 반듯한 외모의 절망 하나를 만났고, 곧 한없이 무거운 침묵 속으로 빠져들었다. 그는 근거를 대지는 않았다. 그저 "확신한다"고 했다.

우리 사회의 대표적 진보 지식인으로 살아온 한완상 전 부총리가 간첩으로 전락하고 마는 이 인식의 간극을 어떻게 설명한단 말인가. 그게 바로 '공안 마인드'인가. 그 기발한 '공안적 상상력'과 섬세한 '공안적 감수성'에 아득할 뿐이었다. 이후 김대중·노무현 정부가 들어서면서 그 불온한 마인드도 종언을 고하길 바랐다. 그런데 아니었다.

"송두율은 간첩이다."

노무현 정부 시절, 또 한 명의 대표적 진보 지식인이 간첩으로 낙인찍혔다. 이번엔 팩트가 있다고 했다. 2003년 검찰은 북한 노동당 정치국 후보위원으로 임명돼 활동한 혐의(국가보안법상 반국가단체의 간부 및 지도적 임무 종사)로 재독 사회학자 송두율 교수를 구속기소했다. 그러나 이 또한 사실이나 법리에 근거하기보다는 공안 마인드를 앞세운 처사로 드러났다.

이듬해 항소심 재판에서 서울고법은 송 교수가 노동당 정치국 후보위원이라는 핵심 공소사실을 뒷받침할 증거가 미흡하다며 무죄를 선고했다. 송 교수의 밀입북 혐의(국가보안법상 탈출)만 유죄를 인정해 집행유예로 풀어준 것이다.

그리고 2008년 4월 대법원은 독일 국적의 송 교수가 북한을 방문한 행위는 국가보안법상 탈출죄에 해당하지 않는다고 추가로 무죄 판결을 내렸다. 기존 판례까지 변경한 이 전향적 판결이 10년 만의 보수 집권기에 나온 점은, 공안 마인드에 젖지 않은 법원의 이성에 한 가닥 기대를 걸게 한다. 물론 그렇다고 우리 사회의 유구한 마녀 사냥 전통에 제동이 걸리는 건 아니었다.

"임동원은 간첩이다."

전 국정원 직원 김기삼 씨는 그즈음 한 주간지와의 인터뷰에서 이렇게 말했다. "임동원 전 국정원장이 간첩이라는 주장은 내 나름대로 상당히 공들인 수집 정보 내용을 바탕으로 한 것이다. 나는 그의 간첩 혐의를 입증할 만한 정보를 얻어내기 위해 매우 힘들고 위험한 작업을 감수했다. 그 정보들은 90퍼센트 이상 신뢰할 만한 것들이다." 팩트와 확신이 어떻게 버무려진 결과인지는 알 수 없다. 김씨는 미국으로 망명한 상태. 임 전 국정원장은 이 주간지를 상대로 명예훼손 소송을 냈다.

통일원 장관에 이어 전직 정보기관 수장까지 간첩 리스트에 올려놓는 공안적 상상력의 가벼운 비상에 탄복할 따름이다. 그리고 10년 만의 보수 집권기에 그런 상상력이 광우병 쇠고기처럼 몰려들지 않을까 걱정할 뿐이다. 이렇게 말이다.

"촛불시위 배후는 간첩이다."

하기야 이 정도는 싸구려 상상력이나 둔한 감수성에 기댄, 개나 소도 능히 할 만한 얘기다. 하나 이는 다음과 같은 새로운 상상의 지평으로 우리를 안내한다. 수만 개의 촛불을 길거리로 불러낸 게 누구인가, 하는 간단한 추론만 더해진다면. 다만, 풍자적 상상력은 공안 검사처럼 반듯한 외모에 어울리는 것은 아니므로 다소 흐트러진 모습으로 얼굴을 깨뜨려 크게 웃으며 말하면 족하다.

"이명박은 간첩이다."

헌법의 광장

우리말로 쓰여진 가장 아름다운 글이 무엇이냐고 묻는다면, 대한민국 헌법을 첫손에 꼽겠다. 시처럼 반짝이는 언어로 조탁되지도 않았고(사실 헌법의 문장은 한자투성이에 조악하기 그지없다), 소설처럼 삶의 숨겨진 결을 흥미롭게 또한 감동적으로 드러내지도 않지만(오히려 개념어의 나열인 헌법 문장에서 구체적 삶이란 완전히 배제된 것처럼 느껴진다), 그것은 아름답다. 수억 명 사람들의 눈물과 피, 염원과 환희를 담고 있어서다.

60년 전 우리의 헌법을 처음 갖게 되기까지 얼마나 많은 이들이 만주벌판 눈보라 속을 헤매었나, 주린 배를 부여잡고 숨죽이며 살아야 했나. 그 뒤로 헌법이 여덟 차례나 새 옷을 입고 나타날 때마다 또 얼마나 많은 이들이 피 흘리고 개탄하고 목놓아 또 다른 헌법을 불러야 했나. 그 모든 삶들이 단어 하나, 문장 하나마다 결을 새겨넣었으니, 그 단어는 단단하여 빛나고 그 문장은 간명하여 장엄하다.

그저 "몇몇 사람이 제멋대로 얼마간 가지고 놀다가 쓰레기통에 버리는 장난감"이나 "'독재불량 정치'로 설사를 하고 뒤를 닦는 휴지"(박홍규, 『그들이 헌법을 죽였다』, 개마고원 펴냄, 2001)였던 헌법이 이제야 진가를 널리 인정받아, 제1조가 통째로 국민 애창곡의 노랫말이 됐다.

"나는 그 어떤 위대하다는 동서양 철학보다 우리 헌법을 사랑한다. 완벽한 미인은 아니지만 정말로 사랑한다. 더욱 사랑해서 완벽하게 만들어야 한다고 생각한다"던 박홍규 영남대 교수(법학)는 요즘 무척이나 기쁘시겠다. 나 또한, 사형제 폐지와 양심적 병역거부

인정을 명시하고 있는 독일 헌법의 금발 요염한 자태에 간혹 눈길을 빼기기는 해도, 대한민국 헌법을 사랑하는 사람으로서 기쁘다. 헌법이 단지 추상적 선언에 그치지 않고 구체적 삶의 문제에 적용돼야 하며, 우리는 그 적용 방법을 발랄하게 창조해나갈 수 있음을 확인했기 때문이다. 헌법은 바야흐로 빼어난 서정시이자 대하소설로 역이행하고 있음이다.

그리고 헌법은 제1조만 있는 게 아니므로, 앞으로 또 기뻐할 일이 생겨났으면 하고 바란다. 국민주권을 선언한 제1장은 국민의 권리를 규정한 제2장으로 이어진다. 직장일로 또 가사일로 고통받는 유모차 부대나 하이힐 부대는 제11조와 제34조를 노래한다. "누구든지 성별, 종교 또는 사회적 신분에 의하여 정치적·경제적·사회적·문화적 생활의 모든 영역에 있어서 차별을 받지 아니한다. 국가는 여자의 복지와 권익 향상을 위하여 노력하여야 한다." 휠체어를 타고 촛불집회장에 나온 이들은 제34조를 휠체어에 붙인다. "국가는 사회보장·사회복지의 증진에 노력할 의무를 진다." 돌보는 이 없는 빈곤층 노인과 아이들, '알바'하면서 최저임금도 못 받는 청소년들은 제32조와 제34조를 촛불과 함께 흔든다. "국가는 노인과 청소년의 복지 향상을 위한 정책을 실시할 의무를 진다. 청소년의 근로는 특별한 보호를 받는다." 대운하에 뿔난 이들은 '명박산성' 너머로 제35조를 외친다. "모든 국민은 건강하고 쾌적한 환경에서 생활할 권리를 가지며, 국가와 국민은 환경보전을 위하여 노력하여야 한다." 학교에서 원하지 않는 종교 교육을 강요받는 학생들은 제20조를 광화문 아스팔트 위에 분필로 눌러쓴다. "모든 국민은 종교의 자유를 가진다." 그리고 또 제37조로 못을 박는다. "국민의 자유와 권리는 헌법에 열거되지 아니한 이유로 경시되지 아니한다." 또 있다. '기업 프렌들리'에 신물나고 신자유주의 물결 속에 민생고를 겪는 서민들은 저 멀리 제119조를 불러낸다. "국가는 균형 있는 국민경제의 성장 및 안정과 적정한 소득의 분배를 유지하고, 시장의 지배와 경제력의 남용을 방지하며, 경제주체 간의 조화를 통한 경제의 민주화를 위하여 경제에 관한 규제와 조정을 할 수 있다……." 그리고 이 모든 선언이 선언에 그치지 않음을 선언한다. 그리하여 촛불의 물결은 "모든 국민은 인간으로서의 존엄과 가치를 가지며, 행복을 추구할 권리를 가지"고 "국가는 개인이 가지는 불가침의 기본적 인권을 확인하고 이를 보장할 의무를 지"(제10조)는 참세상의 서사시를 완벽하게 구현한다.

그러자면 서울시청 앞 광장은 '서울광장'이라는 밋밋한 이름이 어울리지 않는다. 이참에 '헌법의 광장'으로 이름을 바꾸면 어떨까. 역사는 기꺼이 서울의 이 새로운 명소를 이명박 대통령의 치적으로 기록할 것이다.

진실 한 점

저녁 어스름 무렵 서울 마포구 공덕동 116-25번지 한겨레신문사 옥상 공원에 연기가 피어오른다. 두 군데 화로에 얹어진 건 전남 영광군에서 올라온 청정 돼지고기. 갓 잡아 진공포장된 돼지고기 열 상자가 이틀 전 신문사로 배달됐다. 애독자 김태진 씨가 "미국산 쇠고기 수입에 대해 기사를 쓰느라 지쳤을 〈한겨레〉 기자들에게 힘이 됐으면 좋겠다"며 보내온 것이다.

몰려드는 사원들로 옥상은 만원이 되고, 고기 익는 시간은 뱃속

출출한 이들의 젓가락질 속도를 따라잡지 못한다. 식욕과 체면 사이에서 고뇌하며 화로 근처를 몇 차례 기웃거려봤자 고기 한 점 낚아채기 힘들다. 쌈장 찍은 오이로 에피타이저만 즐기다가 눈치 빠른 후배가 아까운 듯 나눠주는 한 점을 겨우 맛본다. 맛있다. 마포 골목길 껍데기집이나 회사 앞 삼겹살집과는 비교가 안 되는 돼지고기 맛에 막걸리 한 잔이 꿀떡 넘어간다.

그러고 보니 여기는 '오병이어'의 들판이다. 갈릴리 호숫가에 저녁이 찾아들고 예수를 따르던 수천의 무리가 먹을 것 없어 고민할 때 한 어린아이가 내놓은 보리떡 다섯 개와 물고기 두 마리로 여자와 어린이를 빼고도 5000명이 배불리 먹고 남았다는 신약성서의 전설.

어릴 적엔 실제 오병이어가 화수분처럼 끊임없이 재생된 것이 아닐까 여겨 그 과학적 가능성을 가늠해보기도 했지만, 이제 알겠다. 예수의 가르침에 영적으로 감화받고 그 감격을 공유하는 수천 명 무리에 속해 있을 때, 물고기 굽는 냄새만으로도 그들은 배부를 수 있었고 약간의 음식을 여성과 어린이들에게 먼저 나눠주는 것만으로도 그들은 식욕을 지울 수 있었으리라. 더구나 예수의 가르침은 "이웃을 네 몸과 같이 사랑하라" "부자가 천국에 들어가는 것은 낙타가 바늘귀를 빠져나가는 것보다 어렵다"가 아니었던가.

이웃들의 절박한 외침을 충실히 전달하고 '고·소·영'으로 대표되는 부자 권력에 메스를 들이대온 참언론을 격려하는 선물이기에, 이 돼지고기는 한 점만으로도 포만감을 준다.

차오른 감정을 추스르며 다시 한 번 언론의 자세를 생각한다.

"19세기 영국에서 언론이 권력의 음모를 캐기 위해 잠입 취재에 열심일 때, 헨리 메이휴는 같은 왕국에 사는, 알려지지 않은 사람들의 고통을 기록하기 위해 밖으로 나왔다. 그는 빅토리아 시대 런던 거리를 배회하면서 '거리의 사람들'의 삶을 취재해 〈런던 모닝 크로니클〉에 썼다. 그럼으로써 그는 물냉이 따는 소녀와 굴뚝 청소부에게 그들의 얼굴과 목소리를 찾아줬고 갈망을 불어넣어 주었다. 그들을 지나치면서도 그들의 존재는 눈에 들어오지도 않던 뭇 사람들에게 그들도 인간임을 드러내준 것이다. 일찍이 언론인들이 핵심 원칙으로 세운 것은 바로 '사회의 보이지 않는 구석'을 조사할 의무였다."(톰 로젠스틸·빌 코바치, 『저널리즘의 기본요소』, 뉴욕 크라운 출판사 펴냄, 2001)

'권력 감시'와 '목소리 없는 이들에게 목소리 찾아주기'는 언론의 두 가지 핵심 책무일 터. 교실에 갇혀 침묵하던 소녀들이 거리로 뛰쳐나오고 익명의 존재들이 광장을 가득 메워 권력을 비판하고 있으니, 두 가지 책무는 어느덧 하나가 되는 듯하다. 이 모두를 저널리즘의 기본 요소에서 제외시키려는 것은 언론을 권력 홍보의 수단 정도로나 여기는 무리와 이들에 영합하는 보수 매체들뿐이다.

한 초여름 저녁, 우리는 〈르몽드〉의 창간자 뵈브메리의 말을 더욱 되새길 뿐이다. "진실을, 모든 진실을, 오직 진실만을 말하라. 바보 같은 진실은 바보같이 말하고, 마음에 들지 않는 진실은 마음에 들지 않게 말하고, 슬픈 진실은 슬프게 말하라." 수상한 냄새를 좇아 한겨레신문사 옥상에 모여든 기자들은 돼지고기보다 진실 한 점을 더 탐하고 있다. 그들의 눈빛이 어느새 하늘에 별로 떴다.

2장

정당한 위반

"공적인 이슈에 대한 토론은 방해받지 않아야 하고, 강력해야 하며, 널리 열려 있어야 한다는 원칙, 그러자면 정부를 향해 격렬하고 신랄하고 때론 불쾌할 정도로 날선 공격이 가능해야 한다는 원칙에 온 나라가 충실해야 한다." 민주국가의 국민이라면, 폭력적 행위가 아닌 표현의 영역에서, 정부에 얼마든지 어떤 방식으로든 대들 권리가 있다는 선언이다. 그 표현 내용에 거짓이 포함돼 있든 없든 상관없는 것이다.

사법고시는 왜 안 봤어?

P의 항변

기자 P는 '펜 생활' 15년을 훌쩍 넘긴 지금까지도 종종 질문을 받는다. "사법고시는 왜 안 봤어?" 그러면 P는 대답한다.

P가 법대를 다니던 시절, 그러니까 1980년대에는 교과서에 나오는 법과 현실의 법이 너무나 달랐다. 무엇보다 대한민국은 현실에서 민주공화국이 아니었다. 헌법 제1조부터 거짓말이었으니, 법에 실망했다는 것이다. 이것이 P의 첫 번째 대답이다. 그러나 어디서 들어본 듯한 말이다. 왠지 도식적이다. 그렇게 물으면, P는 또 대답한다.

졸업 뒤에도 기회는 있었다. 90년대, 사법시험 '바람'이 불기 시작하더니 직장을 그만두고 다시 고시촌으로 스며드는 이들이 급증했다. 그러나 당시 법조담당 기자였던 P는 법에 대한 실망을 넘어 법조인에 대한 실망에 빠져들고 있었다. 법정에서 피고인에게 반말을 지껄여대는 판사들, 시국사건 재판에선 온순한 양이 되어 검찰의 논리를 답습하는 판사들, 늘상 재판 기록에만 파묻혀 '저러고도 창조적인 사고가 가능할까' 싶은 생각이 들게 하는 판사들…….
피의자를 쥐어패는 검사들, 그러면서 상관에게는 그렇게 깍듯할 수 없는 검사들, 비리의 몸통엔 약하고 깃털엔 강한 검사들, 사법 정의보다 주제넘은 '나라 걱정'에 여념 없는 검사들……. 영화에서처럼 멋진 변론을 보여주는 대신 주눅 든 자세로 재판장에게 선처만 호소하는 변호사들, 사건을 더 수임하느라 브로커를 동원하는 변호사들, 전관예우로 돈을 긁어모으면서도 한 점 부끄럼 없는 변호사들……. 나름대로 자유로운 영혼을 가졌다고 자부하던 P로서는 법조계의 어떤 직업에도 매력이 느껴지지 않았다. 이것이 그의 두 번째 대답이다. 이해는 간다. 그러나 의구심이 말끔히 가시지는 않는다. 지금이야 설마 그런 판검사·변호사들이 있으려고……. 정말 후회한 적 없니? 그러면 P는 대답한다.

가끔은 후회한다고. 촛불집회 이후 야간 옥외집회를 금지하는 집회 및 시위에 관한 법률에 대해 위헌제청을 하는 판사들을 보며(기자로서 야간 옥외집회 금지를 비판하는 기사를 아무리 써도 이 정도의 반향을 불러오지는 못했다), 국방부의 불온도서 지정에 대해 헌법소원을 내는 군법무관들을 보며(이 사실을 처음 보도한 기자는 특종의 영예를 안았다), 우리 사회의 온갖 궂은일에 손길을 뻗치는 공익 변호사들을 보며(언론 보도는 상당 부분 이들에게 기댄다), 후회를 한 게 사실이다. 대개 '행위자'가 아니라 '전달자'여야 하는 기자의 운명이 성에 안 찼다는 얘기다.

그러나 P는 곧 항변한다. 법조계 대부분은 여전하지 않느냐고. 현 정권 실세의 비리 의혹은 비켜가고 노무현 전 대통령 등 옛 여권 인사들만 집중 수사한 박연차 사건 수사만 보더라도 검찰은 죽은 권력에 강하고 살아 있는 권력에 비실대지 않냐고. 신영철 대법관의 '촛불 재판' 개입 사건만 보더라도 법원은 여전히 정치적이지 않으냐고. 권력에 굴종하고 그러면서 권력을 지향하는 게 법조인의 DNA 같다고. 권력으로부터 시민의 권리를 지켜주는 게 본래 법률가의 몫이건만, 이 정부 들어 검찰·법원에 부쩍 과거의 그림자가 어른거리는 바람에 그런 기대는 지레 접었다고 P는 정색하며 말한다.

무엇보다 신영철 대법관 사례가 P의 후회를 가로막는 결정적 계기가 된 듯하다. 대법관이란 사람이 저 모양이라면, 누가 뭐래도 법조계의 최정점이자 법률가적 자존심의 화신이 돼야 할 대법관이 저 모양이라면, 이 땅의 모든 법조인이 법조인임을 부끄러워해야 한다는 게 P의 생각이다. 그렇게 부끄러워해야 할 위치에 있지 않고, 오히려 그를 마음껏 비난할 수 있는 직업을 가진 게 다행이라며 너스레를 떤다.

아 참, 촛불집회 때 그렇게 "대한민국은 민주공화국이다"라고 외쳤건만, 대한민국은 아직도 민주공화국이 아닌 것 같다는 말도 덧붙인다. 첫 답변으로의 회귀.

아무튼 지금이 행복한 P는 이 순간에도 법조계의 권력 지향자 또는 권력 굴종자들을 한껏 조롱하는 칼럼을 쓰는 중이다. 그러니 더 이상 그에게 "사법고시는 왜 안 봤어?" 같은 질문은 하지 마시라.

전관 vs 저스티스

미란다 vs 애리조나

1966년 미국 애리조나에서 붙잡힌 성폭행범 어네스트 미란다의 재판에서 얼 워런 연방대법원장은 형사절차법의 신기원인 미란다 원칙을 빚어냈다. 흔히 묵비권과 변호사의 조력을 받을 권리로 '잘못' 알려진 이 원칙은, 정확히 말하면, 경찰조사 때 입회한 변호사의 조언을 받을 권리와 돈이 없으면 국선 변호인을 선임받을 권리가 있다는 게 핵심이다. 지금도 대한민국에서는 온전히 실현되지 않은 권리들이다.

이토록 획기적인 원칙이 사회적 거부감에 부딪치지 않을 수는 없었다. 1968년 대선에서 공화당 후보 닉슨은 "너무 나간" 대법원을 비난했고, 압승을 거둔 그는 약속대로 대법관들을 바꿔나갔다. 그러나 이후 보수화한 대법원도 미란다 판례를 깰 수 없었다. 미국의 한 법학교수의 말에 따르면 "그 힘은 이 원칙이 소수인종 등 약자를 보호하려는 것이었기 때문이다." 대법관의 첫째 덕목은 '해박한 법률 지식'보다는, 시대를 앞서 인권의 가치를 식별하는 밝은 눈이 아닐까.

올가 텔리스 vs 뭄바이시영회사

서울에서도 철거민들이 속출하던 1980년대, 인도 뭄바이(당시 봄베이)에서도 빈민촌 정리사업이 진행됐나 보다. 85년 올가 텔리스를 비롯한 철거민들이 제기한 소송에서 찬드라추드 인도 대법관은 이렇게 판결문을 시작한다.

"거리를 집 삼은 사람들의 비참한 모습은 보지 않고는 믿기 힘들 정도다. 썩은 고기를 찾는 개들과 굶주린 쥐를 쫓는 고양이들이 그들의 이웃이다. 그들은 용변을 보는 곳에서 음식을 끓이고 잠을 잔다. 다 큰 딸들은 여성의 수치심도 느낄 겨를 없이 행인들의 곁눈질에 드러난 채 목욕을 한다. 요리하는 여인들은 서로 머리에서 이를 잡아주고, 아이들은 구걸에 나선다. …… 이런 비참한 삶의 터전마저 잃을 처지에 놓인 사람들이 이 소송의 원고다."

핍진한 묘사에서 철거민들을 바라보는 따뜻한 눈길이 느껴진다.

그는 "주거권은 생명권의 일부"라는 헌법 해석을 통해 원고들에게 적절한 주거시설을 제공할 것을 행정부에 명령했다. 행정부의 정책 문제로 치부돼온 주거·의료 등 복지적 권리를 사법부가 판결로 보장하려 한 인도 대법원의 태도는 국제 인권법학계에서 주목받고 있다. 위헌 결정 하나로 수많은 시각장애인 안마사들이 강물로 뛰어드는 현실에서, 우리에겐 따뜻한 마음을 가진 최고 법관들이 필요하지 않을까.(시각장애인에게만 안마사 자격을 주는 의료법에 대해 헌법재판소가 2006년 위헌 결정을 내리자 시각장애인들이 한강 다리에서 뛰어내리는 등 격렬하게 저항했다. 이후 2008년과 2010년엔 합헌 결정이 내려졌다.)

남아프리카공화국 vs 마콰냐네

악명높은 아파르트헤이트가 무너진 뒤 남아프리카공화국의 93년 과도헌법은 인권과 평등의 정신을 담으려 노력했음에도 사형제에는 침묵했다. 대신 남아공 헌법재판소가 2년 뒤 위헌 결정으로 사형제에 종언을 고했다. 마콰냐네 등 2명의 사형수가 제기한 위헌 소송에서 차스칼슨 재판관은 다음과 같이 말했다.

"사형제는 국민투표식으로 해결할 사안이 아니다. 민주주의 원칙으로는 자신의 권리를 보호받을 수 없는 소수자들, 사회적으로 버림받은 자들의 권리를 보호하는 것이야말로 사법부의 구실이다. 가장 악한 자와 가장 약한 자의 권리까지 보호할 의지가 있을 때에만 우리의 권리는 온전히 보호받는다."

전관 vs 저스티스

대법관을 뜻하는 '저스티스'(Justice)는 정의라는 뜻도 갖거니와, 실제 이들은 정의의 화신인 양 존경받는다. 많은 저스티스들이 정의와 인권을 옹호한 명판결을 남겼고, 법대생들은 이를 곱씹고 곱씹는다. 새로 임명될 새 대법관들을 기다리며, 우리도 그런 아름다운 판결들을 가져보기를 소망한다. 혹 그것이 '너무 나간' 꿈이라면, 적어도 이런 최악의 문장을 쓰는 대법관만이라도 없었으면 좋겠다. "저는 대법관을 끝으로 정든 법원을 떠나 변호사로 새출발하게 되었습니다." 이건 '저스티스'가 아니지 않은가.

* 2010년 김영란 전 대법관이 막대한 수임료가 보장되는 변호사 개업을 포기하기로 해 '아름다운 선택'이란 칭송을 받았다.

두 개의 자존심

대법관은 누가 뭐래도 법조계의 최정점이자 법률가적 자존심의 화신 같은 존재다. 그런데 신영철 대법관은 그런 자존심을 접은 듯하다. 그의 '촛불 재판' 관여 의혹으로 온 나라가 들썩이고, 언론에서 '그만 물러나라'는 말까지 들었다. 이 정도면 법원, 나아가 법조계 전체가 붉은 얼굴을 감싸쥐어야 할 판인데도, 신 대법관은 미련의 끈을 끊어버리지 못하고 자리를 지켰다. 이 의혹을 조사한 대법원 공직자윤리위원회가 신 대법관에게 경고 또는 주의촉구 조처를 하라고 대법원장에게 권고한 뒤로도 마찬가지였다.

검사 또한 법률가적 자존심에선 처지지 않는다. 수사 과정에서 법원보다 능동적인 구실을 하는 검찰은 전직 대통령까지 불러 조사할 권한을 가지고 있으며, 구속 여부에 대해서도 법원보다 앞서 결정권을 가진다(구속영장을 청구하지 않으면 구속될 일이 없다). 그런데 이 모든 과정을 독립적으로 엄정한 기준에 따라 수행하지 않는 순간,

그러니까 예전처럼 정치권력에 고개 숙이고 눈치를 보기 시작하는 순간, 자존심과 더불어 권위마저 봄날 벚꽃잎처럼 떨어져버린다. 외부의 입김이 살랑살랑 불어오기 때문이다. 국정원이 노무현 전 대통령의 불구속 기소 의견을 검찰 고위층에 전달했다는 의혹 보도는 검찰, 나아가 법조계 전체가 옷을 찢으며 부끄러워해야 할 일이다. 오죽 만만하게 굴었으면 그런 일이 벌어졌을까.

이렇게 부끄러움을 자초한 두 집단이 자기들끼리는 목불인견의 자존심 싸움을 벌였다. 용산 참사 재판에서다. 검찰은 피고인들에게 유리한 대목이 들어 있을 수사 기록 일부를 공개하지 않겠다고 버텼다(공권력의 화신이라 할 검사는 단지 피고인과 '맞짱' 뜨는 처지가 아니다. 피고인에게 유리한 증거도 찾아내 법정에 제출해야 할 의무가 있다). 법원은 이 수사 기록을 공개하라고 결정했다. 하지만 검찰은 막무가내였다. 법원은 마땅한 강제 수단이 없단다. 법원은 검찰이 공개하지 않은 수사 기록과 여기에 등장하는 증인들을 재판에서 증거나 증인으로 채택하지 않겠다는 소극적 수단으로 맞설 뿐이었다.

우리는 법정에 비록 방청객 신분으로 들어가더라도 법관이 입정할 때 기립함으로써 경의를 표한다. 신을 대신해 인간사 온갖 다툼의 비루한 진실을 가려달라는, 그리고 그 결정에 겸허히 따르겠다는 복종의 서약이다. 거기엔 물론 강철처럼 단단한 전제가 버티고 있다. 오로지 법과 양심에 따라 재판을 하겠다는 법관의 신실한 서약이다. 법정에 선 검사에게도 우리는 존중의 태도를 보인다. '검사는 공익의 대표자'라는 검찰청법 조항을 믿고 그가 최소한 양심을 팔아먹지는 않을 것으로 기대하기 때문이다.

그러나 신을 대신한 엄정한 재판은 어디 갔는가. 공익을 위한 수사는 어디 갔는가. 생계를 위해 철거 건물 망루에 올랐던 피고인들의 '공정한 재판을 받을 권리'는 어디 갔는가. 이런 정체 모를 물음에 대답하지 않고 온갖 추문을 그저 침묵으로 덮으려 한다면, 더 이상 법정에서 기립을 요구해선 안 될 일이다. 자존심을 내세워도 안 될 일이다. 판사든 검사든 근엄한 법복 대신 러닝셔츠 차림으로 재판을 한들 외관과 내실의 차이를 누구도 눈치채지 못할 테니까.

'좋은 판사'를 기다리며

대전교도소 수번 436 윤영훈이 〈한겨레〉에 편지를 보냈다.

"저는 미국에서 경영학석사(MBA) 학위를 받고 귀국했습니다. 미국 친구들이 제 귀국의 의미(=감옥행)를 알고 있었기에, 눈물과 포옹으로 안타까워하던 모습이 눈에 선합니다. 몇몇 회사에서 일자리를 주선해줬고 결혼하자는 아가씨들도 있었지만, 조용히 한국으로 돌아와 법을 준수하는 시민으로서 제 무죄를 주장하기로 했습니다. …… 재판장님께 불구속 상태에서 제 자신을 변호할 수 있도록 선처해 달라고 부탁드렸으나 법정구속이 됐고, 보석 신청도 기각됐습니다. 도망할 염려가 있다는군요. 도망갈 사람이 자진해 한국에 돌아와 법정에 섰다면, 해외토픽감이 아닐까 합니다."

그는 왜 돌아왔던가. 1.6평 철창만이 기다리는 조국에. 나는 답장을 쓴다.

"미국법을 공부하면서 의아했습니다. 중요한 판례에 '여호와의 증인'이 자주 등장해서요. 대표적인 것은 1943년 '웨스트 버지니아주 교육위원회 vs 바넷 사건'입니다. 연방대법원은 국기에 대한 경례를 거부하면 퇴학에 처하는 교육위원회 규정을 위헌으로 선언했습니다. 로버트 잭슨 대법관의 아름다운 판결문을 보세요.

'개인을 존중하고 문화적 다양성을 이루자면 그 대가로 때론 일탈적인 행위를 허용해야 하는데, 국기에 대한 경례 거부처럼 사회에 미치는 해악이 적은 경우는 대수롭지 않은 대가라고 할 것이다. 그러나, '남과 다를 수 있는 자유'가 사소한 문제에만 적용된다면, 이는 자유의 그림자에 불과하다. 현존 질서의 심장부에 가닿는 중대한 사안에까지 '남과 다를 수 있는 권리'를 보장하느냐가 실질적 자유의 기준인 것이다.'

이처럼 여호와의 증인은 미국 기준에서도 사회 상규나 현행법의 테두리를 넘어서는 행동으로 자유와 권리의 한계를 시험하곤 했지요. 주목할 것은 미국 법원의 태도인데요, 이들의 '문제적 행동'을 보편적 자유와 권리를 한걸음씩 확장시키는 법률적 계기로 삼은 것입니다. 특히 양심과 표현의 자유 영역에서 그랬지요. 선교 등을 위한 호별방문 행위를 금지한 법규에 위헌 선고가 났는데, 이로써 획득된 표현의 자유는 소송을 낸 여호와의 증인뿐 아니라 정치적 선전이나 상업 광고에도 적용되는 것입니다.

그렇다면, 당신과 같은 '양심적 병역거부자'를 위한 판결은 없었을까요? 그 답은 한 미국 공무원이 당신을 위해 법원에 제출한 탄원서에 적혀 있군요. '베트남 전쟁 중에 징집명령을 받고 종교적 이유로 면제를 신청하자 병원에서 대체복무할 기회가 주어졌습니다.' 그뿐입니다. 법정에까지 갈 필요가 없었던 거지요. 31개 나라에 이런 제도가 도입됐고, 심지어 독일은 헌법에까지 하나의 권리로 양심적 병역거부를 명시했습니다.

그러나 당신은 지금 종교적 양심을 지키기 위해 갇혀 있습니다. 대체복무제 법안이 국회에 상정돼 있다지만, 정치인들은 표가 안 되는 소수자 인권에 관심이 별로 없다는 걸 아실 겁니다. 가장 빠른 해법은 미국의 경우처럼 기본권 옹호라는 사명에 충실한 '좋은 판사'들을 만나는 것이겠죠. 9년 전 꼭 이맘때 세상을 떠난 윌리엄 브레넌 미국 연방대법관 같은 사람 말입니다. 그가 남긴 아름다운 문장 중 하나입니다.

'적법절차라는 법 원칙은 국가기관이 누군가를 공정하게 대했는지, 그의 존엄성을 존중했는지를 묻는다. …… 공직자라면 열정을 가져야 한다. 서민들의 꿈과 절망을 함께 느끼려는 열정을, 관료의 시각으로 재단된 현상 이면에 숨쉬는 삶의 맥박을 이해하려는 열정을.'

돈과 술과 골프에 절어 있는 법관들에게 해주고픈 말입니다. 퇴임 뒤 변호사로 돈벌이에 나선 대법관·헌법재판관들에게 해주고픈 말입니다. 허, 참! 이런 천박한 법률가들이 지배하는 세상에 당신은 뭘 믿고 돌아온 건가요?"

음란물 판례 변천사

일본 최고재판소는 1957년 음란물의 판단 기준을 세운다. "필요 없이 성욕을 자극하거나 흥분시키고 보통사람의 정상적인 성적 수치심을 해치고 선량한 성적 도의관념에 반하는 것."

우리나라 대법원이 95년까지 유지한 음란성 판단 기준은 이렇다. "성욕을 자극하여 흥분시키고 일반인의 정상적인 성적 정서와 선량한 사회풍속을 해칠 가능성이 있는 것." 낯익다.

일본 최고재판소는 80년 표현의 자유를 넓히기 위해 기존의 모호했던 기준을 다음의 5가지로 구체화한다. 1)성행위 묘사의 상대적인 노골성과 표현방식 2)성적 묘사가 전체에서 차지하는 비중 3)작품에서 이야기의 내용과 성적 묘사의 관계 4)작품의 예술성과 지적 내용이 성적 자극을 완화시키는 정도 5)성적 묘사와 이야기 구조 및 서술의 관계.

우리나라 대법원은 95년 새로운 음란성 판단 기준을 제시한다. "성에 관한 노골적이고 상세한 표현의 정도와 그 수법, 성에 관한 표현이 간행물 전체에서 차지하는 비중 및 관련성, 간행물의 구성이나 전개 또는 예술성·학문성 등에 의한 성적 자극의 완화 정도, 이들의 관점으로부터 간행물을 전체로서 보았을 때 주로 독자의 호색적 흥미를 돋우는 것으로 인정되는지의 여부." 전반부는 낯익다. 아래를 보면 후반부도 예외는 아니다.

미국 연방대법원의 음란물 판단 기준은 오랜 진화 끝에 73년 확립된다. 1)평균적인 사람이 현재 그 지역의 기준으로 작품을 전체로서 보았을 때 호색적 흥미에 호소하느냐 2)특정 유형의 성적 행위를 혐오감을 주는 방식으로 표현하고 있느냐 3)작품이 전체적으로 보아 진지한 문학적, 예술적, 정치적, 과학적 가치를 지니느냐.

우리나라 헌법재판소는 98년에야 음란성 판단 기준을 제시한다. "인간존엄 내지 인간성을 왜곡하는 노골적이고 적나라한 성표현으로서, 오로지 성적 흥미에만 호소할 뿐 전체적으로 보아 하등의 문학적, 예술적, 과학적 또는 정치적 가치를 지니지 않은 것." 역시 낯익다.

외국의 음란물 판단 기준은 오랜 법적 논쟁의 산물이다. 그 논쟁은 '사회의 보호'와 '표현의 자유'라는 가치 충돌을 좀 더 세련되게 조정하려는, 참신하고 진취적인 대법관(재판관)들의 소수의견이 이

끌었다. 다수의견을 넘어서려면 논리는 더 정교하고 표현은 더 호소력 있어야 했다. 그런 노력 끝에 소수의견이 다수의견의 자리에 올라서는 과정의 반복, 그것이 법률 선진국의 판례 변천사다.

새 헌법재판소장으로 지명된 이가 이전에 재판관으로서 냈던 단 3개의 소수의견이 그를 반대하는 비분강개의 근거로 제시되는 현실을 보며, 우리 법률문화의 후진성에 다시 놀라게 된다. 우선 신행정수도 위헌 사건에서 '수도=서울'이 관습헌법이라는 다수의견에 유일하게 반대했던 게 문제되는데, 이처럼 법률적 모험에 가까운 파격적 판례에 소수의견 하나 곁들여지지 않는다면 과연 다양성이 숨쉬는 나라일까? 앞으로 헌재소장은 정부 쪽을 옹호하는 소수의견을 한번도 내지 않은 사람 중에 골라야 한다는 말인가? 도무지 모르겠다. 둘째, 양심적 병역거부를 옹호한 소수의견은 이미 31개 문명국가에서 다수의견이다. 끝으로, 적법한 노동쟁의에 한해서 제3자 개입을 허용하자는 절충적 의견을 낸 게 '이념적 편향성'과 무슨 상관이 있단 말인지. 미국에선 연방대법원장도 흔히 소수의견을 낸다. 권위보다 논리로 말하기 때문이다.

전효숙 재판관의 헌재소장 지명에 거품을 물던 이들이 나머지 재판관 인선엔 조용한 걸 보니, 새로 구성될 헌재에서도 생기 꿈틀거리는 소수의견을 많이 기대하기는 어려울 것 같다. 그냥 몇십 년 전 미국이나 일본, 독일의 판례를 뒤적여보는 게 여전히 우리 판례의 미래 변천사를 점치는 유효한 수단인지도 모르겠다.

로스쿨에 은총을

미국 인디애나주의 소도시 사우스벤드에 노트러데임이라는 대학이 있다. 국내엔 잘 알려지지 않았지만, 미국에선 나름대로 인기 있는 사립대다. 미식축구에 관심이 있는 이라면 학교 이름이 낯익을 수도 있다. 프랑스어로 발음하면 '노트르담'(Notre Dame), 바로 성모 마리아를 뜻하는 이름이다. 미국 내 첫손 꼽히는 가톨릭 전통의 대학이다.

그곳에서 수학했던 경험이 새삼 떠오르는 이유는 지난 며칠 동안 머릿속에 자리잡은 두 가지 주제어와 겹치는 공간이어서다. 김수환 추기경의 선종, 그리고 로스쿨. 석양 무렵이면 눈부시게 빛나는 본관 건물 금빛 돔 위에서 성모 마리아의 입상이 굽어보는 그 교정에서 가톨릭 취향에 온통 둘러싸여 1년 동안 로스쿨 연수를 했다. 대학 쪽에서 종교 또는 선호하는 종교를 묻기에, 가톨릭이라고 대답했다. 현재 신앙을 갖고 있지는 않지만, 우리 현대사에서 가톨릭이 보여준 용기와 진실성에 감복한 바 있기에 그 대답은 진심이었다. 1980년대 민주화운동 당시 "학생들을 연행하려면 나를 밟고 가라"고 한 고 김수환 추기경한테 빚지고 있는 몸이기도 하다. 민주와 정의를 위해 최근까지 이어지고 있는 천주교정의구현전국사제단의 뚝심 있는 행보 또한 다른 종교의 성직자들에게서 보기 힘든 일이다.

그런데 노트러데임에서 접한 가톨릭은 좀 낯설었다. 미국 대학에선 흔한 동성애자 서클이 그 학교에는 없었다. 유명한 연극 〈버자이너 모놀로그〉의 학내 공연도 불허됐다. 이런 일들로 학생들은 데모를 했다. 정확히 말하면, 가톨릭 신자인 학생들과 나머지 학생들이 싸웠다. 어느 날 아침 낙태를 반대하는 상징물로 십자가 수백 개가 교정 잔디밭에 꽂혀 있었고, 그날 밤 어떤 학생들은 몰래 십자가를 뽑아버렸다. 로스쿨 수업에서 낙태와 포르노그래피 허용 문제를 다룰 때면 찬반 토론이 과열됐고, 정년을 앞둔 노교수는 토론에서 반대 쪽 논리를 펴는 학생들을 노골적으로 두둔했다. 이런 보수적인 분위기 속에서도 교황 베네딕토 16세가 선출되던 날에는 수업 중에 온 교실에 환호성이 오르고, 엄숙한 로스쿨 교수들도 옆 교실 문을 불쑥 밀고 들어와 머쓱한 표정으로 축하 인사를 건넸다. 가톨릭은 무엇보다 우선하는 가치고 대학 당국과 교수들은 이를 수호하는 완고한 기사인 듯했다.

그러나 또 다른 면도 있었다. 내전과 기아로 고통받는 제3세계 나라들의 문제를 알리는 심포지엄과 세미나가 하루가 멀다 하고 열렸다. 선진국 가운데 유일하게 사형을 집행하고 있는 미국에서 지극히 소수의 목소리인 사형제 폐지에 대한 열기도 드높았다. 로스쿨엔 한 학기 내내 사형제 문제만 다루는 과목도 있었다. 또 학과마다 주변 저소득층 지역을 상대로 자원봉사와 실태조사가 결합된 프로그램을 진행했다. 로스쿨에선 방학 때마다 학생들에게 미국 각지에서 낮은 보수로 공익 활동을 벌이는 변호사들을 만나고 오도록 여비를 지원하고 학점도 부여했다. 1년 뒤 학교를 떠날 때 동성애자 서클이 가까스로 학교 당국의 승인을 받았다는 소식도 들었다.

그때 경험을 모아보면, 가톨릭은 생명과 절제의 종교가 아닌가 싶다. 물론 이 대학 로스쿨에도 다른 대학과 마찬가지로 부와 권력에 대한 욕망에 이끌려 들어온 학생들이 많았다. 그러나 교육 과정에서 그들의 리걸 마인드(legal mind)에 생명의 가치와 절제의 미덕을 함께 새겨넣으려는 노력이 느껴졌다. 로스쿨에서 최소한 욕망과 선의의 공존마저 배우지 않는다면 그들이 이후 법률가로서 하는 짓이란 어떠할 것인가.

검찰과 법원, 그리고 새로 도입된 로스쿨들이 보이는 행태에 실망이 겹치는 요즘, 김 추기경의 선종마저 닥치니 흐린 기억에 얕은 생각이 길어졌다. 성모의 은총이 고인과 우리에게 함께하기를.

자유는 뭇사람들의 심장에 자리한다

억울하게 끌려갈지 모르는 그들을 위해

대마초를 키우려면 따뜻한 기온이 필요하다. 집 안에서 몰래 키우려면 난방을 화끈하게 해야 한다. 이때 열이 많이 나는 특수 조명기구를 사용한단다. 수사기관은 K의 집이 비정상적으로 전력 소비가 많은 것을 의심한다. 그리고 결정적으로 그 집 앞 도로 건너편에서 열감지기를 사용해 탐색해본다. 과연 K의 집 창고 쪽 지붕과 한쪽 벽의 온도가 다른 곳보다 매우 높다는 사실이 확인된다. 이를 바탕으로 압수수색 영장을 발부받아 수색에 나선 수사기관은 대마초를 발견하고 K를 체포한다. 여기에 '형사절차상 정의'와 관련된 문제는 없을까? 열감지기를 이용한 탐지는 '압수수색'에 해당할까? 그렇다면 압수수색 영장을 받기 전에 실시한 열감지기 사용 행위는 '영장 없는' 압수수색에 해당할 텐데, 불법이 아닐까?

미국 연방대법원은 '킬로 vs 연방정부 사건'(2001년)에서 이렇게 답했다.

"우리는 인간의 감각을 확장시키는 신기술을 이용해 한 가정 내부에 관한 어떤 정보를 얻는 일, 즉 그런 기술이 없었다면 물리적으로 그 집 안에 침입해야만 얻을 수 있는 정보를 (침입 없이) 얻어내는 일도 압수수색에 해당한다고 본다. 그 기술이 일반인들도 보통 사용할 정도로 보편화한 게 아닌 한, 그 기술로 헌법상 보호되는 영역(집 안)을 들여다봐서는 안 된다."

열감지기로 볼 수 있는 건 아주 희미한 영상일 뿐, 집 안의 세부적인 모습까지 볼 수는 없지 않을까? 어쨌든 관찰자(수사기관)는 집 밖에 있었는데, 불법일 리 없지 않을까? 아니, 프라이버시 침해는 아닐까? 열감지기에는 사람의 형체도 나타날 텐데, 혹시 집 안에서 남녀가 사랑을 나누고 있었다면 어떨까? 아니, 엑스레이 촬영도 아닌데, 무슨 형체가 나타난다고 그러시나? 엑스레이로 찍었다면 전자기파가 벽을 '뚫고' 들어갔으니 '침범'이라고 쳐도, 열감지기는 저절로 집 밖으로 '나오는' 열선을 감지했을 뿐이 아닌가? 온갖 논리가 동원돼 치열한 법리 공방을 겪었다.

그러나 미국 연방대법원은 "사적 영역인 집 안에서는 그 어떤 모습이든 정부가 엿봐선 안될 만큼 사적인 것"이라며 "사람은 자기 집에서 안락함을 누릴 고유의 헌법적 권리, 의심받을 만한 충분한 이유가 없다면 공권력의 침해를 받지 않을 권리를 갖고 있다"고 결론 내렸다.

열감지기든 뭐든 영장을 발부받아 사용하란 얘기다. 범죄를 의심할 만한 충분한 사유가 있는지, 과도한 프라이버시 침해는 아닌지 등을 수사기관 대신 법관이 충분히 따져 결정하란 얘기다. 가장 보수적인 대법관 중 한 명인 스캘리아조차도 "집 안 구조에 1인치라도 침범했다면, 문을 열고 현관에 깔린 카펫만 봤더라도, 한 줌의 복사열만 탐지했더라도 그건 압수수색이다"라고 말했다.

이 케이스는 압수수색과 체포·조사 과정을 다루는 700쪽짜리 미국 형사소송법 교과서 중 단 두 쪽 반을 차지한다. 미국 로스쿨에선

한 학기 내내 이 과목을 배우는데, 어디까지가 허용되는 수사 방식이며 그것을 벗어났을 때는 수사기관에 어떤 불이익을 줘야 하는지를 다루는 논의의 방대함과 시시콜콜함이란 과도한 지적 유희 같다는 느낌을 넘어 편집증 환자의 일기를 보는 듯한 현기증마저 일으킨다.

하지만 그 뿌리는 한 지점이다. 시민의 자유에 대한 존중이다. 형사절차의 정의는 범죄자가 아니라 선량한 시민을 위한 것이다(물론 범죄자도 공민권을 가진 시민임이 틀림없지만). 선량한 시민이 국가의 힘에 의해 부당한 괴롭힘을 당하지 않도록 하기 위해 헌법과 형사소송법이 존재한다. 미국 로스쿨 학생들이 형사절차의 까다로운 원칙들을 익히기 위해 수백 개의 관련 판례를 공부하고, 온갖 편집증적 질문을 만들어도 보고 대답도 해보는 이유다(예를 들어 차량에 타고 있는 용의자를 긴급체포할 경우 무기 사용이나 증거 인멸을 막기 위해 그가 즉시 손을 뻗을 수 있는 범위에 한해 영장 없이 압수수색할 수 있다. 그렇다면 차 트렁크는 그 수색 범위에 해당할까? 용의자가 교통법규를 위반하기를 기다려 긴급체포한 뒤 애초 수사 목적인 마약 단속을 위해 그의 몸을 뒤진다면, 이는 적법한 압수수색일까?).

지금이야말로 선량한 시민에 대한 형사절차가 문제되는 시대다. 억울하게 끌려가는, 끌려갈지 모르는 그들을 위해 '수사받는 법' 매뉴얼까지 책으로 나왔다(민주사회를 위한 변호사 모임, 『쫄지마 형사절차』, 사람생각 펴냄, 2009). 그러나 종국적으로 우리를 지켜주는 건 법이 아니라는 점도 덧붙이고 싶다. 미국의 판사이자 법철학자인 러니드 핸드(1872~1961)의 말이다.

"우리의 희망을 지나치게 헌법과 법률, 법정에 기대는 건 잘못된 희망이다. 자유는 뭇사람들의 심장에 자리한다. 그곳에서 자유가 죽으면, 헌법도 법도 법정도 도와줄 일이 그리 많지 않다. 심장에 자유가 살아 있다면, 그를 위해 어떤 헌법도 법도 법정도 필요가 없다."

검찰의 세 가지 부류

갈수록 검사들에 대해서 새로 알게 되는 게 많다. 몇 년 동안 검찰 출입기자를 한 처지여서 나름대로 알 만큼 안다고 여겼던지라, 새로이 지득하게 되는 정보들이 사뭇 황망하다. 검찰총장 후보자들의 알콩달콩한 이력들이 공개되는 탓이다.

검찰을 취재해본 경험에 비춰 자의적으로 검찰 조직을 분류해보자면 크게 세 가지 부류가 대두된다.

첫째, 공안부 검사들이다. 나라의 안위를 한 몸에 짊어진 듯 기자를 만날 때마다 나라 걱정에 차가 식는 줄도 모르던 그분들의 기억이 생생하다. 당시 만나본 가장 열렬한 '자칭' 애국자들이었다. 이들에 대해서는 이 책에 실린 글 '간첩은 누구인가'를 통해 대략적인 소회를 피력한 바 있다. 이 전통은 서울중앙지검 첨단범죄수사2부가 조·중·동 주요 광고주를 상대로 불매운동을 벌인 언론소비자주권국민캠페인(언소주) 대표를 공갈·강요 혐의로 기소하는 데까지 이어지고 있다(공갈·강요가 이젠 '첨단범죄'다!).

그런데 그뿐만이 아니었다. '공안통'인 천성관 전 검찰총장 후보자는 뛰어난 '이재'(理財)까지 온 천하에 과시했다. 나라의 안위를 걱정하며 기발한 '공안적 마인드'와 섬세한 '공안적 감수성'을 연마해야 할 때, 그분은 틈틈이 또 다른 비기를 갈고닦았던 것일까? 그 공력이 가상하다.

둘째, 특수부 검사들이다. 특별수사부 검사. 검찰의 꽃이기도 하다. 예전에 검찰이 중앙정보부나 국가안전기획부에 치여 끽소리 못하던 시절이 있었는데, 이후 검찰권에 무게가 주어지면서 그 권위와 실력을 뽐내는 대표적인 동아리가 됐다.

단, 하나의 약점이 있었다. 권력이 지시하거나 권력의 마음에 들 만한 사건은 물불 안 가리며 물어대는 '사냥개'였지만, 살아 있는 권력이 연루된 사건은 너무나 조심스럽게 다루는, 꽃보다 뛰어난 감수성의 소유자들이었다. 노무현 전 대통령을 수사할 때 그들이 동물적이었는지, 식물적이었는지는 우리가 눈물로써 기억하는 바다.

셋째, 형사부 검사들이다. 검찰청에 출입할 때 사실 형사부에는 잘 찾아가지 않았다. 공안과 특수에 치여 빛이 나지 않는 곳이었다. '잡범'들이나 다루면서 특수·공안으로의 승격을 절치부심하는 검사들이 그곳에 있었다. 관할 지역의 변사 사건을 취급하면서 얼마나 많은 부검에 참관했는지를 지긋지긋한, 그러면서도 자부심 어린 표정으로 설명하던 검사가 있었다.

그 때문인지도 모른다, 형사부 검사들에게 친근감이 느껴진 것은. 그들이 수사하는 건 상대적으로 소소한 사건들이지만, 거기엔 조작된 이데올로기도, 기름기 흐르는 피고인과 정치적으로 느끼한 수사 결론도 없었다. 형사부 검사실에는 그저 사람 속에 깃든 절망과 어리석음, 또는 주체할 수 없는 광기 같은 것들이 수갑을 차고 앉아 있었고, 검사들의 얼굴엔 사뭇 철학적인 관조가 묻어났던 것이다.

안타깝게도, 이제 그런 호감마저도 접어야 할 듯하다. 김준규 검찰총장 후보자는 공안부 검사도, 특수부 검사도 아니었다. 형사부와 법무부 기획 부서를 오간 '평범한' 검사였다. 그런데 '호기심'과

'모험심'이 남달랐단다. 요트와 승마를 즐겼고, 미스코리아 예심 심사위원장을 했단다. 검사란 아무리 '특수'하지 않고 '공안'스럽지 않아도, 그 정도 취미생활을 즐기는 자리였던 건가. 잡범들이 쭈그리고 앉아 있는 형사부 검사실 한켠에서 과중한 업무의 피로를 호소하던 파릇파릇한 검사들이, 승진해서 부장검사가 되고 검사장이 되면 저렇게 새로운 취미생활로 스트레스를 푸는 것일까.

공안을 한 검사는 공안으로, 특수를 한 검사는 특수로 도돌이되는 검찰 인사를 보며, 다양한 부서와 다양한 사건을 경험해야 균형감각 있는 검사로 성장하지 않을까, 라는 생각을 해본 적이 있다. 지금 돌아보면, 그도 짧은 생각이었다. 검찰이라는 조직 자체가 특수한 취미와 경험을 마음껏 누릴 수 있는 자리가 아니던가.

그렇다면 검찰을 떠나 다른 경험을 두루 겪어본 이들이 검찰총장에 오를 수는 없을까. 요즘 젊은이들 용어로, 제대로 된 '스펙'과 '포트폴리오'를 갖춘 검찰총장 후보자는 나올 수 없는 것일까.

솔직히 당분간은 기대하기 어렵다고 본다. 그리고 이 글을 마무리할 즈음 김준규 후보자가 두 차례 위장전입을 한 사실을 인정했다는 소식이 들려왔다. 그러고도 그는 검찰총장이 됐다.

국민들이 다 보았는데

1.

"이것이 무죄면 다른 그 무엇을 처벌할 수 있겠나?"

강기갑 전 민주노동당 대표에게 무죄판결이 선고된 뒤 검찰이 보인 반응이란다. 강 전 대표는 2009년 1월 5일 한-미 자유무역협정

(FTA) 비준동의안 상정에 반대하는 민주노동당 당직자들의 농성을 국회 사무처가 강제로 해산하자 국회 사무총장실을 찾아가 집기를 넘어뜨리고 폭언을 한 혐의로 기소됐다(널리 알려진 바로는 '공중부양 사건'이다). 대검찰청 공안부는 재판 결과에 대한 항의의 뜻을 담아 작성한 A4 용지 한 장 분량의 자료에서 비분강개했다고 한다.

"국민들이 다 보았는데 어떻게 무죄인가?"

2.

이에 답하기 전에 검찰에 되묻고 싶은 게 있다.

지난 2008년 6월 1일 새벽 2시께 서울 경복궁 동십자각 근처에서 벌어진 일이다. 촛불집회에 참석한 서울대생 이나래 씨가 전투경찰에게 무자비하게 짓밟혔다. 머리채가 낚아채이고 군홧발로 머리가 짓이겨졌다. 이씨는 사건 직후 어청수 당시 경찰청장을 비롯해 현장 지휘관 등 7명을 검찰에 고소했다. 검찰은 관할 경찰서인 종로경찰서로 사건을 넘겼고, 경찰은 이씨만 조사하고는 피고소인들은 조사도 제대로 않은 채 사건을 다시 검찰로 넘겼다. 그리고 검찰은 경찰 간부 6명을 모두 무혐의 처분하고, 이씨가 가해자로 지목한 전투경찰도 누군지 특정이 안된다는 이유로 처벌을 미뤘다.

"이것을 처벌하지 않으면 다른 그 무엇을 처벌할 수 있겠나?"

이씨가 민주국가의 시민으로서 차마 당할 수 없는 폭행에 처절하게 나뒹구는 모습은 당시 인터넷 동영상을 통해 퍼져나갔다.

"국민들이 다 보았는데 어떻게 처벌하지 않을 수 있는가?"

2009년 1월 19일 새벽 서울 용산 재개발 4구역 남일당 건물 옥상에서 일어난 일이다. 철거민들의 망루 농성이 시작되자 3시간 뒤 경찰특공대에 출동 지시가 내려졌다. 삶의 터전을 잃고 제대로 보상도 받지 못한 채 쫓겨나야 하는 시민들이 망루에 섰다. 망루 내부에 시너와 화염병 등 위험 물질이 가득했고, 경찰이 진압에 나설 경우 극렬한 저항과 분신·투신 등 극단적 행동이 우려된다는 점을 알고서도 경찰은 진압을 강행했다. 건물 주위엔 에어매트도 설치하지 않았다. 유가족들이 김석기 전 서울경찰청장 등을 검찰에 고소했지만, 검찰은 철거민 20여 명만 기소하고 경찰들은 불기소 결정했다. 검찰이 움켜쥐고 있다가 최근 법원에 의해 강제로 공개된 수사기록에는 서울경찰청 간부들이 "현장 상황을 잘 전달받았다면 진압을 중단시켰을 것"이라고 진술한 내용이 들어 있다.

"이것을 기소하지 않으면 다른 그 무엇을 기소할 수 있겠나?"

경찰이 남일당 망루를 공성(攻城) 작전처럼 기습하면서 화염이 붉게 치솟고 농성자들이 무작정 건물 아래로 뛰어내리는 장면을 우리는 TV 화면을 통해 똑똑히 보았다.

3.

"국민들이 다 보았는데 어떻게 처벌하지 않을 수 있는가?"

검찰의 질문에는 따로 답할 것도 없다. 서울남부지법 형사1단독 이동연 판사는 강기갑 전 대표에게 무죄를 선고하면서 "국회 사무총장실은 의원의 출입이 자유롭게 허용되는 공간이며, 강 의원은 당시 정당 대표로서 부적법한 직무수행에 항의하러 들어간 것"이라고 밝혔다. 또 강 전 대표가 민노당 농성장의 펼침막을 뗀 국회 경위들과 몸싸움을 한 혐의에 대해선 "국회 사무처가 펼침막을 강제로 철거한 것은 적법한 공무수행이 아닌 만큼 공무집행방해죄가 성립하지 않는다"고 설명했다. 처벌받아야 할 행위로 법률에 규정된 행위가 아니므로 무죄라는 것이다. 이 단순하고도 명쾌한 법 논리에 더하고 뺄 게 무엇인가. 그러니 검찰은 질문을 할 게 아니라 답변을 해야 한다.

"군홧발 폭행과 참사를 빚은 용산 진압이 무죄면 다른 그 무엇을 처벌할 수 있겠나? 검찰이 존재해야 할 이유는 무엇인가?"

나쁜 사람 미란다

형사사법 절차와 관련해 역사상 가장 중요한 판결 가운데 하나가 미국 연방대법원의 '미란다 vs 애리조나 사건'(1966) 판결이다. 그 유명한 '미란다 원칙'을 확립한 판결이다. 이후 미국은 물론 전세계 대부분의 나라에서 피의자는 묵비권과 변호사의 조력을 받을 권리 등을 누리게 됐다. 이 재판의 피고인이었던 에르네스토 미란다는 이후 어떻게 됐을까?

'미란다 원칙'을 고지받지 않은 상태에서 자백한 진술은 재판에 사용할 수 없다는 연방대법원 판결로 그는 일단 풀려났지만, 검찰은 그 자백 이외의 증거를 가지고 다시 기소했다. 그리고 유죄판결이 내려졌다. 두 번째 재판에서 결정적 증거는 미란다가 감옥에 찾아온 여자친구에게 한 말이었다. 자신의 성폭행 범행을 솔직하게 털어놓았던 것이다.

징역을 살고 나와서도 그는 새사람이 되지는 않았다. 가정용품점에서 배달일을 하던 미란다는 1976년 어느 날 애리조나주 피닉스의 한 지저분한 바에서 멕시코 출신 이주민들과 포커판을 벌이다 주먹다툼에 휘말린다. 그 와중에 흉기에 찔려 병원으로 옮겨졌으나 도착하자마자 숨지고 만다. 경찰은 싸움에 가담한 멕시코 이

주민 중 한 명을 체포한다. 그리고 그에게 '미란다 원칙'을 읽어준다. "당신은 묵비권을 행사할 수 있으며……."

아이러니하다. 미란다는 자신을 죽인 범인에게 묵비권과 변호사의 조력을 받을 권리 등을 선물로 안기고 세상을 떠난 것이다.

인권과 절차적 정의를 진전시키는 중요한 판결이 반드시 '선한' 피고인이 연루된 재판에서 나오는 건 아니다. 미란다처럼 진범임이 확실한 데다 품행도 나쁜 사람이 역사적인 판결의 주인공이 되고, 이후 수많은 억울한 사람들에게 도움을 주는 '결과적 선행'을 베풀기도 하는 것이다. 물론 자신을 죽인 범인처럼 정말 나쁜 사람도 그 선행의 수혜 대상에서 예외는 아니다.

우리나라 판례 중에서도 이런 사례가 눈에 띈다. 김태환 전 제주도지사는 2006년 지방선거를 앞두고 공무원을 동원한 선거운동을 기획한 혐의로 기소돼 1·2심에서 유죄판결을 받았다. 그러나 3심에서 대법원이 압수수색 집행의 엄격한 기준을 새롭게 제시하면서, 1·2심에서 결정적인 증거로 사용된 자료들이 '위법한 압수수색의 열매'로서 증거능력을 잃어버리게 됐다. 금태섭 변호사가 "한국의 미란다 판결"이라고 극찬한 이 대법원 판결은 형사사법 절차의 새로운 지평을 열었지만, 그로 인해 김 전 지사는 처벌을 피한 셈이 됐다. 이 판결은 앞으로도 수많은 억울한 사람들과 또한 수많은 진범들에게 마구잡이 압수수색을 받지 않을 권리를 선물로 안길 것이다.

미란다 판결이나 김태환 전 지사 사건 판결을 더 곱씹게 되는 건, 인권과 절차적 정의의 원칙은 그 적용 대상자가 누구든, 그가 선한 자이든 악한 자이든, 그 적용으로 인해 악한 자가 이득을 취하는 일이 있더라도, 늘 한결같이 적용돼야 한다는 진리를 되새기게 하기 때문이다.

정치·사회·경제 각 분야에서 온갖 아전인수와 편법으로 각종 원칙을 왜곡해 자기에게 유리하게만 적용하려는 풍토가 판치는 요즘이기에 더욱 그렇다.

산타 할아버지는 착한 아이와 나쁜 아이를 구별해 착한 아이에게만 선물을 준다고 자녀들에게 말하는 부모도 결국 말썽쟁이를 포함한 모든 자녀에게 선물을 준다. 원칙은 크리스마스 선물과 같은 것이다.

플리바게닝

"이런 말을 하시면 어떡해요. 이거 불리한 건데……. 이건 제가 빼줄게요."

검사가 경찰 작성 조서의 일부분을 가리키며 말한다. 피의자는 어리둥절해한다. 경찰 조사 과정에서 무심결에 한 말인데, 그게 불리한 진술이었구나. '검사님'이 그런 것까지 신경 써주시니 감지덕지할밖에. 그러나 사실 그 부분은 법률적으로 별 의미가 없는, 있으나 마나 한 진술이었다.

"그런데 이 부분이 애매해요. 좀 자세히 얘기해봐요."

검사가 조서의 다른 부분을 지목하며 한 말. 이미 '내 편'임을 과시한 '검사님'에게 못할 말이 어디 있으랴. 피의자는 자신을 생각해서 물어보는 것으로 알고 성심성의껏 설명한다. 그런데 그 부분이야말로 법률적으로 핵심적인 대목이었다. 그렇게 검찰 조서가 작성되고, 그것은 피의자를 옴짝달싹 못하게 만드는, 증거능력 있는 진술서가 된다.

검사 출신 한 인사가 술자리에서 들려준 일화를 재구성해봤다. 오래전 일이라고는 하나, 법률 지식과 권력관계에서 하늘과 땅 차이인 검사와 피의자 사이에선 지금도 얼마든 가능한 상황일 것이다. 조사 과정에서 법률전문가인 변호사가 옆에서 도와준다면 이런 일은 벌어지지 않으련만, 현실은 아직도 그렇지 않다. 2008년 〈한겨레21〉이 선정한 올해의 판결에는 '조사 과정에서 검찰 수사관이 변호사에게 피의자와 떨어져 앉으라고 명령한 것은 부당하다'는 법원 결정이 선정됐다. 사건이 벌어진 건 2008년 6월이었다.

죄 지은 이는 처벌받아야 한다는 걸 부정하는 게 아니다. 그건 동물 집단에도 통하는 보편율이다. 집단에 위해를 가한 개체는 여지없이 힘센 이빨이나 발톱의 응징을 받는다. 하지만 인류에게는 '10명의 범인을 놓치더라도 1명의 무고한 시민이 처벌받지 않도록 해야 한다'는 더 높은 차원의 원칙이 있다. 문명화한 사회일수록 그 원칙에 더 접근하기 위한 다양한 제도를 마련하고 있다.

검찰이 '플리바게닝'(plea bargaining: 피의자가 유죄를 인정하면 더 가벼운 죄목으로 기소하거나 형량을 낮춰주는 것)이라는 낯선 제도를 입법화하겠다는 계획을 밝혔다. 미국이나 프랑스 등에서 시행되고 있는 제도다. 그런데 그 의도가 정말 낯설다. 형사사법 절차의 변경 논의라면 의당 앞서 말한 원칙, 즉 피고인의 인권 보호가 출발점이 돼야 하지 않을까. 그런데 들리는 말이라곤 '그동안 피의자 인권이 너무 신장돼 수사를 못해먹겠다'는 식이다. 그러니 검찰권을 한층 강화하는 쪽으로 이 제도를 도입하자는 얘기다.

미국은 유죄 사건의 90퍼센트 이상이 플리바게닝의 결과이고, 플리바게닝을 3분의 1 줄일 경우 유무죄를 가리기 위한 본격적인 재판 건수가 400퍼센트가량 증가할 것이라는 조사 결과가 나올 만큼 플리바게닝이 보편화했다. 하지만 찬반론은 여전히 팽팽하다. '무고하지 않은' 피고인 처지에서는 형량을 줄일 수도 있고 변호사 비용도 아끼고 사회적 비난도 최소화할 수 있는 기회라는 게 찬성론의 요지다. 검찰이나 법원 쪽도 이런 사건을 쉽게 처리한 뒤 중요한 사건에 역량을 집중할 수 있다. 재판의 효율성이 가장 큰 근거인 셈이다.

그런데 우리나라에선 법원도 이 제도를 반대한다. 재판의 효율성이나 사법적 정의 구현보다는 검찰 수사의 편의성이 논쟁의 중심에 서 있기 때문이다. 미국에서도 반대론의 중심은 이 점에 쏠린다. '무고한지 아닌지 모르는' 살인 피의자에게 검사는 "널 1급 살인죄로 기소할 수 있어. 유죄가 나면 넌 사형이야(미국은 선진국 가운데 거의 유일한 사형 집행국이다). 하지만 2급 살인죄로 낮춰줄게. 그러니 자백해"라고 회유 또는 협박을 할 수 있다. 재판이 완전무결한 건 아니므로, 무고한 피의자라도 어쩌다 1급 살인죄로 유죄선고를 받게 될지 모를 위험, 그러니까 형장으로 끌려갈 수도 있다는 일말의 가능성에 압박을 느낄 수 있다. 검찰은 법정에서 증거를 통해 유죄를 끌어낼 수 없는 상황에서도 자백을 받아낼 여지가 커지는 셈이다.

플리바게닝 제도를 두고 치열한 논쟁을 벌이는 건 유익한 일이 될 수 있다. 이는 진보·보수를 떠나 찬반이 엇갈리는 흥미로운 쟁점이기도 하다. 다만 그 논쟁을 촉발하는 주체가 검찰이 되려면, 형사사법 절차에서의 공정성에 대한 신뢰를 더 쌓아야 할 것이다.

지적장애인인 미성년 소녀를 상대로 영아 유기치사 혐의를 조사하면서 보호자도 없이 강압수사를 해 자백을 받아내는 게 대한민국 수사기관이다(2009년 1월 5일 국가인권위원회가 해당 경찰관을 징계하도록 권고했다). 플리바게닝의 대전제인 '조사 과정에서 변호인의 조력을 받을 권리'가 제대로 지켜지지 않는 게 대한민국의 현실이다. 게다가 검찰은 촛불시위, 미네르바, 야당 정치인, 시민단체 등에 대한 전방위적인 공세로 '정치 검찰' '권력의 시녀'라는 오래된 별명을 되찾으려 애쓰는 형국이다.

그러니 미국의 법학자 조지 피셔의 말을 언급하지 않을 수 없다. "역사에서 승리한 대다수의 제도와 마찬가지로 플리바게닝이 비판을 이겨내고 살아남은 것은 그것이 힘 있는 이들의 이해에 복무했기 때문이다."

표현의 자유와 광장의 기억

렌퀴스트의 판결

미국의 외설잡지 〈허슬러〉가 맥주 광고를 실었다. 이런 잡지와 적대적일 수밖에 없는 보수 성직자 제리 폴웰 목사를 가상 인터뷰한 형식의 광고였다.

폴웰: 내 첫 경험은 교외의 한 옥외 화장실에서였습니다.
기자: 좁아서 좀 불편하지 않았나요?
폴웰: 그놈의 염소를 차서 쫓아낸 뒤엔 그렇지도 않았지요.
기자: 음, 한번 자세히 얘기해주시죠.
폴웰: 난 사실 엄마와 그 짓을 하리라곤 전혀 생각지 않았습니다. 그러나 엄마가 마을의 모든 남자들과 놀아나는 걸 보고는 생각했지요. 까짓 거, 뭐.
기자: 아무리 그래도 좀 역겨운데요.
폴웰: 우리는 그때 ○○맥주를 먹고 취해 있었거든요. 그 술 참 좋던데요.

인터뷰는 이어진다. 차마 더 옮기기 어려운 단어들로 뒤범벅인 채.

미국 사회에 난리가 났고, 광고는 당연히 법정으로 갔다. 우리의 상식으로는, 잡지사가 문을 닫았어야 한다. 민사 소송은 제쳐두고라도, 형사처벌을 받게 될 것이고(검찰이 어떤 죄목이든 갖다 붙이지 않겠는가) 신도들의 항의시위로 업무 마비 사태를 부를 게 뻔하다.

그 유명한 보수주의자 윌리엄 렌퀴스트 연방대법원장이 최종심 선고에 나서 대법관들의 만장일치로 쓰여진 '허슬러 vs 폴웰 사건'(1988) 판결문을 읽어 내려갔다.

"미국 시민의 특권 중 하나는 공적인 인물이나 정책을 비판할 권리다."

판결문은 이런 비판이 그 대상에 대한 '증오나 악의'에서 비롯된 것일지라도 허용돼야 한다고 강조했다. 비판의 '동기'를 문제 삼아 불이익을 준다면 공적인 문제에 대한 토론이 위축될 수 있기 때문이라고 했다. 격분해서 한 말일지라도 그 또한 '생각의 교환'이며 진실을 찾아가는 데 기여한다고 판단했다.

그래도 표현이 너무 극악무도하지 않았느냐는 항변이 가능하다. 하지만 렌퀴스트 대법원장은 "표현의 영역에서 '극악무도함'은 너무 주관적인 잣대"라며 항변을 내쳤다. 무엇보다 이 패러디 광고는 누가 봐도 사실이 아닌 허구임을 알 수 있지 않느냐면서.

몇 해 전 이 판결문을 처음 읽어봤을 때의 전율이 생생하다. 전율의 여진 속에, 우리가 지금 누리는 표현의 자유가 얼마나 누추한 것인지도 새삼 생각한다. 학교 앞에서 두발 규제에 항의하며 1인시위를 벌이던 고교생의 팻말을 교사가 빼앗아 내동댕이치고, 경찰은 광우병 위험 쇠고기 수입을 막자는 뜻에서 학생들이 주고받은 문자메시지까지 수사하겠나고 나서고, 급기야 검찰총장은 "국민이 출처도 불명한 괴담에 혼란을 겪거나 국가 미래가 조직적이고 악의적인 유언비어에 발목 잡히는 일이 없도록 사이버 폭력 척결에 검찰 역량을 집중해 서로 믿을 수 있는 신뢰 분위기를 조성하겠다"고 말한다.

뉴타운 공약(空約)으로 유권자들을 혼란에 빠뜨리고 신뢰 사회를 망친 국회의원 당선자들에 대해선 왜 강력한 처벌 의지를 밝히지 않는지 궁금하기도 하거니와, 교육자, 법 집행자, 법률가라는 이들이 다양한 형태의 '생각의 교환'을 통해 진리와 최상의 사회적 선택을 찾아가는 민주주의 작동원리를 이해조차 못 하는 것 같아 안쓰럽다.

누구보다 표현의 자유를 지지해야 할 언론이 괴담이니 유언비어니 하며 시민들 입 막기에 핏대를 올리는 현상도 안쓰럽기는 마찬가지다. 시정의 악다구니부터 다중의 외침, 범죄자의 변명, 정치인의 겉만 번지르르한 장광설까지 모든 '생각의 표출'을 쓸어안으면서 '생각의 교환'에 진력하고 또 진력하는 게 언론의 사명 아니던가.

미국이 비록 광우병 위험이 있는 쇠고기를 남의 나라에 팔아넘기는 후안무치를 자랑하고 있지만, 연방 수정헌법 1조가 규정한 표현의 자유에 대한 그들의 절대적 신념만큼은 수입할 만하다. 쇠고기 수입에 바치는 정성의 1퍼센트만이라도 들여서.

아직도 괴담과 유언비어 척결의 신념을 버리지 못하는 이들은 교외의 한 옥외 화장실에라도 들어가 렌퀴스트의 판결문을 곱씹어보길 권한다.

정당한 위반

1.

그들은 억울했다, 인간으로서, 시민으로서. 절박한 심정을 표출했다, 평화적으로. 국가는 귀 기울이지 않았다. 어느 날, 거리로 나섰다. 현행법 위반이었다. 국가는 그들을 체포했다. 그러나 헌법은 법률 위에 있었다.

2.

1963년 미국 앨라배마주 버밍햄시에서 일어난 일이다. 당시 버밍햄은 시민으로서의 권리를 쟁취하기 위한 흑인들의 평화적인 저항을 상징하는 곳이었다. 4월 6~7일과 9~10일 사전 신고 없이 거리행진에 나선 흑인들이 체포됐다. 당국은 10일 밤 이후의 거리행진을 금지하는 법원의 결정을 받아냈다. 하지만 부활절을 앞둔 성금요일이던 4월 12일, 마틴 루서 킹 목사를 비롯한 50여 명의 흑인이 행진을 강행했다. 몇 블록 가지 못해 경찰이 이들을 막아섰고 붙잡아 감옥에 가뒀다. 부활절에도 행진은 이어졌다. 50여 명 가운데 20여 명이 투옥됐다. 지켜보던 군중 사이에서 경찰을 향해 돌이 날아갔다. 돌을 던진 이 또한 바로 체포됐다.

이 사건은 미국 연방대법원에까지 올라갔지만, 피고인들은 패소했다. 그때, 미국에서 가장 존경받는 대법관 중 한 명인 윌리엄 브레넌이 소수의견을 썼다.

"이 법정은 오늘 시민의 자유를 침해하는 너무나 파괴적인 무기를 국가의 손에 쥐어줬다. 우리는 소요사태와 시민 불복종에 대한 두려움 때문에 정작 중요한 문제에서 주의를 돌려서는 안 된다. 그

중요한 문제란 국가가 도로나 인도를 통제할 권한이 아니라, 표현의 자유를 침해하는 위헌적인 법이나 결정으로부터 시민을 보호하는 일이다."

브레넌은 질서의 가치가 때로 무질서의 가치에 경의를 표해야 할 때도 있다고 했다. 그는 공공질서의 희생을 가져올지라도 선동이나 과격 행위에 대해 존중을 표했다. 국민의 자존과 반대 의견을 허용하는 정치체제를 위해선 저항의 행위도 보호해야 한다는 것이다. 특히 자신들의 주장을 펴기 위해 제도화한 다른 수단을 사용할 수 없는 처지의 시민들에게 이런 행동은 대체 불가능한 표현의 수단이기 때문이다.

3.

2008년 대한민국의 각지에서 벌어지는 일이다. 지금 한국은 스스로 권리를 쟁취하기 위한 시민들의 평화적인 저항을 상징하는 나라다. 5월 24일 이래 사전 신고 없이 거리행진에 나선 시민들이 체포됐다. 당국은 거리행진은 불법이라며 으름장을 놓았다. 이후에도 수만 명의 시민이 거리로 쏟아져나왔고 5월 30일 현재 211명이 체포됐다. 검찰은 그들 중 일부를 기소할 것이다. 법원은 뭐라고 말할까. 거리에선 아직 돌멩이 하나 날아가지 않았다.

4.

어떤 법이 헌법에 보장된 권리를 제한하고 있다면, 그 법을 위반하는 행동은 정당할 수 있다. 브레넌의 소수의견은 지금의 한국 사회를 논하는 듯하다. 그러나 마틴 루서 킹은 거리에 나서기 전 이미 그 모든 논증을 피부로 알고 있었으리라. 지금 촛불을 든 이들도 모두 그러하리라. 뒤늦게 펜을 드는 글쟁이는 그래서 서글프다.

그래도 예측불가의 이 '사태'를 좇아 기록하는 일은 가슴 벅차다. 나라가 꼴을 갖춰가고 세상이 더 살 만해지는 일의 시작은 늘 그러하니까.

미네르바는 아테네에 살고 있지 않다

"아테네와 스파르타의 근본적 차이점은, 아테네인들은 스파르타의 체제를 찬양할 자유가 있으나 스파르타에서는 스파르타 이외의 체제를 찬양할 자유가 없다는 점이다."

고대 그리스의 변론가이자 정치가인 데모스테네스(기원전 384~322)가 남긴 말이다. 이것이 지금으로부터 무려 2300년 전의 언설이라니, 새삼 놀랍다. 다음과 같은 변주가 이 땅에선 21세기 오늘날에도 불가능하니 말이다.

"남한과 북한의 근본적 차이점은, 남한 사람들은 북한 체제를 찬양할 자유가 있으나 북한에서는 북한 이외의 체제를 찬양할 자유가 없다는 점이다."

가수 신해철이 자신의 홈페이지에 "조선민주주의인민공화국이 합당한 주권에 의거하여, 또한 적법한 국제 절차에 따라 로켓(굳이 ICBM이라고 하진 않겠다)의 발사에 성공하였음을 민족의 일원으로서 경축한다"고 밝힌 뒤 보수단체들로부터 국가보안법 위반 혐의로 고발당했다는 소식을 접하고 든 생각이다.

한발 더 나아가보면, 고대 그리스에는 '이세고리아'(isegoria)라는 표현의 자유 개념이 있었다고 한다. 모든 시민은 자신의 견해를 표명하는 데 평등하다는 개념이다. 이 또한 이 땅에선 21세기 오늘날에도 적용이 힘들 듯하다.

인터넷 논객 미네르바는 그의 말로 인해 구속됐다. 허위 사실 유포라는 혐의였다. 같은 말을 대학 교수나 칼럼니스트가 했다면 어땠을까? 검찰은 언론의 숱한 오보와 명예훼손에 대해서도 같은 칼날을 들이댈 건가? 다른 건 몰라도, 미네르바 구속을 전후해 그를 못된 범죄인으로 공공연히 묘사했던 언론사들이 그의 무죄판결 이후 단 한마디 사과라도 했던가? 그 허위 사실 유포에는 어떤 책임도 지워지지 않는 건가?

물론 고대 그리스에서도 시민권이 있는 자와 노예는 이세고리아의 적용이 달랐을 것이다. 그렇다면 미네르바로 상징되는 장삼이사 서민들은 21세기의 노예 계급이고, 언론인이나 지식 기득권층만 시민권자라는 말이 된다.

사실 여기엔 하나의 역설이 도사리고 있는데, 오보에 대한 책임에서 결과적으로 장삼이사가 더 무겁게 취급받는다는 건 그가 우리 사회에서 언론인이나 지식인보다 더 의미 있는 메시지 전달자라는 인증이 되는 셈이다. 또 '공인'으로서의 지위가 높을수록 익명에 숨을 수 없다는 원칙에 비춰보자면, 미네르바는 유죄 확정 전에 신상과 사생활이 모두 까발려져도 괜찮을 만큼 높은 '공인'의 위치에 있었다는 얘기가 된다. 고대 그리스에 비유하자면, 시민권자는 미네르바요, 언론인과 지식 기득권층은 노예라는 역설.

그러나 결정적인 사실 한 가지. 불행하게도 미네르바는 아테네에 살고 있지 않다. 그는 스파르타의 방랑자다. 국가의 명령에 따라 열심히 군사훈련이나 받고 생업에나 집중해야 하는 빡빡한 체제에 적응하지 못한 방랑자. 괜한 말을 뱉었다간 바로 철창행이다.

이곳에 이세고리아는 아예 없다.

지친 방랑자는 새벽 벌판에서 개 짖는 소리를 듣는다. 개 소리는 듣는 이의 마음에 따라 사뭇 다른 뉘앙스를 전달한다. 새벽녘 전원 풍경을 배경으로 들려오는 개 소리는 낭만에 가깝다. 도둑질을 하는 도중이거나 잔뜩 짜증난 상태에서 개가 짖어댄다면 한 대 걷어 차주고 싶어질 것이다. 척박한 스파르타 땅에도 이세고리아를 뿌리내리게 하고픈 소망을 지닌 방랑자라면, 어떤 개가 짖든지 일단 편안한 마음으로 들어줘야 할 것이다. 그게 이세고리아의 정신이니까. 스파르타의 새벽 벌판은 핍박받는 자의 관용으로 아름다움을 얻는다.

명예훼손 검열 매뉴얼

한 기자가 이렇게 쓴다.

"보유한 정보의 양과 질에서 한 나라의 중앙정부 부처와 한 언론사의 일개 프로그램 제작진 중 누가 우월할까? 이 프로그램이 잘못된 내용으로 정부 정책을 비판했다면, 주무부처 장관이 해야 할 일은 무엇일까? 정부가 지닌 풍부한 정보와 국민의 신뢰를 바탕으로 조목조목 반박하고 국민을 미망에서 구출해야 할 것이다. 그러는 대신 '나 명예훼손 당했어요'라며 검찰에 날름 고소하고는 그 뒤로 숨어버리는 장관을 어떤 국민이 믿고 나라 일을 맡길 것인가. 국민을 설득할 만큼의 콘텐츠도 없고 정책 논리도 없는 사람을 장관 자리에 앉힌 대통령을 어떤 국민이 믿고 따를 것인가. 광우병 소가 웃을 일 아닌가."

기자는 글을 써놓고 머뭇거린다. 검찰이 새로 개발한 '명예훼손 검열 매뉴얼'(검찰은 〈PD수첩〉 제작진을 명예훼손 혐의로 기소하면서 이들의 광우병 보도가 사실을 왜곡·과장했고 이는 사소한 실수가 아니라 악의에 의한 것이거나 현저히 공정성을 잃은 경우에 해당한다고 밝혔다. 또한 미국산 쇠고기 수입·판매업자들의 업무를 방해한 혐의도 적용했다. 검찰은 특히 정부에 대한 적개심을 운운한 제작진의 개인 전자우편 내용을 공개하면서 보도 행위에 정치적 의도가 있었다고 주장했는데, 광범위한 전자우편 압수수색 등 수사 과정의 지나친 사생활 침해와 그 내용 공개를 두고 비난이 쏟아졌다.)에 따라 자기검열을 한다.

'우선, 사실 왜곡이 있나 따져봐야지. (한번 읽어보고) 음~ 없는 것 같은데, 혹시라도 내 생각을 오역한 게 있으면 어쩌지? (두근두근) 다음으로, 악의적이거나 현저히 상당성을 잃은 보도인지 따져봐야지. 특히 모멸적 표현을 조심해야 해. '날름' 같은 표현? '광우병 소가 웃을 일' 같은 표현? 세 번째로는, 누군가에게 '업무방해'가 되지 않을지 점검해야지. '광우병 소' 운운했으니 역시 미국산 쇠고기 수입업체에 누가 되나? 해당 프로그램 제작진의 정보력이 정부보다 뒤처진다고 썼으니, 그 방송사에 대한 업무방해? 마지막으로 가장 중요한 것. 전자우편. 혹시라도 '정부에 대한 적개심' 어쩌고 저쩌고하는 전자우편을 누구에겐가 보낸 적이 있었나? 국민의 뜻을 무시하는 지도자가 있다면 그에 대해 적개심을 품지 않는 언론인이 언론인이랴마는, 어쨌든 검찰의 잣대라니…….'

기자는 자기검열을 하다 보니 적개심이 솟는다. 그래서 애초 쓴 글에 덧붙인다.

"검찰의 논리대로라면, 평소 정부에 비판적인 언론사에 속한 언론인은 정부 비판 글을 쓸 수 없다. 사소한 실수라도 하면 '평소 이 언론의 논조가 정부에 적대적이었으므로 이건 의도된 실수'라며

'악의성이 입증됐다'고 떠벌릴 게 아닌가. 그래서 평소 정부에 비판적이지 않은 언론인만 정부 비판 글을 쓸 수 있게 된다. 말하자면 정부의 공인을 받은 정부 비판. 광우병 소가 또한 웃을 일 아닌가."

기자는 다시 머뭇거린다. 2차 자기검열이 시작된다.

'이렇게 쓰면 검찰에 대한 명예훼손이 아닐까? 사실 왜곡은? 모멸적 표현은? 업무방해는? 방금 적개심을 품었는데, 적개심은?'

기자는 자기검열을 하다 보니 열이 뻗친다. 저도 모르게 막말을 덧붙인다.

"이런 ㅆ#(%(&·$%_*@ㅏJ#(&(&%!"

이 부분은 편집장이 "우리라도 품격을 지키자. 아이들 보기 부끄러운 세상 아니냐"며 살짝 지운다.

정부, 거짓말 그리고 자유

천안함 침몰 사건 이후 무수히 반복된 군 당국의 거짓말은 왜 처벌하지 않나? 연평도 포격 사태 직후 이명박 대통령의 '확전 방지' 지침을 둘러싸고 진위 논란이 거셌는데, 청와대든 군이든 거짓말한 쪽은 처벌해야 하지 않나? 그 밖에 숱한 정치인들의 거짓말과 말 바꾸기는 어찌할 것인가?

미네르바 등을 기소한 근거가 된 전기통신기본법의 기본 취지에 따르면, 이들은 모두 처벌해야 한다. '공익을 해할 목적'으로 '공연히 허위의 사실'을 퍼뜨리면 벌줘야 한다는 게 이 법의 모토였다. 그들은 필시 개인의 곤경을 회피하기 위해 또는 정권의 이익을 위해, 그러니까 공익과는 반대되는 이익을 위해 중차대한 허위의 사실을 공공연히 떠벌린 것일 터. 전기통신기본법은 '전기통신설비에 의한 통신'이라는 수단을 썼을 경우에만 적용되는 것이긴 하지만, 세간의 관심이 집중된 사안에 대해 공직자가 한 말은 즉각 갖가지 전기통신설비를 통해 전파되는 게 현실이니 딱히 다를 바도 없는 사안이다.

그러나 그들을 '법적으로는' 용서하기로 한다. 헌법재판소가 전기통신기본법의 해당 조항에 위헌을 선언했고, 이제 그 조항은 더 이상 법이 아니니까.

그런데 이번 헌법재판소 결정문을 읽다 보면 뭔가 빈칸이 남아 있다는 아쉬움을 느낀다. 이회창 자유선진당 대표가 잘 갈무리했듯 "이번 헌재 결정은 법이 규정한 처벌 요건인 '공익 침해'가 어떤 경우인지 명확하지 않으므로 명확히 규정해야 한다는 취지"다. 이를 근거로 여당에선 공익 침해에 대한 좀 더 명확한 규정을 갖춘 대체입법을 하겠다는 움직임이 보인다.(헌재가 이 점에 대해 결정문에서 밝힌 대목. "다원적이고 가치상대적인 사회구조하에서…… 문제되는 행위가 어떤 공익에 대하여는 촉진적이면서 동시에 다른 공익에 대하여는 해가 될 수도 있으며, 전체적으로 보아 공익을 해할 목적이 있는지 여부를 판단하기 위하여는 공익 간 형량이 불가피하게 되는바, 그러한 형량의 결과가 언제나 객관적으로 명확한 것은 아니다." 좀 어렵게 썼지만 지당한 말씀이다. '공익 침해' 자체가 애매모호한 개념이란 얘기다. 대체입법을 추진하는 분들이 참고하기 바란다.) 하지만 이번 헌재 결정의 대상이 된 두 사건을 살펴보면, 또 하나의 결정적인 논점이 드러난다. 헌재가 정면으로 다루지 않은 부분이다.

첫 번째 사건은 김아무개 씨가 2008년 6월 인터넷에 '경찰이 미국산 쇠고기 수입 반대집회 진압 과정에서 시위 여성을 성폭행했다'는 등의 허위 사실을 올린 것이다. 또 하나는 다들 알고 있을 미네르바 사건이다. 두 사건은 모두 정부의 정책이나 행위에 대한 비판이라는 맥락에 닿아 있다. 거짓말이 포함됐든 안 됐든, 한마디로 정부의 행태에 대고 욕을 한 사건이란 게 공통점이다. 미국 연방대법원의 '〈뉴욕타임스〉 vs 설리번 사건' 판결(1964)을 이번 헌재 결정문과 함께 읽어봐야 하는 이유다.

"그 어떤 법원도 미합중국의 법체계에서 정부에 대한 비방이 기소 대상이 된다는 판결을 하지 않은 것은 물론 그런 가능성조차 내비친 적이 없다."

정부를 상대로 한 비판이라면 허위의 사실이 포함됐든 안 됐든 처벌 대상이 될 수 없다는 뜻이다. 그 근거는 이렇다.

"공적인 이슈에 대한 토론은 방해받지 않아야 하고, 강력해야 하며, 널리 열려 있어야 한다는 원칙, 그러자면 정부를 향해 격렬하고 신랄하고 때론 불쾌할 정도로 날선 공격이 가능해야 한다는 원칙에 온 나라가 충실해야 한다. ……우리 헌법은 절대적 주권이 정부가 아닌 국민에게 있는 정치체제를 창조했으며, 우리의 정부 형태는 권력의 집중 혹은 권력 그 자체에 대한 불신에 기반해 권력을 분산시키기 위한 것이다."

민주국가의 국민이라면, 폭력적 행위가 아닌 표현의 영역에서, 정부에 얼마든지 어떤 방식으로든 대들 권리가 있다는 선언이다. 그 표현 내용에 거짓이 포함돼 있든 없든 상관없는 것이다.(한 가지 주의할 점은 정부의 정책이나 행위에 대한 비판을 특정 공무원 '개인'에 대한 명예훼손으로 둔갑시켜 처벌에 나서는 경우다. 미국산 쇠고기 수입 협상을 비판한 〈PD수첩〉에 대해 정운천 전 농림수산식품부 장관의 명예를 훼손했다고 기소한 게 딱 그런 사례다. 미국 연방대법원은 이런 일을 '법적인 연금술'에 비유했다. 꿈에서나 가능한 일이란 얘기다. 2010년 12월 우리 법원도 〈PD수첩〉에 무죄를 선고했다.) 우리라고 다르랴. 같은 민주국가인데, 더구나 미국을 한없이 닮고 싶어하는. 그러니 마음껏 정부를 비판하자. 이왕이면 즐겁고 재미나게. 꼬집고 비꼬고 뒤흔들고 풍자하고 한 방 먹이고 욕하고…… 하하하 웃으면서. 그 웃음 속에 '이건 아니거든'이라는 진심이 통하면 성공이다. 올해는 그렇게 보내자. 하하하.

반칙을 기록한다

협객

협(俠). 겨드랑이에 낄 협(夾)자에 사람 인(人) 변을 붙인 이 글자는 약한 사람을 끼고 도는 행위나 그런 행위를 하는 사람을 가리킨다. 중국 고대로부터 학식과 무예가 있으되 부귀영화가 보장되는 관료의 자리를 버리고 천하를 떠돌며 남의 어려움을 해결해주는 인물들이 있었으니, 이들을 유협(遊俠)이라 일컬었다. 재주로써 세태에 부합하지 않고 이익보다는 의로움을 좇는 존재, 자신을 알아주는 이를 만나면 그를 위해 모든 걸 버리는 존재, 그리고 무엇보다 유별난 자존감을 삶의 처음과 끝으로 삼는 존재.(문현선, 『무협』, 살림 펴냄, 2004 참조)

기자는 '본질적으로' 협이 아닐까.

한 자루 검을 메고 강호를 떠도는 협객처럼 기자는 외로운 존재. 자리를 덥힐 틈 없이 늘 무언가를 찾아나서야 한다. 그러면서 만나는 이들(취재원)은 겉으로는 환한 미소로 마중하지만 한순간도 경계의 고삐를 늦추지 않고 마음을 쉬이 열지 않는다. 불가근불가원(不可近不可遠). 너무 멀리하지도, 너무 가까이하지도 않는다는 게 그들이 기자를 대하는 초식이다. 기자의 보도 행위란 게 대개 누군가에게 칼을 겨누고 달려드는 일합의 싸움이니, 그도 그럴 만하다.

억울함을 당하거나 궁지에 몰린 민초를 위해 검을 뽑는 유협처럼 기자는 또한 의로운 존재. 그가 칼을 겨누는 대상은 대개 탁리(濁吏)이거나 못된 세도가이거나 사파(邪派)의 모리배다. 판관·포교들이 거악을 징벌할 큰 칼보다는 정치색 덧칠한 짧은 비수나 휘둘러대는 시대일수록, 기자의 펜은 열 자의 창검이요, 기자의 마이크는 천 근의 철퇴다. 한 번 꼬나쥔 병기는 쉽게 내려놓지 않으니, 돈이나 권력이 아닌 진실을 추구함이다.

그리하여, 자기를 알아주는 이를 위해 목숨조차 한갓 지푸라기인 양 버리는 협객처럼 기자는 의리의 존재. 자신의 기사에 독자와 시청자가 호응해줄 때 기자는 공포스런 내전의 현장에도 눈 질끈 감고 뛰어든다. 단 한 가지 팩트를 확인하기 위해 며칠 밤낮을 몸으로 때우기도 하고 산더미 같은 자료를 밤새 눈이 빠져라 뒤지기도 한다. 예로부터 강호에 나선 기자는 집안을 돌보지 않음을 미덕으로 여기며 몸을 살피지 않음을 자랑으로 삼았다.

그러나 기자는 '현실적으로' 협이 아닐 수도 있다.

권력의 하수인 자리로 잽싸게 전향하기도 하고, 검을 팔아 부를 챙기기도 한다. 사주의 이익을 위해 의를 저버리는가 하면, 사파의 유혹에 넘어가 비굴한 기사를 쓰기도 한다. 그것은 협의 본질, 바로 자존감을 허문 탓이다. 강호의 사악한 기운은 호시탐탐 유협의 허점을 노려 자존감을 뽑아내려 한다. 바야흐로 언론 장악의 회오리가 강호를 삼킬 지경이다.

이때 홀연히 나타난 일군의 기자들. '낙하산 사장'을 막아 공정보도라는 자존을 지키려는 이 유협의 무리는 품 안 깊숙한 곳에 묻어뒀던 검을 꺼내들고 정권의 방송 장악에 맞서는 전선의 맨 앞으로 뚜벅뚜벅 걸어나갔다.

이들은 강호를 구할 것인가. 싸움의 결과야 미리 단정지을 일이 못 되나, 이들의 기상이 갸륵하고 뭇 유협의 본보기가 될 법하니, 감히 사마천의 말로써 미리 기리기로 한다. 유협에 대한 첫 기록이라 할『사기』'자객열전'의 말미다.

"조말로부터 형가에 이르기까지 다섯 사람은 그 뜻을 이루기도 하고, 또 이루지 못하기도 했지만, 그 뜻을 세움이 빛을 비추듯 분명하니 이를 속이지 않고 이름을 후대에 드리우도록 해야 한다. 어찌 헛되이 하랴!"

* 2008년 5월 낙하산 사장 임명에서 맞서 시작된 YTN 노조원들의 공정보도를 위한 투쟁은 기자 6명의 집단 해고 등을 겪으면서도 1000일 넘게 계속되고 있다.

법의 주책

네티즌들의 '조·중·동 광고주 압박운동'에 대해 검찰이 수사에 나섰다는 소식을 듣고 이런 이야기가 떠올랐다.

한 도시에 A그룹과 B그룹의 시민들이 있었다. 시 정부를 장악한 A그룹이 B그룹을 부당하게 대우하자 B그룹은 시정을 요구했고, 시 정부가 이것을 받아들이지 않자 실력 행사의 일환으로 A그룹 소속 시민이 운영하는 시내 모든 가게에 대해 불매운동에 나섰다. 분쟁의 직접 당사자가 아닌 제3자를 대상으로 하는 이른바 '2차 불매운동'이었다. B그룹 시민들은 평화롭게 어린아이를 앞세우고 거리행진도 벌였고, 다소 덜 평화롭게 가게들 앞에 진을 치고 드나드는 이들을 감시하기도 했다. 때론 좀 더 험악한 분위기도 연출됐는데, 불매운동의 한 지도자는 집회에서 "누구든 저 가게들에 들어가다 우리한테 걸리면 목을 부러뜨리겠다"고 호언했다. 결국 피해를 입은 가게들이 B그룹 지도자들을 상대로 업무방해 등을 이유로 한 소송을 냈다.

이 나라 최고법원은 이렇게 판결했다.

"순전히 경제적인 동기의 불매운동과 달리, 자기 권리를 찾기 위해 정치·사회·경제적 변화를 이루려는 불매운동은 표현의 자유에 관한 문제다. 표현의 자유란 단지 추상적인 토론을 할 자유만 뜻하는 게 아니라, 타인으로 하여금 자신이 의도한 어떤 행동을 하게끔 만드는 것도 포함한다. 이를 위해 연설이나 거리행진 또는 상대방을 사회에서 매장시키겠다는 위협(social ostracism) 등의 수단을 썼다고 해서 불법 행위로 규정할 수는 없다. 또 신체적인 위해를 가하겠다는 협박은 불법이지만, 그것이 명백히 과장된 언사라고 이해될 수 있다면 처벌할 수 없다. 물론 폭력적인 '행위'에까지 이르렀다면 명백히 불법이다. 하지만 설사 사소한 폭력 행위가 빚어졌다고 하더라도 이로써 불매운동 전체를 폭력적인 불법 공모로 몰아서는 안 된다. 숲의 참된 빛깔을 드러내는 건 자유롭게 서 있는 수많은 나무들의 잎이지, 잡초에 숨어 있는 파충류 몇 마리가 아니잖은가." (미 연방대법원 '전미흑인지위향상협회 vs 클레이본 철물점 사건', 1982)

검찰이 조·중·동 광고주 압박운동에 대한 처벌 논리를 구하기 위해 이 나라의 법리를 검토한다는 기사를 보고 실소를 금할 수 없었다. 이런 법리를 적용한다면, 광고주 압박운동은 적법할 뿐 아니라 일부 폭력적 언사가 있더라도 표현의 자유라는 대원칙 아래 보호돼야 할 일이 된다.

지난해 이 나라에서는 인종차별, 성차별, 동성애 혐오, 유대인 혐오 등의 발언을 서슴지 않던 한 방송 프로그램 진행자를 응징하기 위해 시민들이 해당 프로그램 광고주들을 불매운동으로 압박한 일도 있었다. 결국 그 진행자는 쫓겨나게 됐는데, 이 일로 검찰이 수사에 나섰다거나 누가 처벌을 받았다는 말은 듣지 못했다.

미국 코넬대학 로스쿨 교수인 마이클 도프는 이 사건을 다룬 칼럼에서 "2차 불매운동을 금지하는 것은 (불매운동을 노동쟁의의 수단으로 사용하는 등의) 노동법 문제에 국한되며, 그마저도 표현의 자유 원칙과 부딪쳐 논란이 되고 있다"고 설명한다. 부도덕한 기업의 물건은 사고 싶지 않은 소비자들이 있을 터. 노조가 이런 기업의 물건을 사다 파는 제3의 업체를 상대로 그 기업의 정체를 밝히는 불매운동을 벌일 때, 이를 막는 것은 노조와 소비자 사이의 정보 전달, 즉 표현의 자유를 침해한다는 것이다. 이 때문에 노조의 2차 불매운동도 단순히 전단지를 나눠주는 방식이냐, 소비자의 업체 출입 자체를 가로막는 것이냐 등 구체적 기준에 따라 허용·금지가 갈리고 있다. 하물며 일반 시민들의 정치·사회적 의사 표현 수단으로 이뤄지는 불매운동은 말할 나위도 없이 허용된다는 것이다.

이런 법 원칙을 확인하면서 도프 교수가 정작 하고 싶은 말은 따로 있었는데, 이 또한 곱씹어볼 만하다. 즉, 방송 진행자를 내쫓은 2차 불매운동이 표현의 자유에 속함에도 불구하고, 그것이 궁극적으로 겨냥한 곳이 언론매체인 만큼 또다른 표현의 자유인 언론의 자유를 침해하게 된다는 모순이다. 아무리 쓰레기 같은 말만 골라 내뱉는 신문사나 방송 프로그램이라도 그들 또한 표현의 자유를 누려야 한다는 고귀한 충언이다.

문명화한 사회라면 '이 기막힌 역설을 어떻게 풀 것이냐'라는 고차원적 고민에 이마를 괴어야 하지 않을까(다만 우리 사회의 경우 시민들의 집단적 의사 표현을 배후니 괴담이니 하며 억압하려는 언론사가 있다는 점이 다르다. '이렇게 표현의 자유에 역행하는 언론사의 표현의 자유까지 보장할 것이냐'라는 또 다른 문제가 제기된다).

그런데 국가라는 거대 권력이 대뜸 어느 한쪽의 편을 들어 다른 쪽의 표현의 자유를 억압하고 나서는 건 무슨 행태인가. 도프 교수는 마치 우리 검찰을 향해 말하듯 칼럼에 썼다. "법은 광고주에 대한 2차 불매운동을 막기 위해 끼어들어선 안 된다." 누가 옳은지는 서로의 의견이 자유롭게 부딪치고 깎이면서 옥석이 가려지는 '생각의 자유시장'에 맡길 일이다. 법은 낄 데 안 낄 데를 가려야 한다.

살인범의 얼굴

영국에 이언 브래디(Ian Brady)라는 연쇄살인범이 있다. 1960년대 5명의 어린이를 살해한 혐의로 종신형을 선고받았다. 1999년부터는 정신병원에 수감됐는데, 자살할 권리를 달라며 단식투쟁을 벌여 또 한 차례 세간의 주목을 받았다. 2000년 1월 그가 단식 도중 검사를 받기 위해 다른 병원으로 이송되는 과정을 영국 언론들이 취재했고, 차창의 커튼이 열린 틈으로 그의 얼굴을 찍은 사진이 보도됐다. 브래디는 프라이버시가 침해됐다며 해당 언론들을 상대로 언론중재 신청을 냈다.

결과는 어땠을까? 물론 패소했다. 하지만 영국 신문·잡지사들의 자율기구인 언론중재위원회(Press Complaints Commission)가 그런 결론에 도달한 과정을 주목해볼 만하다. 제소당한 신문사들이 "브래디는 연쇄살인을 저지르고 그 형이 확정됨으로써 이미 모든 프라이버시권을 스스로 포기한 것이나 다름없다"고 반박한 데 대해, 위원회는 동의하지 않았다. 유럽인권협약에 따라 만든 이 위원회의 자율규약은 "모든 사람"에게 프라이버시권을 주고 있으며, 아무리 흉악한 범죄를 저질렀더라도 예외는 아니라는 취지였다.

위원회는 이런 대전제 아래 좀 더 세밀한 판단 기준을 갖고 있다. 1)사진이 공공장소에서 촬영된 것인지 2)공공의 이해와 관련된 사진인지 3)촬영당한 이가 자신의 문제를 공공의 쟁점으로 만듦으로써 사실상 기사화되는 데 동의한 셈인지 4)그가 자신의 프라이버시를 지키기 위한 적극적 조처를 취했는지 등이다. 브래디의 경우, 자살할 권리를 얻기 위해 단식을 하고 이런 사실을 언론에 알리기도 하는 등 사회적 주목을 스스로 끌어왔다는 점이 지적됐다. 그의 프라이버시 권리가 부정된 것은 흉악범이고 형이 확정됐다는 단순한 이유가 아니었다.

언론에 다뤄짐으로써 초상권이나 사생활, 명예 등 권익을 침해당하더라도 이를 감수해야 하는 사람들이 있다. 공적 인물들이다. 보통 사람의 팔을 꺾는 건 범죄행위이지만 경기 규칙에 동의하고 출전한 격투기 선수의 팔을 꺾는 건 용인되는 것과 마찬가지로, 그들은 자신을 공공의 영역에 위치시킴으로써 언론의 주목에 스스로 동의한 셈이기 때문이다. 또 공적 인물은 언론에 대한 접근이 보통 사람보다 쉽다. 적극적으로 반론을 펼 수도 있고 자신의 지위를 이용해 반박 자료를 만들어 배포할 수도 있다. 물론 언론의 보도가 정당성을 얻으려면 아무리 공적 인물을 다루더라도 단순한 호사 취미를 위한 것이어선 안 된다는 전제가 깔려야 한다.

연쇄살인범의 경우, 이언 브래디를 향해 영국 언론들이 말했던 것처럼, 살인을 저지른 순간 모든 권익을 스스로 포기한 것이라고 단정할 수 있을까? 그의 죄상과 범행 동기, 특별한 성장 배경, 범행 수법 등은 응분의 처벌이나 유사 범죄 방지라는 공익을 위해 공개돼야 할 부분이다. 하지만 그의 무고한 가족까지 신분을 노출시킬 수 있는 자세한 신상정보나 얼굴까지 공개해야 할까? 이는 어떤 공익을 위한 걸까?

이런 미묘한 사안들에 대해 진지한 성찰이 뒤따를 것이라는 조건 아래 보자면, 언론 보도의 자유와 표현의 자유에 점점 더 큰 공간을 마련해주려는 (보수 언론을 포함한) 우리 사회의 분위기에 반대하고 싶은 생각은 없다. 이런 자유는 1차적으로 정치인과 공무원 등 가장 원초적인 의미의 공적 인물이 관련된 사안에서 더 넓게 확장돼야 한다는 점만 노파심에서 덧붙여둔다.

이런 점에서 보자면, 2007년 대통령 선거 과정에서 BBK 의혹을 보도한 〈한겨레〉를 상대로 이명박 대통령이 명예를 훼손당했다며 손해배상 소송을 낸 것이나 서울중앙지법이 2009년 2월 6일 원고 일부 승소 판결을 내린 것은 시대를 역행해도 한참 역행하는 일이다. 대통령 후보를 검증하는 일에는 더없이 소심해지고 흉악범 얼굴을 공개하는 데는 전광석화처럼 과감한 언론이 이 시대의 요구라는 말인가. 그런 언론이 득세하는 나라에서 표현의 자유는 끔찍하게 살해당할 뿐인 것을.

'해당 언론사'의 인권

"모든 인간은 자유로우며, 존엄성과 권리에서 평등하게 태어났다. 모든 인간은 이성과 양심을 가진 존재로서, 서로에게 형제애로

써 대해야 한다." (세계인권선언 1조)

이 주옥 같은 문장을 지금 써야 할 줄은 몰랐다. 그러나 써야겠다. 그건 누가 뭐래도, 어떤 상황에서도 진리이자 인류 보편의 합의이기 때문이다.

탤런트 장자연 씨가 숨졌다. 경찰 수사는 경찰이라는 조직이 왜 필요한지에 대한 의문을 낳을 정도로 지지부진했다. 이른바 '장자연 리스트'는 온라인을 떠돌았다. 그리고 이종걸 민주당 의원이 국회에서 리스트의 핵심을 짚어 실명을 공개했다. 그런데 왜 그 이름은 활자매체에 등장하지 않을까?

1차적으로는 프라이버시 문제다. 누구든 사생활을 보호받을 권리가 있다. 비록 도덕적으로 지탄받는 행위를 했더라도, 그 행위가 사회문제일지라도 그 행위자는 한 개인으로서 자기 삶의 영역을 보장받을 권리가 있다. 예를 들어, 얼토당토않은 이유로 조강지처를 버린 벼락부자가 있다고 할 때 그 이유만으로 그의 신상정보와 사진이 모두 까발려지는 건 부당한 일이다. 이런 사생활의 영역을 지워버리고 나면 우리의 일상은 얼마나 불편하겠는가.

문제 되는 행위가 범죄로 분류되는 것이라면 얘기는 조금 달라진다. 범죄행위를 저지른 것은 사회적 합의를 깬 것으로, 행위자 스스로 공공의 관심 영역으로 걸어나온 것이다. 프라이버시를 스스로 포기한 셈이라는 말이다. 다만 이 경우에도 무작정 그들의 프라이버시를 침해할 수 없는 건 무죄 추정의 원칙이 있기 때문이다. 최종심에서 무죄가 선고된 형사재판들을 기억한다면, 용의자 단계에서 또는 기소 단계에서라도 행위자들의 신상을 밝히는 것은 돌이킬 수 없는 명예훼손이 될 수 있는 일이다.

다만 예외가 있다. '공인'의 경우다. 공인은 왜 달리 취급해야 할까? 그들은 그들의 지위로 말미암아, 똑같은 범죄행위를 했더라도 사회적 의미가 더 크다. 그 지위에 요구되는 사회적 기대를 저버린 것일 수 있고, 더구나 그 공적인 지위를 범죄에 이용했을 수도 있다. '죄질'이 남다른 것이고, 공론화를 통해 재발을 막아야 할 필요성도 훨씬 크다. 더욱 중요한 것은, 공인의 지위는 자신을 겨냥한 의혹 제기와 공격에 맞서 자신을 변호할 수단을 부여한다는 점이다. 감방에 갇힌 이름 없는 피의자는 하소연할 방법이 없지만, 공인이라면 언론 접근성을 통해 얼마든 반박할 기회를 얻을 수 있다.

'해당 언론사' 사장의 경우는 어떨까? 프라이버시가 깊이 관련된 사안임은 분명하다. 의혹이 진실이라면 범죄행위에 해당한다. 반면 장자연 씨의 유서와도 같은 기록에 신뢰성을 부여한다 하더라도, 혐의를 입증할 만한 객관적 증거는 아직 부족한 게 현실이다. 진실을 밝히려는 언론의 노력은 계속되겠지만, 현재로서는 그렇다는 말이다. 물론 그는 분명한 공인이고, 언론을 통해 자신을 변호할 기회에서는 타의 추종을 불허할 인물이다. 국회의원과 다른 언론사에 협박의 냄새가 풍기는 공문과 보도자료를 배포한 유력 신문의 오너가 아닌가.

다만 사건의 성격상, 범죄 혐의의 입증 가능성과 공인으로서 짊어져야 할 책임을 계량할 때 정확한 눈금을 정하기 곤란한 건 사실이다. 마음먹기에 따라서, 전자에 비중을 두면 실명을 공개하기 힘든 것이고, 후자에 비중을 두면 실명 공개도 얼마든 가능하다.

이와 비슷한 사건이 가수 나훈아 씨와 관련된 괴담이었다. 입증하기 힘든 루머 속에 고민이 컸을 그 공인은 바로 자신의 공인 지위를 이용해 사건을 한순간에 해결했다. 그가 기자회견을 자청했을 때 이 나라의 모든 언론이 몰려갔다. 심지어 공중파에 생중계까지

됐다. 나훈아 씨는 진솔한 심경 고백을 했고, 이후 괴담은 사라졌다. 이 괴담은 '장자연 리스트'처럼 입증하기 힘들지만 오프라인을 통해 누구나 알고 있는 루머였다. 당사자가 선택한 대응이 다를 뿐이다. 법적 대응을 하겠다는 윽박지름이냐, '루머 대 진실'의 정면 승부냐. 정정당당한 공인이라면 어떤 선택을 해야 할까.

복잡한 사안일수록 원칙을 돌아보게 된다. 세계인권선언 1조다. 해당 언론사 사장에게도 인권이 있을 것이다. 해당 언론이 평소 아무리 인권을 등한시하고 툭하면 용의자 실명을 거론하고 무죄 추정 원칙을 쓰레기 취급했더라도, 우리는 그들에게도 인권이란 선물을 주고 싶다. 인권을 다시 생각하며 과거 보도 행태를 반성할 기회를 삼는다면 그나마 좋은 일일 테니까.

궁금해도 무사한가

기자는 원초적으로 '묻는 사람'이다. 세상이 돌아가는 은밀한 내막에 대해, 이웃이 살아가는 남루한 삶의 내막에 대해, 구린내 나는 패악질의 내막에 대해, 웃음 나는 유흥의 속살에 대해 묻는다. 즉, 취재한다. 말을 하기보다 말을 듣는 걸 더 좋아하는, 숙맥같이 어눌한 인간에게 더없는 직업이다. 물론 그러다 보면 상대방이 대답하기 저어하는 질문, 사람 가슴팍을 후벼파는 질문, 서로 쓰게 웃고야 마는 어리둥절한 질문도 하게 된다. 해야 한다. 기자는 묻는 사람이다.

그래서 기자들이 가장 싫어하는 인간 유형이 대답을 안 하는 부류다. 그 첫손가락에 군(軍)이 꼽힌다.

"……했단 말이죠. 그렇죠?"

"그건 군사기밀이라 말씀드리기 곤란합니다."

이런 식이다.

군사기밀은 물불 가리지 않는 사건기자 초년병들에게도 마법처럼 통한다. 다들 육군 병장, 적어도 상병 출신, 그러니까 안보의 중요성을 유전자 깊이 각인시키는 교육을 거쳐 짬밥 질리도록 먹으며 녹색 군복과 자신을 동일시한 경험까지 갖춘 이들이다. 군사기밀이라고 버티면 결국 인정한다. 버스 타고 지나며 뻔히 보아온 군부대 위치도 군사기밀이란다. 그래도 지켜준다, 군사기밀이라니. 적어도 천안함 침몰 사고 전까지는 그랬던 것 같다.

그래도 이건 아니지 않나 싶다. 온 국민을 미스터리 작가로 양성하겠다는 기세로 군은 기밀을 내세운다. 민·군 합동조사단은 '민'이 들어갔는데도 미지의 세계다. 그들의 일거수일투족까지 속속들이 알고 싶은 게 국민의 마음인데, 단 한 번의 일거수일투족도 공개하지 않는다. 국가안보와 직결된 중차대한 문제인데, 바로 우리의 안위와 관련된 문제인데, '민'은 빠져 있으라 한다. 기자는 복장이 터진다.

군보다 한술 더 뜨는 건 검찰이다. 검사는 이런 식으로 답한다.

"……했다는데 사실인가요?"

"니가 뭔데?"

아연하다. 방송에서 실연된 이 장면을 보면서 묻는 사람, 기자로서 열이 오르는 걸 자제할 수 없었다. 저 막가는 질문에 뭐라고 대답해야 하나. "액추얼리, 아이 앰 어 저널리스트"라고 해야 하나? 민주국가의 중추를 떠맡고 있는 이른바 엘리트 집단의 고위층이 민주사회를 작동시키는 또 하나의 축인 언론의 기능 수행에 대해 그런 식으로 대거리했다는 일이 믿기지 않았다. 의회와 행정부, 행정부와 행정부, 언론과 의회, 행정부와 언론, 언론과 시민, 시민과 시민…… 이렇게 민주국가의 구성요소들 사이에 서로 묻고 답하는 과정이야말로 민주 정체의 핵심이 아니던가. 그것이 검사와 시민 모두 수호해야 할 헌법적 가치 아니던가. 사법시험에는 그런 걸 묻는 문제가 나오지 않는단 말인가.

맞다. 언론인만이 묻는 사람은 아닌 것이다. 시민이라면, 아니 사람이라면 누구나 묻고 싶은 것이 있고, 그 물음을 거쳐 자신의 행동을 결정하게 된다. 합당한 이유 없이 그 권리를 막는 것은 정치적 패악질과 다름없다. 예를 들면…….

서울에 광화문광장이란 게 생겼다. 넓은 도로였던 곳의 한가운데를 뚝 떼어내 시민에게 돌려주겠다며 광장을 만들었다. 그런데 지목 분류상 그곳은 여전히 '도로'란다. 그곳에서 집회·시위를 하는 건 도로를 점거하는 셈이 된다. 그러니 집회·시위를 불허한단다. 지금까지 허가된 집회는 한 번도 없었다. 시원하게 트인 광장에서 시민들은 정부를 향해 큰 목소리로 뭔가를 물을 수도, 자기주장을 펼 수도 없다. 장애인이 자신의 권리를 주장하는 1인시위도 경찰이 틀어막는다.

이렇게 군과 검찰과 경찰이 시민의 물을 권리를 옥죈 사례를 돌이켜보면, 떠오르는 건 히틀러의 나치즘, 일본 천왕의 군국주의, 스탈린의 사회주의, 박정희·전두환의 군사독재다. 아연한 기자는, 시민은, 다시 원초적 물음을 던질 수밖에 없다. 나는 물어도 괜찮은가. 정녕 궁금해도 무사한가.

반칙을 기록한다

축구의 밤이 끝나간다. 아름다운 경기에 매혹돼 가끔 새벽잠을 설친 뒤 맞는 무지근한 아침도 이젠 없게 된다. 그러나 마음속에 무지근한 무언가가 남는다. 축구의 스펙터클에 대한 미련 또는 축구에 가려졌던 현실을 선명히 조우하는 낯선 분개 같은 것.

축구에는 규칙이란 게 버젓이 있지만, 급할 땐 반칙도 다반사다. 차두리가 중계방송 해설에서 했던 말처럼, 심판에게 들키지만 않으면 된다. 그렇게 만수산 드렁칡이 얽혀진들 어떠하리 하며 살아가는 게 또한 우리 일상이기도 하다. 하지만 아무리 그래도 이건 아닌데, 하는 경우가 있다. 반칙이 너무나 결정적인 순간.

우루과이의 수아레스가 가나 월드컵 대표팀을 돌려세울 때의 그 순간 같은 것. 규칙은 본능에 패하고, 어떻게든 그 순간을 넘겨야 한다는 절박함과 의지가 절제할 수 없는 근육의 팽창으로 표현되는 순간이다. 그 새벽, 축구는 문득 아름다움을 잃었다. 그렇게 우리 일상을 규율하는 규칙이 무너지고, 정돈돼 보이던 것들이 추하게 일그러진 본색을 드러내는 순간이 현실에서도 있다. 국익을 위한 자원 외교에 전념하던 모습의 정권 실세 인물이 온갖 국정 농단과 인사 전횡의 배경으로 자리잡는 순간. 민·군 합동조사단이 전국 생방송으로 우리 군함이 침몰한 사건의 원인을 과학적으로 설명했으나 어이없게도 하나둘 그 과학적 설명이 깨져나가는 순간. 그리고 앞뒤 안 맞는 변명으로 그 모멸의 순간을 벗어나려는 본능적인 방어의 몸짓들.

쭉 뻗은 반칙의 손끝에 결정적 슛이 막히고 승리는 그의 손아귀에 넘어갔다. 규칙에 의해 페널티킥이 주어졌지만, 이는 다시 한

번 운명의 신이 지배하는 순간. 아프리카 국가 최초로 월드컵 4강 진출이란 위업 달성을 눈앞에 둔 가난의 땅 가나의 시민들은 춤을 추며 응원했지만, 기안의 발끝을 떠난 공은 골대에 맞고 말았다. 수아레스는 주먹을 불끈 쥐고 기뻐했다. 축구에는 규칙이란 게 버젓이 있지만, 급할 땐 반칙이 승리를 부른다. 우리 일상에서도 그런 모습은 넉넉히 봐왔다. 그래서 이 게임도 축구처럼 정돈된 모습과 아름다움을 일순간 잃는 것.

그래도 그 문제적 순간들이 관중석의 환호성 속에 잊혀지지 않게 만드는 것이 있었으니, 카메라의 눈이다. 아무리 반칙을 숨기려 하고 오심의 그늘에서 덕을 보려 해도 그 순간 카메라는 모든 장면을 잡아냈다. 우리는 두고두고 그 장면들을 되새김질하면서 축구의 정의를 무너뜨린 장본인을 기억할 것이다. 현실은 축구보다 조금 덜 경직됐고 조금 더 역동적이어서, 그런 장면의 반복 재생이 새로운 힘을 얻기도 한다. 승부를 되돌리기도 하고 심판을 갈아치우기도 한다. 그 또한 우리가 일상에서 익히 경험해온 것.

월드컵을 보며 언론의 역할을 다시 생각해봤다. 축구보다 더 박진감 넘치고 야욕이 판치고 사악한 속임수가 넘쳐나는 현실에서 우리는 골 장면과 반칙 장면을 담은 슬로비디오보다 더 선명한 기록을 남겨야 한다는 사명감 같은 것. 경기가 끝날 때까지 결코 맥주에 취해선 안 된다는 결의 같은 것.

3장

소나무는 푸르름을 놓지 않는다

그 거리 한가운데서 그대는 우뚝 선 소나무 같았지. 불순분자니 불만세력이니 그 어떤 굴레도 두려워 않고 곧은 소리 외치던 이들 수십만, 수백만이었으니, 이 땅은 온통 드넓은 소나무숲이 아니었던가. 괴테가 일렀듯, 모든 이론은 회색이요 오직 영원한 것은 저 푸르른 생명의 나무인 것을. 그들 가슴에 오롯이 박힌 것은 압제에 고통받고 땀 흘려 일하고도 배고픈 이웃들에게 손 내밀고자 함이었겠지.

누가 회색의 정의를 신뢰한단 말인가

봉하 가는 길

오후 3시 서울역의 풍경은 평범한 사람들이 살아가는 모습을 딱 자른 단면 그대로다. 먹고사는 일에 바쁜 대로, 느긋한 대로, 그저 그런대로 그 템포를 따라 사람들은 움직인다. 앞줄에서 경남 밀양행 KTX 표를 사는 이의 말투도 그랬다.

밀양은 내 성씨의 고향이기도 하고, 화제가 된 영화의 배경이기도 하고, 한번 가보고 싶었던 곳이다. 기차 밖 풍경이 움직이는지 내가 움직이는지 모를 그 조심스러운 출발의 시간이 지나고, 옆자리에 앉아 있는 그를 보았다. 베이지색 점퍼 차림의 수더분한 중년 남자였다.

"밀양까지 가시나 보던데요?"

"거기서 진영으로 갈 겁니다."

차창 밖으로 보이던 열관리 학원이나 웨딩뷔페 따위 간판이 사라지고 연녹색 산자락의 나무들과 파란 하늘을 품은 논들이 펼쳐졌다. 밀양을 거쳐 봉하마을로 가는 길이었다. 독한 농약·제초제 대신 오리로 농사를 짓는다는 그곳으로 가는 초행길이었다. 그의 행선지도 같았다.

“아, 그렇군요. 〈한겨레21〉 편집장이시라고요? 저는 그분을 처음으로 차세대 정치인으로 선정한 기사로 〈한겨레21〉을 기억합니다.”

“대중이 선호하는 차세대 리더십 1위에 꼽혔지요. 1999년인가 그렇습니다. 2002년 대선이 열리기 3년 전이니까, 상당히 예언적이었다고나 할까요.”

의기양양해진 나는 한 해 전 서거 당시를 화제로 올렸다. 가슴 뭉클하던 기억들, 서울 덕수궁 담길을 따라 끝간데없이 서 있던 조문객들을 떠올리며, ‘국장(國葬)’이 아니라 ‘민상(民喪)’이라고 썼던 기사에 대해 이야기했다. 그의 표정은 약간 서늘해졌다. 창밖 풍경은 완만하던 지형이 어느새 울퉁불퉁한 산세로 바뀌고 있었다. 그 불규칙한 능선에 취해 나는 깜빡 잠이 들었던 것 같다.

밀양은 그냥 평범한 시골이었다. 진영으로 가는 무궁화호를 갈아타려면 1시간 가까이 기다려야 했지만, 시내를 둘러볼 마음은 들지 않았다. 그와 나는 역전 광장을 어슬렁거렸다. 전도연이 나온 영화 〈밀양〉의 촬영지임을 홍보하는 어색한 광고판 몇 개가 서 있었다. 영화는 구원, 용서, 화해를 이야기하려 했다고 한다. 이 낯선 도시에서 구원을 찾는다면, 어설프게 지어진 광장 한켠 원두막에서 장난치고 있는 젊은 엄마와 통통한 꼬마 아이의 모습일 것이라고 생각했다.

그리고 남루한 무궁화호 열차로 갈아탈 시간이 됐다. 좌석이 듬성듬성 비어 있는 열차에서 다시 나란히 앉은 그는 머뭇거리며 말을 꺼냈다. 서거 전에 〈한겨레21〉에 실린 ‘굿바이 노무현’이란 표지 이야기를 보고 마음이 아팠다고 했다.

“그 기획 의도는…… 말하자면 노무현으로 대표되는 하나의 시대를 마무리하고 그를 넘어설 수 있는 새로운 진보의 지평을 열어야 한다는 것이었지요. 과거를 통째로 부정하는 게 아니라 미래의 실마리를 잡아보자는…….”

“이해합니다. 그래도 좀 매정했다고 할까요? 개인적으로 그랬다는 겁니다.”

차창에 들이치는 햇살이 수평으로 기울면서 어느덧 산천은 먹빛을 입기 시작했다. 습기를 잔뜩 머금은 대기 탓인지 더 그윽하게 번지는 먹빛이었다. 열차는 낙동강 줄기를 건너고 있었다. 어둑해진 창밖을 내다보며 다시 서거 당시를 떠올릴 수밖에 없었다.

“수사받을 당시 그분의 심정을 우리가 다 헤아릴 수는 없겠지요. 법을 집행하는 기관이라는 검찰의 이미지가 계속해서 어떤 환상을 심어주는 것 같아요. 그리고 검찰은 여전히 변하지 않았더군요. 지금 대통령에게도 반기를 드는 분위기던데요.”

“그런 이야기는 할 필요도 없습니다. 그보다 우리가 훨씬 더 정열을 바쳐야 할 숙제들이 많잖습니까?”

하긴 그랬다. 한갓 권력의 시녀가 되어 보복이나 증오의 감정으로 과거의 그림자를 붙들고 호령하는 게 검찰의 완력이라면, 그건 역사에 한 줌의 거름도 되지 못한다. 그와 비견할 수 없을 만큼 고결하고 원대한 이야깃거리가 우리에게는 너무나 많이 남겨져 있지 않은가.

“그분의 유작은 읽어보셨는지요?”

“네, 틈틈이 읽고 있습니다만…….”

“어떻습디까?”

“퇴임 뒤 진보가 갈 길에 대해 많은 고심을 한 진정성이 전해지더군요. 무엇보다 진보·보수의 문제와 국가의 역할에 대해 필생의 저술을 구상하면서 '먹고사는 문제'와 '우리 아이들'을 출발점으로 삼은 게 와닿았습니다. 어떻게 하면 아이들이 행복한 세상을 만들고, 미래 세대에게 불안과 고통이 없는 사회를 빚어낼 것인가, 승자만 살아남는 경쟁이 아니라 상생하는 경쟁을 통해 사회 전체가 앞으로 나아가는 세상을 오게 할 것인가, 그런 진심 어린 고민을 하는 정치인이 우리에게 '있었다'는 게…… 그 '과거형'이 뼈아픈 아쉬움으로 남습니다."

그도 낮게 탄식했다. 열차는 진영역에 들어서고 있었다.

마중 나온 이들의 차에 그와 함께 올랐다. 봉하마을에 도착했을 때는 뒷산 자락을 타고 정토원까지 이어진 연등 불빛이 횃불 행렬처럼 마을을 감싸고 있었다. 우리 일행은 마을을 지나쳐 거친 비포장도로를 내처 달렸다. 길가에 흐르는 개천에 수풀이 무성했다. 농촌의 밤풍경이 주는 아늑함에 이곳이 노무현 전 대통령 서거 1주기를 앞둔 봉하마을이라는 긴장감이 섞여들었다. 여름이면 늦반딧불이가 황홀하다고 했다. 논에 농약을 치지 않은 지 1년 만에 그렇게 살아났다고 했다. 매일 어스름 녘 이 길을 산책하다 보면 세상의 이치를 슬쩍 알려주는 자연의 귀띔을 들을 수 있을 것 같았다.

화포 메기탕집에서 말갛게 끓인 메기탕을 먹으며 소주와 맥주를 섞어 몇 순배씩 돌렸다. 줄곧 생각에 잠겨 있던 그도 맛있게 술잔을 비웠다. 메기 매운탕과 달리 메기탕은 다른 지방 사람에겐 익숙지 않은 맛이었는데, 그는 평소 즐겨왔던 것처럼 한 그릇을 깨끗이 비웠다.

숙소에 들어 서거 뒤 출간된 책 한 권을 들췄다. "우리는 역사가 돈의 편이 아니라 사람의 편으로 가고 있다는 믿음을 가지고 이 길을 가는 것입니다." 채 쌓아올리지 못한 사상의 자재들이 가득히

널려 있었다. 오래도록 그와 함께 이런 생각들을 서로 나누고 다듬어 완성했다면 참 좋았겠다는 생각이 들었다.

전날 잔뜩 찌푸렸던 날씨와 달리 이튿날은 점퍼를 벗어야 할 정도로 더웠다. 부엉이바위를 향했다. 비극의 무게처럼 육중한 바위였지만, 오르는 길은 우리의 기억보다는 짧았다. 편편한 바위 정상에 서자 봉하마을의 평화가 한눈에 들어왔다.

"저 뱀산하고 저 개구리산, 정말 뱀하고 개구리를 닮았네요?"

낮게 웅크린 야산의 모습이 하도 개구져서 그렇게 물었다. 대답이 없어 뒤를 돌아보니 내내 따라오던 그는 보이지 않았다. 정토원 쪽으로 방향을 돌렸나, 생각했다. 간밤에 본 화려한 횃불의 행렬을 좇아 그리 발길을 서둘렀는지도 모를 일이다.

홀로 부엉이바위에 서서 찬란한 오월의 아침 햇살을 받고 있자니, 그날 아침 이 자리에 섰을 때 그의 마음은 어땠는지 묻고 싶어졌다. 저 아래 집을 내려다보며 남편으로서, 아비로서, 한 사내로서 어떤 흔들림이 있었는지 궁금해졌다. 저 벌판처럼 내달리던 미래의 꿈이 어떻게 발길을 잡았는지 알고 싶어졌다. 처음으로, 간절히, 그와 얼굴을 맞대고 이야기하고 싶어졌다.

소나무는 푸르름을 놓지 않는다

벗이여.

눈을 들어 허공을 보니, 세월은 저 새와 같이 빠르고, 그대의 육신도 어느덧 싯푸른 청춘을 놓아버렸겠네그려.

일찍이 권좌에 눈먼 대머리 장군이 남도 땅을 피로 물들이고 득세한 뒤 1987년 민주와 자유를 위해 수많은 젊음이 떨쳐 일어나 거리로 내달렸을 때, 그 거리 한가운데서 그대는 우뚝 선 소나무 같았지. 불순분자니 불만세력이니 그 어떤 굴레도 두려워 않고 곧은 소리 외치던 이들 수십만, 수백만이었으니, 이 땅은 온통 드넓은 소나무숲이 아니었던가. 괴테가 일렀듯, 모든 이론은 회색이요 오직 영원한 것은 저 푸르른 생명의 나무인 것을. 그들 가슴에 오롯이 박힌 것은 압제에 고통받고 땀 흘려 일하고도 배고픈 이웃들에게 손 내밀고자 함이었겠지.

그 싸움이 10년 만에 열매를 맺어 거리에 섰던 이들이 이후 새로운 10년을 열었건만, 권좌에 이른 무리는 현실정치가 어떠니 하는 비겁한 이론을 들먹이며 옛 뜻을 굽히곤 했으니.

그들을 탓하려 붓을 든 건 아닐세. 돌이켜보면, 권세를 구하는 욕망이나 공명심이나 영웅심리나 그 어떤 허튼 생각도 없이 그때 거리에 섰던 대부분의 젊음은 그런 무리들에 속하지 않은 채 어느새 세인의 시야에서 사라져갔더란 말이지. 그대처럼 세상을 버리고 정신의 초야에 은둔해버린 이들 말일세.

듣기로는 나랏일을 맡아 하되 그 뜻을 드러내지 않고 사는 이도 많으며, 기업에 들어가거나 창업을 하여 돈 버는 재미에 푹 빠진 이들도 있고, 변호사 같은 전문직이 되어 세상일을 재단하면서도 정작 스스로는 세상에 입 다문 이들도 있으며, 아예 번잡한 세상과 인연을 끊고 낙향해 난초를 벗 삼는 이도 있다고 하지.

왜 그들은 더 이상 광장에 나서지 않고 그 푸르렀던 위세를 더 이상 떨치지 않는 걸까? 때가 아니면 몸을 숨기라는 옛사람의 말을 따름인가, 아니면 세월의 갈퀴가 그들 가슴에 박혔던 오롯한 마음을 채갔음인가. 어떤 이는 헤겔의 설에 빗대어 말하더군. 시대는 자기에 맞는 인물을 골라 쓰고는 소용이 다된 인물은 가차없이 버리노라고. 그대는 날카롭고 명석함이 그 시대에 맞아 우뚝한 모습이었으나, 이제 다른 시대가 와 그대를 버린 것인가. 하지만 모를 일이네. 시대가 그대를 버렸는지, 그대가 시대를 버렸는지.

때는 다시 공안기구의 정치사찰이 고개를 들고, 옛 거리에서 공포의 대상이던 백골단이 귀환하고, 효율의 이름으로 경제적 약자를 벼랑으로 몰아대는 저 추억의 80년대로 돌아가는 듯한데, 요즘 젊은이들은 그때와 달라 나라와 이웃을 생각하는 뜻이 높지 않다고 하니 그대 생각이 절로 간절해지네. 그래서 마음 깊은 곳에 접어뒀던 옛 뜻을 꺼내들고 정신의 초야를 떠나오는 그대 모습을 그리는 것이네.

민주와 진보를 내세운 이들이 낙엽처럼 속절없이 떨어져나간 선거날, 헛헛한 마음에 수신처조차 알 수 없는 편지를 쓰네. 다시 거리에 서지는 않을지라도, 젊은 날 그려봤던 세상을 위해 서로 어깨 겯고 싶어서일세. 내 아파트값 오른다는 말에 앞뒤 가릴 것 없이 토건국가 선발대에 표를 던지는 세태 속에, 아이들의 더 나은 미래를 위해 아들딸 손 잡고 대운하 반대 행진에 나서는 '에코파파'들도 있다 하니, 그 옛날처럼 절망은 희망을 이기지 못할 듯싶으이.

벗이여.

그대는 우뚝한 소나무였고, 저 소나무는 백년이나 푸르름을 놓아버리지 않지.

마지막 수업

며칠 전, 소포 하나가 배달됐다. 거기엔 CD 한 장이 들어 있었고, CD 속엔 25년 세월과 그것을 관통하는 가르침 하나가 담겨 있었다.

지난여름, 윤석원 선생님은 정년을 마쳤다. 대전의 한 고등학교에서 '마지막 수업'을 했고, 그 자리엔 제자들과 학부모 그리고 마흔 줄의 옛 제자 몇몇이 참석했다. 선생님은 고별 강연에서 '감수성'을 이야기했다.

"누구나 사람 노릇 제대로 하려면, 그리고 진하게 살려면 남의 아픔과 슬픔을 당사자만큼 느껴야 된다고 말하고 싶습니다. …… 한 아프리카 어린이가 텅 빈 배식소 앞 땅바닥에 쓰러져 있습니다. 포동포동해야 될 아이의 마디 사이가 텅 비어 마디란 마디들이 앙상하게 드러나 있었습니다……."

아프리카 어린이의 사진 앞에서 "못 본 척하고 얼른 지나쳐야 하나, 아니면 왜 저런지 알아보고 내가 뭘 할 수 있는지 찾아봐야 하나." 머뭇거리던 당신의 시선을 돌이키면서 선생님은 공감의 능력이 둔해진 자신을 탓했다. 그러나 선생님은 집안의 호두나무 가지를 자른 뒤 "느른한 수액이 그 상처 부위에서 마구 흘러내리기 시작"하자 "미안한 생각이 들었"고 한 달 동안 계속 수액이 흐르자 그것이 피로 느껴져 "호두나무야, 정말 미안해"라고 "그 밑을 오갈 때마다 빌어야 했"던 이였다.

1989년 여름, 서울. 전교조 교사들의 농성장을 전경들이 겹겹이 둘러싸고 있었다. 그 안에 선생님이 있었다. 대학생이던 친구와 나는 우여곡절 끝에 포위망을 뚫고 들어가, 졸업 뒤 몇 년 동안 찾아뵙지 못한 선생님께 인사를 드렸다. 초췌함에도 빛나는 의기를 숨기지 못하던 선생님의 모습이 조금 낯설게 느껴지던 순간, 선생님은 "이 녀석들"이라고 우리를 불렀던 것 같다. 그 낯익은 말투.

"사회심리학자들은 양심이 사라진 사회가 양심이 없는 인간을 만들어낸다 합니다. 돈과 권력을 미끼로 작동되는 경쟁 사회, 과정을 무시한 채 결과만 따지는 사회, 승자가 싹쓸이하는 사회, 돈이라는 만능 신을 숭배하는 사회, 정의가 아니라 힘이 지배하는 사회, 협력은 잊고 경쟁만을 부르짖는 사회, 이런 사회에서는 사람들이 남의 고통을 느끼려 하지 않기 때문에 결국 느낄 수 없는, 이런 사람을 만들어낸다고 합니다."

고교 시절, 고전문학 시간은 늘 지루했다. 선생님은 느릿느릿한 말투로 지금은 사라져버린 옛날의 단어들과 문장들을 풀어주셨다. 시간은 졸음 속에 풀어지고, 창밖엔 뾰로통해진 여자친구의 표정이 아스라했다.

"그래서 성인들도 한결같이 역지사지(易地思之)하여 이심전심(以心傳心)하는 감정이입의 방법으로 가르쳤습니다. ……제자가 인(仁)이 무어냐고 묻자 공자가 '남이 싫어하는 짓을 않는 것'이라 대답했습니다. 이러면 내가 싫으니까 남도 싫어할 거야라는, 내 맘으로 미루어 남의 맘을 읽어내는 능력, 감수성이 없다면 인(仁)도 알거나 실천할 수 없을 겁니다."

고별 강연장에선 스승을 떠나보내며 훌쩍거리는 여학생들도 있었다. 나도 그 시절 이런 강의를 들을 수 있었다면 오히려 얼마나 기뻤을까, 생각해본다. 그 엄혹한 시절, 불혹을 넘긴 선생님이 해직을 감내하며 참교육 운동에 참여한 것은 우리 졸업생들에게도 뜻밖의 소식이었다. 아마도 국어 시간이나 고전문학 시간에 못다 한 말씀이 있었던 것이리라 우리는 생각했다. 그 이심전심의 가르침을 이제야 또렷한 문장으로 듣고 있는 것이다.

"만약 내가 정규직과 똑같은 일을 하는데 임금은 절반밖에 못 받고 또 언제 쫓겨날지 모르는 비정규직 노동자라면 내 심정이 어떨까요. 내가 가난한 베트남에서 시집왔다고 돈 몇 푼 주면서 맘대로 부려먹으려고 한다면 내 심정이 어떨까요. ……눈을 감고 귀를 막고 있어서 모를 뿐이지 우리 곁에는 소리 없이 우는 이들이 많습니다. 이들의 아픔과 슬픔을 덜어주기는커녕 공감하는 것조차 거부하는 것은 인간이기를 거부하는 것이지요."

마지막 수업 며칠 뒤 옛 제자들이 조촐한 축하연을 마련했다. 근간에 허리를 다친 선생님이 한 제자의 부축을 받고 당도했다. 낯선 장면에 눈물이 날 뻔했다. 첫 수업 날, 엉뚱한 '도전'을 감행하던 친구를 불러내 매를 드시던 젊은 선생님의 모습이 또렷하다. 우리는 새로 생긴 고등학교의 겁 없는 1기 입학생이었고, 선생님은 정확히 지금 우리의 나이였다.

축하연 자리에서 옛 제자들이 전달한 감사패에는 신영복 교수의 글이 적혀 있었다. "처음으로 하늘을 만나는 어린 새처럼/ 처음으로 땅을 밟고 일어서는 새싹처럼/ 우리는 하루가 저무는 저녁 무렵에도/ 아침처럼/ 새봄처럼/ 처음처럼/ 다시 새날을 시작하고 있다." 선생님은 고향 마을로 돌아가 헌집을 고쳐 나무를 가꾸며 살겠다고 했다. 옆에 있던 사모님은 표정이 살짝 새침해졌다. 좌중에 웃음이 퍼졌다. 한 친구가 선생님의 고별 강연과 축하연 모습을 CD에 담아 남기기로 했다.

어찌 아니 돌아가리

"돌아가자꾸나. 고향 논밭이 장차 황폐해지려는데 어찌 돌아가지 않으리오. 지금까지는 정신을 육신의 노예로 삼았음을, 어찌 홀로 슬퍼하며 서러워만 할 것인가." (도연명 「귀거래사」 중에서)

설경구가 "나, 돌아갈래!"를 외친 지 근 10년이 지난 요즘 '돌아감'의 공명이 자못 세상에 넘친다. 우리는 정녕 '잃어버린 10년'을 거슬러 넘어, 노숙인들의 잠을 빼앗던 혹독한 그해 겨울로 돌아가야 하는가. 그러지 않으려면 어떻게 해야 하는가.

전세계 금융위기가 닥친 뒤 버락 오바마 당시 미국 민주당 대선후보는 〈타임〉과 한 인터뷰에서 "일련의 금융구제 정책으로 일단 신용 시장이 효과적으로 작동하게 되면, 그때는 우리가 경제의 펀더멘털로 돌아가야 할 때다"라고 말했다. 미국에선 케인스주의로 돌아가자는 목소리가 높았다. 특히 민주당은 부유층에게서 세금을 더 걷어 실업자, 빈곤층, 중산층 등에 지원을 늘려야 한다고 강조했다. 장하준 영국 케임브리지대학 교수는 우리가 그동안 자본시장을 너무 열어 어려움을 겪고 있다며 지금이라도 법적 통제에 나서야 한다고 말했다. 돈이 돈을 먹는 야바위 자본주의를 떠나 땀이 지폐의 구성 성분을 이루는 자본주의로 우리도 돌아가야 하지 않을까.

"길 잘못 들어 헤매었으나 아직 멀리 벗어나지는 않았네. 이제 깨닫고 바른 길을 찾고 나니 지난날 벼슬살이가 잘못이었음을 알았노라."

정직한 노동이 대접받는 그런 세상을 정치인과 관료들은 꿈이라도 꾸고 있을까. 종부세를 돌려받으려는 부동산 부자들로 서울 강남 지역 세무서는 북새통이 되고, 생계의 유일한 원천인 노동의 터전마저 빼앗겨야 하는 비정규직들은 천막 농성장에 가득한데.

돌아가봄이 어떨까, 박하사탕 한 알 쑥스럽게 주고받던 그 시절로. 홍준표 한나라당 대표는 정의와 순수를 상징하는 색, 빨간색 넥타이를 그토록 좋아한다던데, 세상의 부조리를 뿌리 뽑으리란 원대한 포부로 벅찼을 가난한 고시생 시절로 돌아가보기를. 최시중 방송통신위원장은 기사 쓰고 중앙정보부에 끌려가 고문받던 〈동아일보〉 기자 시절로 돌아가보기를. 이명박 대통령도 "청계천 책방 주인, 이태원 재래시장 사람들 등 가난하지만 따뜻했던 소시민들의 도움으로" 대학에 입학해 "불의에 맞서 6·3시위를 주도"하던 그때로 돌아가보기를. 벼슬살이하는 이들 누구에게나 그런 순수와 열정의 때가 있었을 터, 이제 강자와 부자를 위해 웃음 흘리고 약자와 빈자에게 성난 표정 짓는 자신의 모습이 얼마나 흉물스러운지, 흘러간 세월에 한번 물어봄이 어떨까.

"무엇하러 허겁지겁 무엇을 또 바라랴. 부귀도 원래 내 소원 아니니."

그래서 돌아감은 무언가를 내려놓는 것. 맞지 않는 옷은 훌훌 벗어버리듯, 분수에 맞지 않는 자리 따위는 홀가분하게 내어놓는 것. 세인의 원성이 자자한데도 그 원성이 향하는 고위 공직자들은 무슨 미련이 남아 집으로 돌아가지 않을까. 낯부끄러운 일이 드러났는데도 저들은 무슨 낯으로 버티려 할까. 쌀직불금을 가로챈 수많은 공직자와 이른바 사회지도층 인사들은 왜 부끄러움을 알고 돌아가지 않을까, 그토록 소중히 여기는 낭만의 시골 땅으로.

"즐거웠던 시절 생각나면 혼자 거닐고, 때로 지팡이를 꽂아두고 김이나 매자꾸나. 동산에 올라 휘파람 불어보고, 맑은 시냇물 앞에서 시 한 수 읊노라. 잠시 이승의 수레에 올랐다가 죽음으로 돌아갈 텐데, 천명을 즐겼으면 되었지 다시 무엇을 의심하리."

1500년 전 도연명의 경지를 복사뼈 높이만큼도 쫓아가는 자 찾기 힘드니, 슬프다, 세월이여. 귀거래혜(歸去來兮)여.

나는 왜 기독교인이 아닌가

소년의 신앙심은 마더 테레사보다 굳셌다. 적어도, "예수님은 당신을 특별히 사랑하십니다. 그러나 저에게는 침묵과 공허함이 너무 커서 보려 해도 보이지 않고, 들으려 해도 들리지 않습니다"(2007년 테레사 수녀가 한 말을 인용했다)라는 고뇌는 없었으니까.

평생을 빈자의 어머니로 살았고 장차 성인의 반열에 오르게 될 테레사 수녀에게조차 신은 좀처럼 모습을 드러내주지 않았다니, 신은 도대체 누구에게 현현하는 것일까? 신의 존재를 찾아, 신의 이름이 유독 드높고 신에게 영광 돌리는 소리가 심상찮게 우렁찬 곳으로 눈을 돌려본다.

이랜드그룹. 회장의 신앙이 종교 생활을 넘어 '기독 경영'이라는 경영 지표로까지 우뚝 섰다. 비정규직 대량 해고 탓에 시민단체들은 '나쁜 기업'이라고 부른다. 이명박 대통령. 서울시장 재임 시절 서울을 통째로 하나님께 봉헌했다. 국외선교단체들. 아프가니스탄에서 '공격적 선교'가 펼쳐졌고, 납치사건이 일어났다. 온 국민이 인질이 됐다. 기독교계 사학들. 의무교육을 받으러 그 학교에 '배정'됐을 뿐인 학생들에게 종교 수업과 의식을 강요한다. 재단의 투명성을 위한 법 개정엔 죽기살기로 반대한다. 대형 교회들. 대성

전 건축이 지상 목표다. 때론 목사 세습 문제로 시끄럽다. 저들은 신의 존재에 추호의 의문도 갖지 않을 것 같다. 신은 테레사 수녀보다 저들을 더욱 특별히 사랑하는 것일까.

소년의 굳센 신앙심에 금이 간 것은, 사소하다면 사소한 일이 계기가 됐다. 늘 열려 있던 교회의 쪽문이 언젠가부터 닫히기 시작했던 것. 가끔 교회 안 벤치에서 밤을 보내던 노숙인(당시엔 그저 '거지'라고 불렸다)의 모습을 볼 수 없게 됐다. 몇 년에 걸친 특별 헌금 모집으로 지은 반짝이는 새 교회였다. 예수는 "가서 네 있는 것을 다 팔아 가난한 자들을 주라…… 그리고 와서 나를 좇으라"(마가복음 10:21)고 했거늘, 소년이 생각해 보니, 교회에서 배운 덕목엔 "예수 믿으라"고 대로에서 외치는 용기는 있을지언정 낮은 곳에 눈 돌리는 사랑은 없었다. 소년이 세상에 눈뜬 1980년대, 그 암울한 독재의 시대에 하늘나라의 안식만 되뇌는 교회는 소년에게 또 하나의 쪽문을 닫아버렸다. 로마제국의 식민지배 속에 핍박받던 유대인들을 긍휼한 '인간' 예수를 더 사랑하게 되는 만큼 '신'으로서의 예수는 저만치 멀어져 갔다.

이제 나이든 소년은 마더 테레사의 고백을 접하며 다시 생각해 본다. 신의 거처는 어디인가? 테레사 수녀가 평생을 기도와 봉사로 헌신한 빈민굴이 아니었던가. 문 열린 낡은 교회 안 벤치가 아니었던가. 버트런드 러셀이 세속적 고통을 외면하는 교회의 논리에 일침을 놓으며 한 말도 되새겨본다. "기독교인들은 세상의 고통은 죄를 씻기 위한 것이며 따라서 좋은 것이라고 흔히 말한다. ……나는 언제 한번 누구든 기독교인을 병원의 아동 병동으로 데려가볼 생각이다. 거기서 고통을 견디고 있는 아이들을 똑똑히 목격하게 한 다음, 이 아이들은 도덕적으로 버려졌으니 고통 받아 마땅하다는 예의 그 주장을 계속 해보라고 하고 싶다."

가난과 질병으로 아픈 아이들을 위해 모든 교인이 팔을 걷어붙이는 교회, 새 성전을 지을 기금을 허물어 가난한 이들을 돌보는 교회……. 그런 소식이 저 '기독 경영'과 '서울 봉헌'과 '공격적 선교' 따위의 뉴스를 대체하는 복음으로 들려올 날을 갈망하며 기도한다.

어릴 적 그토록 사모했던 신이여. 정녕 당신이 계신다면, 낮은 곳에 임하시어 핍박받는 이들에게 역사함으로써 당신이 계심을 알게 하소서.

게으른 당신과 나의 공범 관계

만원버스

만원버스에서 자리 양보를 두고 실랑이 벌이는 모습을 지켜보는 일은 가뜩이나 치민 짜증을 배가시킨다. 마땅히 붙잡을 손잡이도 찾지 못하고 어정쩡한 자세로 중심을 잡으며 앞뒤 사람 입냄새·땀 냄새에 불쾌지수가 요즘의 환율 곡선을 탈 즈음 들려오는 50대 남성(빽빽한 승객들로 시야가 가려 직접 볼 수는 없으니 추정일 뿐이다)의 갈라진 목소리.

"어린것이 말야, 노인네가 애까지 안고 있는 게 안 보여?"

이어지는 20대 여성의 항변.

"못 봤어요. 못 볼 수도 있는 것 아니에요?"

이 노선은 대학을 여러 개 경유하기 때문에 평소 출근 시간에 버스를 이용하는 대부분의 20대 승객은 대학생들이다. 저 학생은 지난밤 헤어진 남자친구 생각에 정신을 놓고 있었던 걸까? 너무 피곤해서 못 본 체하고 싶었던 걸까? 피곤했다면 왜일까? 지난밤 늦게까지 친구들과 어울린 걸까? 아니면 부모님이 감당하기 어려운 학비를 보태려 새벽까지 편의점 아르바이트를 한 걸까? 장학금이라도 타보려고 책과 씨름하다 늦게 잠들었을까? 젊음의 낭만은 고사하고 중년보다 힘들다는 요즘 청년 세대 아닌가.

"학생, 내가 미안해, 미안해……."

60대 여성의 잦아드는 목소리. 그는 뭐가 미안하다는 걸까? 붐비는 버스에 노인이, 아이까지 데리고 탄 죄? 아들·며느리가 맞벌이라 손자를 봐주고 있는 걸까? 부모 잃은 손자를 홀로 키우는 노인일까? 아이를 데리고 일터로 가는 길일까? 왜 그는 택시를 탈 생각은 못했을까? 저런 노인들에게 넉넉한 생활비를 대주는 사회안전망은 필요 없는 걸까? 세계 7대 경제대국을 목표로 한다는 대한민국 아닌가.

"근데, 왜 자꾸 반말하세요? 어른이라고 함부로 그래도 되나요?"

20대 여성의 반격. 그래, 저 50대 남성은 왜 다짜고짜 욕지거리에 가까운 반말을 했을까? 점잖게 나무라거나 충고를 하거나 '저 할매들한테 자리를 좀 양보해주면 안 되겠느냐'고 주선을 할 수는 없었을까? 나이가 적은 이에겐 일면식 없이 하대해도 되는 걸까? 어려운 시절을 살아오느라 교양 있는 소통의 방식을 터득할 기회가 없었던 걸까? 차창 밖을 지나는 고급 승용차 뒷좌석의 50대 남자도 그와 같을까? 하기야 이런 상황은 늘 만원버스를 타는 이에게나 일어나는 일이지. 마침 버스는 서울 강남의 한 거리를 달린다. 교양 있는 강남 사람들답지 않게 세련되지 않은 디자인으로 내걸었던 '종부세 폐지하라' 펼침막이 오늘은 보이지 않는다.

"……."

조용해진 걸 보니 아마도 자리 양보 절차가 마무리된 모양이다. 버스가 급커브를 돌며 짜증 곡선이 한 차례 더 치고 오른다. 이런 콩나물시루 버스의 생존 환경은 양보나 존중 따위 고상한 가치를 푹 삶아낸 배춧잎처럼 만들고 만다. 쉬고 싶다는 근육의 아우성이랄까, 그런 원초적 본능이 더 파릇파릇해지는 공간이다.

"……."

아까부터 계속 무표정한 승객들. 버스 기사도 무표정한 얼굴이다. 그러고 보니, 버스의 탓이 크다. 왜 이 노선은 배차 간격이 유난히 긴 걸까? 왜 같은 시각에 다른 노선보다 승객 밀도가 높은 걸까? 당국에서 승객 수요를 조사해 배차 간격을 조정할 수는 없는 걸까? 가능하면 모두가 자리에 앉을 수 있는 버스 시스템은 어려운 일일까? 서울시장이나 장관이나 대통령이 이 노선을 이용해도 상황은 지금과 같을까?

내릴 때가 됐으니, 꼬리를 무는 의문의 '수도쿠'를 마쳐야겠다.

그런데, 버스를 내리면 저 실랑이를 지켜보는 불편함도 털어버릴 수 있을까? 경제 전망은 어두워지고 정부 정책은 이기주의를 확대재생산하는 데 열중하고 있으니, 생존과 안락을 추구하는 본능이 연대와 공동체 정신과 부딪치는 파열음은 과연 그칠까? 버스 밖 세상은 또 다른 버스 안이 아닐까? 버스야 내려버리면 된다지만, 버스 밖 세상에서도 내릴 길이 있을까? '비상구'란 이름의 저 주점이 그런 곳일까?

버스문이 열린다. 헐벗은 바람과 시든 나뭇잎이 서로 할퀴고 난 뒤 거리는 어느덧 처연한 초겨울이다.

정이 없는 세상, 정의 없는 세상

얼마 전 출근길 버스 안에서 목격한 일이다. 나란히 위치한 일인용 좌석의 앞에는 대학생으로 보이는 여성이, 뒤에는 남성 노인이 앉아 있었다. 노인의 휴대전화 벨이 울렸고, 한동안 통화가 이어졌다. 노인은 목소리가 좀 큰 편이어서, 조용한 아침 시간 버스에서는 다른 승객들의 신경을 다소 불편하게 만들 정도였다. 그렇다고 눈살을 찌푸리게 할 만큼은 아니었다.

통화 내용으로 미뤄 그에겐 중요한 일을 처리하는 중이었다. 앞에 앉은 젊은 여성이 뒤를 흘낏 돌아봤다. '좀 조용히 통화하시지……'라는 무언의 눈빛이 노인에게 다소 불편하게 가닿았을 것이다. 통화가 끝나고 얼마 뒤 이번엔 여성의 휴대전화 벨이 울렸다. 그는 일상적인 톤으로 친구인 듯한 상대방과 대화를 나눴다. 그때 갑자기 노인이 고함을 질렀다. 순간적으로 일어난 일이라 인용부호 안에 넣을 정확한 표현은 기억하기 힘들지만, 대략적인 취지는 '내가 전화 통화할 때 시끄럽다는 표정으로 째려보더니 너는 왜 통화를 하느냐. 네가 그런 식으로 행동했다면 너도 전화를 받지 않아야 하는 게 아니냐. 너처럼 전화가 오면 받을 수밖에 없는데, 왜 내게 그런 무례한 행동을 했느냐'는 것이었다. 노인은 존댓말을 쓰지 않았고 "싸가지" "×년" 같은 단어가 몇 번 노인의 입에서 튀어나왔다. 여성은 뒤를 돌아보지 않았다. 계속 통화를 하며 상대방에게 "누가 자꾸 시비를 걸어"라고 평범한 톤으로 말했다. 주위 승객들은 잠시 그들을 바라보다 이내 차창 밖으로 고개를 돌렸다.

버스에서는 어느 한쪽의 일방적인 결례가 원인이 되는 시비가 종종 목격된다. 그럴 때는 잘못한 쪽에 은근히 심판의 눈길을 보내거나 조금 용기를 내어 잘못 없는 쪽을 거들면 된다. 그런데 그날 그 해프닝에서는 그러기가 머뭇거려졌다. 처음 드는 감으로는 노인을 탓하고 싶었다. 거친 표현 때문이었다. 하지만 맨 처음 둘 사이의 긴장을 유발한 것은 여성이었다는 데 생각이 미쳤다. 노인은 불쾌감을 유발할 정도의 큰 목소리로 통화하지 않았다. 버스에서 통화하는데 누군가 역력한 비난의 눈길로 나를 쳐다본다면 기분이 분명 나쁠 것이다. 더구나 그 직후 여성은 노인과 비슷한 행동을 하지 않았나. 그러다, 노인이 어른 입장에서 좋은 말로 타일렀다면 어땠을까 하는 생각도 들었다. 아니, 여성이 어른에 대한 예의를 생각해 실례했다는 인사치레라도 하고 마무리했다면 어땠을까 하는 생각도 들었다. 생각해보면, 그 여성은 악의가 있어서라기보다 그냥 습관처럼 누가 버스 안에서 이렇게 큰소리로 통화를 하는지 돌아본 것일 뿐인지도 모른다. 또 노인은 그런 평범한 돌아봄에 모독을 느꼈을 수도 있다. 이런저런 생각이 꼬리에 꼬리를 물면서 그날 출근길은 아주 짧게 느껴졌다.

누가 옳고 누가 그릇됐는지 지금도 아리송하다. '정의란 무엇인가'를 따지는 일도 그런 것 같다. 문제는 늘 회색빛 경계에서 발생한다. 누가 봐도 분명하게 흑백이 드러나는 경우라면 그런 고민을 할 필요가 없으니 말이다.

하지만 우리 사회에 '정의'에 대한 관심이 폭발하는 현상은 꼭 그렇지도 않은 것 같다. 흑백이 분명하되 흑백이 전도된 현실에 대한 불만이 그 바탕에 자리한 게 아닌가 하는 생각이 든다. 예를 들면 이런 것이다. 대법관 후보자의 위장전입 사실이 드러났다. 정의가 무엇인지 판단하는 최고의 자리에 오를 분이 아파트를 분양받으려 법을 어긴 것이다. 그런데도 법질서를 강조하는 집권 여당은 인준에 찬성한다.

그렇게 인준이 이뤄지면, 그는 대법관으로서 법정으로 달려온 온갖 정의의 고차방정식을 풀어야 한다. 흐릿한 회색 바다에서 한 톨의 정의를 건져올리는 일이다. 하지만 이미 흑백이 전도되고 하늘과 바다가 뒤바뀐 뒤인데, 누가 그 회색의 정의를 신뢰한단 말인가.

게으른 성찰

1.

"나는 마차를 향해 달려갔지. 바로 그때 그 어린애들을 본 거야. 아이들은 웃고 있지 않았어. 똑바로 앉아서 허공을 바라보고 있었어. ……내 눈에는 어린애들만 보였어."

칼리아예프는 '인민의 적'인 대공이 타고 있는 마차에 끝내 폭탄을 던지지 못했다. 불타는 적개심도, 혁명의 대의도 한순간 얼어붙게 만든 것은 대공과 함께 앉아 있는 조카들의 얼굴이었다. 냉철한 혁명가 스테판은 나무랐다.

"우리의 희생과 승리에 의해서 폭정으로부터 해방된 러시아를…… 건설할 수 있다고 굳게 믿는다면, 그리고 그때 비로소 인간이 지배자와 편견들에서 해방되어 진정 신들과 같은 얼굴로 하늘을 쳐다볼 수 있게 된다는 것을 믿어 의심치 않을 수만 있다면, 그까짓 어린애 둘쯤 죽는 것이 뭐 그리 문제가 된단 말인가?"

그러나 도라는 칼리아예프를 두둔했다.

"만약에 우리가 던진 폭탄에 어린애들이 산산조각나는 것을 단 한순간이라도 허용한다면, 그때야말로 (혁명) 조직의 권위도 영향력도 완전히 잃어버리고 마는 거야. ……파괴 행위에도 어떤 질서가 있고 한계가 있는 법이야."

알베르 카뮈가 『정의의 사람들』에서 던진 이 질문에 당신은 뭐라

답하겠는가.

2.

2009년 초, 팔레스타인 가자지구 전쟁의 현장을 전하는 외신 사진들이 쏟아져 들어오고 있었다. 정의감이란 걸 아직 놓지 않은 언론인이라면 그 참혹한 현실을 가장 핍진하게 전달하고픈, 식도 끝에서 치미는 무언가가 있을 것이다. 그런 마음에 골라든 사진 한 장.

한 아이의 머리가, 정확히는 머리만 보인다. 폭격에 무너진 건물 더미에서 아이의 주검을 파내는 도중에 찍은 사진인 것 같다. 먼지를 뒤집어쓴 아이의 얼굴은 자고 있는 듯하다. 눈 감은 표정이 처참하게 평화롭다. 곧 떡국을 먹고 일곱 살이 될 내 아들만 한 머리통……. 잠시도 가만있지 못하고 장난을 쳐대야만 직성이 풀렸을 아이의 몸뚱이는 흙과 시멘트 더미 속에 단단히 갇혀 있다. 아이의 이름은 알 수 없다(미안하다, 아이야. 네 이름을 피로 얼룩진 인류사 교과서의 한구석에나마 남겨줘야 할 텐데). 그리고 끝내 그 사진을 독자들에게 보여줄 수도 없었다. 너무나 끔찍하기에.

이스라엘은 자위 차원의 공격이라고 주장한다. 이스라엘의 폭탄과 총탄이 쏟아지는 곳엔 저런 아이들 천지다. 대의를 위해, 승리를 위해 폭탄을 던지겠는가.

3.

서부 아프리카 해안에서 바라보는 대서양은 끝간 데 없이 그윽하다. 가자지구도 언젠가는 아름다운 곳이었듯, 저 아름다운 풍광이 비극을 물리쳐주지는 못한다. 서아프리카 코트디부아르의 카카오 농장에서는 어린 노동자들이 일한다. 아이들은 날카로운 연장으로 카카오를 따고 무거운 짐을 이어 나르고 독한 농약을 친다. 모두 국제노동기구(ILO) 조약 위반이다.

개중엔 아이들을 고된 노동으로 내모는 인신매매범들도 있다. 그 뒤에는 자식들을 팔아넘기는 무지몽매한 부모들, 그리고 수억 명의 공범이 있다. 초콜릿 값 1000원 중 카카오 재배 농민의 수익은 20원밖에 안 된다는 달콤한 수식에 취해, 불공정 무역의 산물인 초콜릿을 핥고 있는 당신과 나다. 초콜릿 속에 녹아 있는 아이들의 검은 눈물을 모른 척하는, 혹은 모르는 당신과 나다. 아프리카 아이들을 농장 대신 학교로 보낼 대안 찾기에 게으른 당신과 나다.

그런 공범 관계는 가자지구의 비극에도 적용된다. 이스라엘이 벌이는 학살극에 한마디 규탄의 목소리도 내지 못한 나도 공범이다. 저 아이들에게 웃음 한 자락, 아니 한 가닥 숨통도 틔워주지 못할 만큼 허약한 인류 문명에 대해 성찰이 게으른 게 공범 행위다. 그러니 다시 묻자. 폭탄을 던지겠는가. 초콜릿을 먹겠는가.

두 가지 죽음

연초부터 참담한 죽음의 소식이 갈마든다. 서울 용산에서 철거민과 경찰관 6명이 떼죽음을 당한 일로 설 연휴가 심란했는데, 애먼 여성 7명의 생명이 한 연쇄살인범의 손에 유린됐다는 뉴스가 다시 머리를 멍하게 만든다. 이 두 가지 사건에는 확연한 공통점과 미묘한 차이점이 존재한다.

공통점은 물론 목숨 여럿이 부당하게 앗겼다는 사실이다. 생명의 소중함이 묵살되고 있다는 점이다. 법질서가 파괴됐다는 점이다. 법질서의 오래된 원형인 고조선의 8조법이나 함무라비 법전, 모세의 십계명 등 어느 것을 보나 그 제1원칙은 우리 헌법에서와 마찬가지로 '인간의 생명은 존엄하다'가 아니던가.

차이점은 연쇄살인극이 치안 공권력의 사각지대에서 한 비정상적 개인에 의해 저질러진 반면, 용산 참사는 그 치안 공권력의 능동적인 작전 과정에서 빚어졌다는 사실이다. 전자에 견줘 후자가 훨씬 통제 가능한 상황에서 일어난 구조적 비극이라는 점이다. 그러면서도 책임을 가리는 문제는 전자에 견줘 후자가 훨씬 복잡하고 추상적이라는 점이다.

그러나 법질서의 제1원칙에 유념한다면 두 사건은 본질적으로 다르지 않다. 문제는 이 원칙을 어긴 책임을 묻는 방식과 태도다. 각 사회는 돌로 쳐죽이든, 전기의자에 앉히든, 총살을 하든, 가석방 없는 종신형을 살리든 그 문명의 수준에 맞게 고안된 방식으로 처벌을 하게 된다. 또한 명확한 형법적 인과관계가 증명되지 않는다 하더라도, 정치적·도의적 책임이 있으면 마땅한 응징을 하거나 가해자 쪽이 스스로 죄인을 자청하는 게 또한 인지상정이다. 흉악범의 부모가 자식의 죄를 부끄러워하는 일이 그런 예다. 그렇기에 형법상 책임만 따지면서 정치적·도의적 책임이나 사죄 따위는 여론의 향방에 따라 결정하겠다거나 자신의 초라한 자존심 지키기와 연계하겠다는 건 무뢰한이나 할 법한 발상인 것이다.

『맹자』는 두 사건의 미묘한 차이점이 실상 아무런 차이가 없는 것임을 말하고 있다. 맹자가 "사람을 죽이는 데 몽둥이로 죽이는 것과 칼로 죽이는 것이 차이가 있습니까"라고 묻자 양혜왕이 대답했다. "차이가 없습니다." 맹자가 "칼로 죽이는 것과 정치로 죽이는 것에 차이가 있습니까"라고 묻자 양혜왕이 대답했다. "차이가

없습니다." (『맹자』 양혜왕 장구 상)

연쇄살인범과 용산 참사의 정치적 책임자는 동급이라는 얘기일 터. 동급으로 취급받지 않는 길은 하나다. 죽음을 무겁게 여기는 모습을 보일 일이다. 임신 초기 태아의 생명도 소중히 여겨 낙태라면 진저리를 치는 서구의 보수주의자들처럼, 스스로 목숨을 끊는 것마저 죄악으로 여기는 기독교인들처럼, 진심으로 생명을 무겁게 여길 일이다. 사람이 죽으면 단 21그램이 줄어든다는 허황한 '영혼의 질량' 측정처럼, 죄없이 스러져간 영혼들을 가볍게 보내선 안 될 일이다.

우리 마음의 리트머스 시험지

30년 전 노래

달이 차오른다, 가자.

좌우가 엇갈리는 날갯짓으로 얼마나 높이 날 수 있을지 모르겠으나, 장기하의 꾹꾹 눌러 담은 듯한 목소리에 엉덩이가 가볍게 들썩인다. 그래, 가자꾸나. 가사 속 소심한 소년의 나이 때부터, 나를 따라 걷는 낮달을 보며 혹은 밤하늘 속 은빛 눈흘김들에 홀려 자꾸만 가슴이 부풀었던 기억. 삶의 앞길에 무엇이 기다리고 있을지 모르면서도 늘 들떠서 내일을 기다리던 소년, 그리고 소녀.

장기하는 그가 존경하는 배철수가 사회를 보는 한국방송 〈콘서트 7080〉에 심수봉과 짝을 이뤄 출연한 적이 있다. 배철수는 "이 친구들 노래는 사실 우리 세대의 노래"라고 했다. 과연, 장기하와 심수봉이 함께 부른 「백만 송이 장미」는 1970년대와 2000년대를 잇는 시간터널 같았다.

진실한 사랑은 뭔가. 괴로운 눈물 흘렸네. 냉정한 사람 많았던, 너무나 슬픈 세상이었기에.

소년은 아직 슬픈 세상을 알지 못했던 것이다. 구중궁궐 술자리에 앳된 여대생 가수가 불려나왔고 그 자리에서 권력자는 부하의 총을 맞고 쓰러졌다는 전설 같은 이야기는, 먼 훗날 숱한 가수 중에 심수봉을 가장 좋아하게 된 무렵에야 알게 됐다.

먼 옛날 어느 별에서 내가 이 세상에 나올 때, 사랑을 주고 오라는 작은 음성 하나 들었지.

소년도 기억하는데, 사랑은 그런 것인데, 사랑을 피우기 전에 꿈을 이루기도 전에 속절없이 무너져야 하는 젊음이 있다는 것도 그제야 알았다. 그리고 30년 세월이 흐른 뒤에도 힘있는 자들의 파티에 어떤 젊음들이 장식물로 동원돼야 하는 현실은 변함이 없다는 것도 다시 알게 됐다. 전설 속의 권력자를 숭앙하는 어떤 자들이 그 풍류 행각을 본떠 면면히 이어온 21세기의 전설에 대해.

포크와 록에 심취한 수많은 배철수들의 장발을 단속하는 데는 서릿발 같았던 공권력이 정작 권력에 유린당한 인권을 신원하는 데는 한없이 소심한 소년 같았던 먼 옛날의 풍경이 다시 펼쳐지고, 공평한 법의 지배는 킁킁거리며 거드름 피우는 개들의 장난감으로나 딱 어울리는 세상이 재림하니, 미워하는 미워하는 마음 없이 백만 송이 장미를 피우기란 죽음보다 힘든 일이겠거니. 우리의 노래는 30년 전이나 지금이나 한결같을 수밖에 없다는 것을 소년도 알겠지.

그래, 가야겠다. 저기 뜬 저 달이 아직도 너무나 떨리더라. 그 젊음들도 사랑을 하고 싶었을 터. 어떤 미래가 날 기다릴지 몰라도, 지레 무너지기는 싫었을 터. 오직 꿈꾸는 것이 있었을 터. 이젠 모두가 떠날지라도, 그러나 사랑은 계속될 거야. 저 별에서 나를 찾아온, 그토록 기다리던 이인데, 그대와 함께라면 우리는 영원한 저 별로 돌아가리라.

저 달과 별의 떨림을 모르는 자들이 지배하는 땅, 지배하는 것 말고는 생각할 줄도 모르는 자들이 군림하는 땅, 그들의 영혼이 스스로 버려져 쓰레기처럼 썩어가는 땅. 단 한 송이 장미라도 피우려면 소년은 진저리치며 길을 떠나야지. 하지만 오늘도 여태껏처럼 그냥 잠들어버려서 못 갈지도 몰라. 용기가 없어서 혹은 어른이 되어서. 그 소년이 어느새 늙어버린 건 아니겠지.

그러니, 가야겠다. 달이 차오른다, 가자. 사랑을 할 때만 피는 꽃, 진실한 사랑을 할 때만 피어나는 사랑의 장미.

하찮은 생명

생명은 하찮은 것이다. 우리는 늘 그걸 배우며 산다. 아버지의 정자와 어머니의 난자가 처음 만나는 순간부터 성공한 삶과 낙오자의 늪 사이에서 허우적대다가 심장과 뇌의 세포가 고단한 생명활동을 접는 순간까지.

태아 A: 생명은 위대하다지만, 생명은 또 얼마나 왜소한 건가요. 사람들은 작은 우리의 생명을 어떻게 여기나요. 아직 아기를 가질 때가 안 돼서, 엄마가 결혼도 안 했으니까, 장애를 지니고 태어날 게 분명하니까…… 대수롭지 않게 작별을 고하죠. 생명의 존엄을 말하는 분들, 왜 낙태 반대 운동에 팔 걷지 않나요. 원하지 않는 잉태를 막는 것을 물론이고, 미혼모도 원한다면 자기 아기를 잘 키울 수 있게 지원하고, 장애아를 낳아도 어려움 없이 살 수 있도록 사회가 돕는 일, 그런 운동 말이에요.

어린이 B: 고치기 힘든 병에 걸렸을 때 누가 우리를 책임지나요. 부모님이 가난하면 어떡하나요. 그건 내 책임도 아닌데. 하루 세끼 제대로 챙겨먹지 못하는 친구들은 누가 돌보나요. 그 친구들은 어려서부터 서서히 죽어가고 있는지도 모르는데. 한 해에 자동차에 치여 숨지는 어린이는 몇 명인가요. 생명을 존중한다는 분들, 왜 모든 어린이에게 건강과 안전과 꿈을 똑같이 나눠주는 세상을 위해 팔 걷지 않나요.

청소년 C: 그건 너희가 몰라서 그래. 난 이미 알아버렸어. 생명은 하찮은 것이거든. 자살하려는 친구들이 많아. ×같은 학교, 어른들 때문이지. 하지만 자기 자식만 아니면 아무 관심 없어. 죽는 건 늘 실패한 소수의 문제라고 치부하지. 우리가 아무리 죽어봐야 세상은 바뀌는 게 없어.

노동자 D: 벌써 그런 생각 하면 못쓴다. 너흰 아직 찬란한 미래를 기다릴 나이란다. 아무리 열심히 일해도 넘을 수 없는 벽이 있고, 그 벽 안에서조차 등급을 갈라 차별하는 세상을 알게 될 때까지라도 말이다. 내 생명을 버림으로써 남은 동료들의 삶이 조금이라도 나아질 수 있다면 좋겠는데. 벽 너머 저자들은 나 같은 사람 한 명의 자살쯤은 우습게 여기고, 나를 추모하는 이들마저 과격·폭력 집단이라고 다그치겠지. 그래도 어쩔 수 없지. 우리 같은 사람은 목숨을 버리는 게 가장 크게 말할 수 있는 방법이니까.

철거민 E: 그래도 미련 많은 목숨인데, 그리하지 말게. 나도 잘난 것 하나 없지만, 아등바등 살아왔잖나. 없는 형편이지만 살게만 해준다면 세상에 고마워해야지. 그렇게 살아보려고 망루에도 올라갔던 거고. 거기서 죽을 줄이야 몰랐지. 그래도 살아남은 우리 자식들한테 내 목숨값만큼은 좋은 날을 물려주나 했는데, 그 아이들을 아직도 저리 못살게 구는 놈들을 용서할 수가 없네. 그래, 우리네 목숨 하찮고 하찮은 것이지.

독거노인 F: 하루 종일 자리보전만 하고 있자니 사는 게 사는 게 아니야. 말기암이라니 더 이상 치료받을 생각도, 그럴 돈도 없지. 존엄사라고 하던가. 정신을 놓아버려 피붙이조차 알아보지 못하면서 구차하게 목숨을 연명하느니 차라리 세상과의 인연을 정리하는 게 품위 있다는 말씀……. 그렇게 한순간에 품위 있게 죽을 수 있다면 더 소원이 없겠어. 나처럼 누추하게 천천히 죽어가는 노인네들에겐 그런 죽음이라면 더더욱 존엄사라고 할 수 있겠지. 마지막 순간이 늦어지는 건 바라지 않지만, 이 쓸쓸한 방에서 가끔씩 말 한마디라도 나누며 나도 한 생명이란 걸 느끼게 해줄 고마운 손길이 있다면 좋겠네. 생명이란 하찮은 것이지만 말이네.

이 모든 생명들을 보며 생명은 피어나는 꽃과 같이 아름답고 그 어떤 가치보다 존엄하다고 말할 수 있는 이 누군가. 도덕 교과서에서든, 법전에서든, 권력자의 말에서든 생명 존중이란 거짓말이다. 생명은 하찮은 것이다.

아버지처럼 되지 않을 테야

1.

아마도, 30대 후반 이상이라면 상당수 공유하고 있을 아버지의 표상. 엄한 아버지. 힘들던 시대, 가장으로서 가족의 생계를 두 어깨에 짊어지고, 말할 시간보다는 일해야 할 시간이 많아 늘 무뚝뚝하던 아버지. 그저 근육 같은 눈빛으로 말하고, 취기에 젖은 몸짓으로 말하고, '끙' 외마디 신음으로 바깥세상에서 몰고 온 한숨을 대신하던 아버지. 철없는 자식들에게 때로 회초리나 몽둥이를 들어 편지지 두세 장 분량의 훈계를 딱딱 아프게 새겨주던 아버지. 그러고 난 날 밤이면, 잠든 척하는 자식에게 다가와 매질한 몸 여기저기 마음 아프게 어루만지던 아버지.

30대 후반 이상이라면 상당수 공유하고 있을 또 다른 아버지의 표상. 고루해 보이는 생활 지침과 일탈에 대한 가혹한 응징, 어머니의 복종과 헌신을 너무도 당연시하던 권위. 지금 돌이켜보면 밀려가는 시대의 끝자락을 쥐고 완강히 버티던 옹고집 가부장의 모습. 가족에게 바친 젊음의 회한을 보상받으려는 몸부림이었을지도 모를 독단과 전횡. 사춘기 반항의 첫 대상이었던 아버지. 어른이 되면 아버지처럼 되지 않을 테야, 라고 속으로 골백번 다짐하게 만들던 두려움의 밤들.

아버지는 그런 두 겹의 모습으로 우리의 유년기와 사춘기, 그리고 청년기를 지배했다.

2.

이명박 대통령을 보며 국민의 아버지 노릇을 하려는 게 아닌가 하는 생각이 들었다. 아무래도 후자의 표상을 본으로 삼은 아버지 말이다. 선출된 권력의 행태라고 하기엔 너무나 비상식적인 불통과 독선과 전횡의 이유를 달리 설명할 도리가 없어서다. 어린 자식들은 아버지 하는 일에 상관할 바 없으며, 조용히 하라면 조용히 해야 하며, 말 듣지 않으면 매를 맞아야 하며, 집안에선 복종과 헌신의 철칙만을 따라야 한다는 가부장적 신념이 아니고서는 할 수 없는 일들을 그는 너무 많이 했다.

그러나 국민이 대통령의 자식이 아님은 자명하다. 어린아이인 국민조차도 그렇다. 이젠 자상한 아버지로 변모한 듯 서민의 삶을 챙기겠다고 나서지만, 서민을 위한 정책을 펴는 것 역시 가부장의 시혜가 아니라, 국민을 대리하는 선출된 권력의 당연한 의무다. 그러니 다시 진짜 아버지에 대한 생각으로 돌아가야겠다.

3.

이 시대에도 가족의 생계를 두 어깨에 짊어지고 말할 시간보다는 일해야 할 시간이 더 많은 아버지들이 많다. 쌍용자동차에서 집단 해고에 직면한 아버지들, 용산 참사에서 불길에 타버린 아버지들, '최저'임금조차 더 깎여야 하는 아버지들, 대형마트에 치여 울상 짓는 시장통 아버지들, 하루하루 살아남았음에 안도해야 하는 비정규직 아버지들……. 애틋한 사랑을 그저 가슴속에 묻어둔 채 무뚝뚝한, 그러나 가족을 위해 목숨 정도는 가벼이 내놓고 말 그런 아버지들에게 우리 사회는 언제 위로의 손을 내밀 줄 알까.

이제 노년이 된 아버지의 헐거운 육체를 문득 바라보며, 나는 아버지처럼 되지 않을 테야, 또 다짐해보지만, 어쩔 수 없이 나의 미래인 아버지이기에, 잠깐 눈시울을 적시게 된다.

눈의 무게

눈송이가 지상에 착륙하기 전, 공중에서 눈은 가치중립적으로 내린다. 어떤 장소든 누구에게든 평등하게 낙하한다. 그리고 지상에 착륙할 때, 눈은 저마다 다른 무게를 얻는다.

도심 대로에 떨어진 눈은 가볍게 덤프트럭에 실려 어디론가 치워진다. 달동네에 쌓인 눈은 한파를 막을 유일한 연료인 연탄 배달을 지연시킬 만큼 무겁게 눌어붙는다. 스키장의 눈은 질주의 쾌감, 0.1그램의 무게다. 지하철 문을 얼려버리고 버스의 바퀴를 붙잡는 눈은 이른 출근길 샐러리맨들의 짜증만큼 무겁다. 학교 운동장에 내린 눈은 아이들의 꿈처럼 영롱하되 입시에 갇힌 꿈만큼 '짱나는' 무게, 연인의 어깨에 쌓이는 눈은 순간 중력 1톤의 달콤한 무게, 제설 책임자들에게 눈은 오금이 저리는 철퇴의 무게, 아이들에게 눈은 차갑지만 보드라운 깃털의 무게, 거동이 불편한 노인들에겐 인생의 무게, 노숙자의 비닐 천장 위로 내리는 눈은 납빛 허기와 오한의 무게, 용산 남일당 건물에 내리는 눈은 무너진 망루의 무게, 그리고 저마다의 무게……. 박대기 기자의 어깨에 내린 눈은 포털 검색순위를 결정하는 권능을 발휘했고, 얼마 전 세상을 떠난 '위안부' 피해자 김순악 할머니의 유골을 품은 소나무 위에도 눈은 회한을 지우듯 평화롭게 얹혔다.

백지처럼 세상을 덮은 저 눈은 우리 마음의 리트머스 시험지. 가치중립의 눈을 맞으며 나는 어떤 무게의 눈을 먼저 떠올렸던가? 다시 한번 큰눈이 내리면 물어볼 일이다. 내 마음은 어떻게 물드는지.

아이티를 슬프게 바라보며

솔직히 미안하다. 아이티를 잘 몰랐다. 카리브해 어느메쯤 자리한 나라라는 건 알았는데, 쿠바와 얼굴을 마주하고 도미니카공화국과 한 섬을 나눠 살고 있는, 사하라 이남 아프리카를 제외하곤 지구촌 최대 빈국이란 걸 잘 몰랐다. 억장 무너지는 그 역사도 잘 몰랐다.

섬. 대륙의 관심을 잘라놓는 바다가 가로막고 있어서일까. 아무래도 외로운 이름이다. 무슨 사달이 나지 않는 한, 그저 한가로운 여행지 정도로, 나무가 우거진 그럴듯한 풍경의 관성화된 이미지와 함께 머릿속에 그려보는 게 섬이다.

알고 보니 억장이 무너진다. 2세기 전 흑인 노예들이 해방 투쟁으로 일군 나라란다. 감히 백인들의 세계 지배를 한켠에서 무너뜨린 죗값으로 미국과 프랑스로부터 해상봉쇄와 무역제재의 보복을 당했고, 그걸 풀어주는 대가로 210억 달러의 보상금을 122년에 걸쳐 갚아온 나라란다. 이후에도 빈민층의 지지를 업고 당선된 대통령이 쿠데타와 외세 개입으로 망명길에 올라야 했던 나라란다. 지구촌 공동체가 미필적 고의로 '왕따'시켜온 나라라고나 할까.

천재지변이야 어쩔 수 없다고 하자. 아이티 대지진 이후의 혼란상을 지켜보면서 꼬리를 무는 의문이 있었다. 건물의 내진 설계는 언감생심이라고 해도, 평소 사회적 인프라만 좀 더 갖춰져 있었다면 저만큼 아비규환으로 내몰렸을까. 내키지 않는 용어지만, '선진화'된 나라들에서 진도 7.0의 강진이 발생했을 때도 저런 모습이었을까. 평소 국제사회가 지금만큼의 관심을 가지고 도왔더라면, 인류 문명의 한계를 절감하게 하는 저 풍경들이 덜하지 않았을까.

보통 때 이웃의 관심을 받지 못하고 심지어 그 존재마저 잊힌 채 살아가다가 무슨 사달이 나야만 반짝 스포트라이트를 받는 사람들이 연상된다. 우리 공동체에 속하면서도 잊힌 채 살아가는 사람들. 생활고에 못 이겨 집단 자살을 시도하는 가족이나, 혼자 방치돼 살아가다 사나운 개한테 물려 숨지는 어린아이나, 생활고와 빚에 몰려 사채업자에게 성매매를 강요당하는 여인처럼, 억장 무너지는 사연을 지닌 사람들. 평소 공동체의 작은 눈여김만 있었더라면, 극단으로 몰리지 않았을 사람들.

아이티는 전세계적 복지망의 허술함에 무너진 소년·소녀 가장이요, 한부모 가정이요, 철거민이 아닐까. 그리고 우리 사회에도 문명의 지혜가 부족함으로 인해 무너지는 가정들이 있으니, 그들은 대한민국의 외로운 섬, 아이티가 아닐까.

한 살의 무게

눈 감고 떠올려보세요

비록 도시에서 나고 자랐지만, 깊은 산골 출신만큼은 아니라 해도, 고향집과 동네에 얽힌 추억이 어찌 없으랴. 각자 어린 시절 추억을 한 번쯤 떠올려보시라고 마중물로 이 글을 쓴다.

지금은 반듯반듯하고 널찍한 길로 단장이 됐지만, 어릴 적 집으로 향하는 골목길은 마치 큰길에 꽂아놓은 빨대처럼 좁았다. 그 길을 생각하면 가장 먼저 떠오르는 게 '똥차'다. 재래식 화장실에 똥이 차오르면 똥차 아저씨들이 와서 커다란 국자처럼 생긴 도구로 똥을 퍼내 양동이처럼 생긴 나무 똥통 두 개에 담은 뒤 어깨에 멘 긴 막대 양쪽 끝에 걸어메고 똥차로 날랐다. 골목길을 달리다 모퉁이를 도는 순간 그 똥통과 '충돌'할 뻔한 일도 있고, 동네 개구쟁이들과 아저씨를 몰래 뒤쫓아가 똥통에 돌멩이를 던져 똥물이 튀기게 하는 못된 장난도 쳤다.

골목에 들어서면 함석으로 벽을 세운 집이 먼저 나오고 이어서 나무판자를 엇대어 벽을 삼은 집도 나왔다. 당시에도 6대 도시에 드는 도시였건만, 골목의 다른 편 끝으로 돌아서면 심지어 초가집도 있었다. 아버지 막걸리 심부름을 다니는 길목이었고, 낮은 초가

지붕 아래서 주전자를 기울여 몰래 한 모금씩 목을 축이기도 했다.

봄이 와서 골목길의 땅이 보송보송해지면 구슬치기나 비석치기, 못꽂기 따위 놀이에 저녁 시간이 되는 줄도 몰랐다. 나무판자 벽 집에 살던 친구는 목소리가 우렁우렁한 어머니가 골목길에 나와 "밥 먹어라" 외치면 제일 먼저 쪼르르 집으로 달려갔다.

나무로 짠 우리 집 대문을 열고 들어가면 한옥 건물이 커다란 ㄷ자로 나를 맞았다. 그 안엔 방 한 칸씩 세들어 사는 이웃들이 많았다. 연원은 모르겠으나 '캐리 할아버지네'로 불리던 노부부가 살았고, 직업이 기억나지 않는 중년 부부도 살았다. 캐리 할아버지는 가끔씩 허벅지까지 올라오는 긴 고무장화를 신고 낚시를 떠났는데, 미끼용 구더기를 키우는 상자를 가지고 있었다. 달콤한 카스테라빵을 구더기들한테 떼어주는 걸 보며 침을 꼴깍 삼키곤 했다. 중년 부부는 맞벌이를 했던 것 같은데, 신세경보다는 예쁘지 않지만 시골에서 올라온 '식모' 누나를 두고 있었다. 그 누나를 따라 동네 조무래기들과 함께 극장 구경을 갔다가 – 아, 〈몬도가네〉류의 영화였던가 – 영화가 시작하자마자 무서워서 뛰쳐나온 기억이 있다.

ㄷ자 한옥의 가운데쯤 우물이 있었고, 동네 어른들이 가끔 그곳에 들렀다. 김장이라도 담글라치면 이웃집 아주머니들이 모두 모여 왁자지껄했다. 그리고 대문에서 가장 가까운 방에 살던 민정이네 아저씨는 종종 그 우물가에서 닭똥집을 다듬었다. 송편처럼 생긴 닭똥집에 칼집을 내서 뒤집은 뒤 노란 내용물을 우물물로 씻어냈다. 아저씨는 포장마차를 했다. 재래식 화장실이 무섭던 어린 시절, 마당에 신문지를 깔고 일을 보다가 간혹 몇 살 아래인 민정이에게 들키곤 했는데, 그럴 때마다 호시탐탐 민정이를 괴롭혔다.

어느덧, 함석 벽 집과 나무판자 벽 집이 헐리고 큰길이 집 앞까지 새로 났다. 때를 같이 해 이웃들은 하나둘 떠났다. 그 자리엔 모텔들이 들어서기 시작했다. 도심에서 얼마 떨어지지 않은 위치지만 형편 넉넉하지 않던 사람들이 모여살던 우리 동네는 그렇게 모텔들에 둘러싸여갔다. 구멍가게를 하던 옆집은 이제 마당 가득 잡초가 우거진 폐가가 되어 모텔업자에게 팔릴 날을 기다리고 있다. 골목 끝에 사는 친구네 집이 아직도 우리 집과 함께 동네를 지키고 있다. 목사인 그 친구는 아이를 무척 많이 낳아 명절 때 만나면 이제 슬하에 몇 남매인지 자꾸만 물어보게 된다.

이젠 섬처럼 덩그러니 남은 우리 집에서 아버지·어머니는 마당에 상추며 파를 키우며 살고 계신다. 한옥을 헐어 새로 지은 집(그마저도 이젠 낡을 대로 낡아버렸지만)을 버리고 아파트로 이사가는 게 내키지 않으신다. 살갑던 이웃들이 모두 떠난 그 적적한 공간에서 모과나무도 잘 가꿔 추석 때마다 자식들한테 실한 열매를 나눠주신다. 동네는 번듯해졌다지만, 사람도 이웃도 추억도 모두 떠났다. 그들이 얼마나 더 나은 동네로 이사갔는지는 잘 모르겠다. 근처로 이사간 민정이 어머니가 간혹 어머니의 말동무가 돼주시나 보다.

돈 있는 사람들은 신도시니 신시가지니 새 동네를 만들어 모여살게 되고, 골목길이 웅숭깊던 동네는 이렇게 시들어간다. 도시든 시골이든 '지방'이 고향인 이라면 고향집과 동네가 점차 번성하는 쪽보다 이런 쇠락의 길을 걷는 쪽이 더 많으리라. 물론 농어촌은 더 말할 나위가 없을 것이다. 어떤 동네든 고루 살기 좋아지고 세련돼져서 옛 이웃집 아주머니·아저씨들이 함께 오순도순 노년을 맞을 수 있으면 얼마나 좋을까. 국토 균형발전이니 지역 공동체를 살리는 지방자치니 하는 추상의 언어를 접할 때마다 여전히 선연한 저 골목길과 마당 가운데 깊었던 우물이 떠오른다.

철벅지

인체의 아름다움이란 무엇인가?

대답하기 참 어려운 질문이다. 제 눈에 안경이라고 사람마다 다른 답이 나올 게 분명하다.

그래도 아름다움에 대해 생각하게 된 건 밴쿠버 겨울올림픽 때문이다. 미끄러운 눈과 얼음 위에서, 굳은 땅보다 믿음이 덜 가는 그 그라운드에서, 온몸의 근육을 총동원해가며(특히 허벅지가 두드러진다) 0.001초의 다툼을 벌이던 선수들 때문이다. 오기든, 인생역전이든, 자존심이든, 그 무엇이 추동했든 몸에 달라붙는 유니폼에 비친 선수들의 땀 흘린 몸은 아름다우니까. 그런 와중에 또 하나의 유행어가 생겨났다. '철벅지.' 앞서 '꿀벅지'라는, 차마 기록하고 싶지 않은 조어가 유행한 뒤끝이라 그런지, 당기고 밀치는 묘한 자성이 있는 단어다. 역시 언론의 조어 능력은 탁월하다. 그리고 질문을 던진다.

아름다움이란 무엇인가? 저 두 조어 사이에서 느껴지는 대립의 기운이 생각의 밑거름이 될 수 있을 것 같다. 예를 들면, 주류 광고에 나오는 여성의 몸매와 에드가르 드가의 〈다림질하는 여인들〉이 보여주는 여성의 몸매 사이에서 도출되는 모순의 미학이라고나 할까. 성의 상품화로 비치는 극단적인 섹슈얼리티의 과시와, 무심하게 꾹꾹 눌러 다림질하는 여성의 튼실한 팔뚝과 그 옆에서 하늘을 향해 길게 하품하는 여인의 무구한 표정이 드러내는 투명한 아름다움. 그 두 가지가 서로 부닥치면서 또 한 편으로는 화해하면서 일궈내는 미감의 차이 또는 동일성에, 물음표는 곡괭이가 되어 머릿속을 파고 또 파고든다.

아름다움의 기준은 시대에 따라 또한 지역에 따라 다양했다고 한다. 원시·고대 인류가 남긴 그림이나 조각 따위를 보면 살진 유방과 복부와 엉덩이를 자랑하는 여성이 미의 원형이었음이 드러나고, 육체 노동이 필요 없던 중세 귀족 계층에서는 파리한 몰골에 가녀린 수족의 여인이 전형적 미인의 자리를 차지했으며, 한때 중국에서는 발의 발육을 억지로 막는 전족이 미의 기준이었음도 널리 알려져 있다. 『후한서』에 보면, "초나라 영왕이 허리가 가냘픈 것을 좋아하여 궁중에 굶어 죽는 자가 많았다"는 이야기도 나온다고 한다. 궁인들도, 조정 대신들도 가는 허리를 만들기 위해 허기를 견디다보니 그랬다는 것이다.

이렇듯 인체의 아름다움에 대한 가치관은 절대적일 수 없음에도, 시대가 바뀌거나 장소를 이동하면 손쉽게 전복되는 가치관임에도, 한 시대 한 장소를 지배하는 가치관은 대개 하나였다. 그렇게 어느 시대·장소에서나 그때 그곳을 지배하는 천편일률적인 기준이 있다는 게 문제다. 지금은 그런 경향이 특히 심각한 것 같다. 마치 거푸집에서 찍어낸 듯 비슷하게 생긴 사람들이 대중매체를 가득 메우고 있다. 연예인이 아니어도 비슷한 미의 잣대로 자기와 남을 평가한다. 그리고 그 잣대는, 말하자면 '철벅지'보다는 '꿀벅지' 쪽을 향하고 있다.

이런 획일화 현상은 우리의 미감만 정복한 게 아니다. 입신출세하는 인간형의 프로토타입이 정해져 있고, 학생들도 취업에 유리한 비슷비슷한 스펙을 열심히 쌓아야만 취직 전선에 뛰어들 수 있다. 새로 임용되는 판검사의 프로필이 어딘가로 수렴되는 현상도 맥락이 다르지 않을 것이다.

이런 답답함을 풀기 위해 우리의 미감부터 풀어주면 어떨까. 누구나 아름다움의 기준은 다르다. '꿀벅지'도 아름답고 '철벅지'도 아름답다. TV에 나오는 연예인들이 획일적인 잣대로 나뉘어 누구는 '예쁜 척'에 목매고 누구는 '예쁜 척'을 아예 시도하지도 않는 상황은 부자연스럽다. 자연의 생태계가 아름다운 이유는 진화를 통해 너무도 다종다기한 생명체가 각기 자신을 뽐내고 있기 때문이다. 만물의 영장이라는 인간이 그런 경지에도 도달하지 못하면 어쩌겠는가. 모든 사람은 모든 꽃보다 아름다우며 모든 열매보다 값지다는 그 경지. 인체의 아름다움, 그리고 사람의 아름다움이란 무엇인가?

다시, 새마을 대청소

1.

기억할까. 오래전 1970년대 일이다. 한 달에 한 번인가, 두 번인가 '새마을 대청소'(이 명칭도 깔끔한 기억은 아니다)라는 행사가 있었는데, 주로 동네 주민들이 나서서 인근 하천 둔치에 자란 잡초를 뽑는 것이었다. 일종의 무보수 집단 노력 봉사였다.

당시엔 동네마다 통장·반장 아저씨가 있었다(지금도 있다고 하는데 그 존재감은 잘 모르겠다). 바로 앞집에 살던 통장 아저씨는 새마을 대청소가 있는 날이면 새벽같이 일어나 이웃들을 깨우러 다녔다. 참석 여부를 체크했다. 그때 초등학생(당시는 '국민'학생)이던 나는 아침 일찍 일어나는 일이 너무나 싫었지만, 하늘 같은 아버지와 형이 삽자루를 들고 나서면 조그만 연장이라도 챙겨들고 따라나서야 했다. 통장 아저씨도 채근했다. 아침도 먹기 전에 하천 둔치, 당시 용어로는 고수부지에 나가 「새마을노래」에 맞춰 몸을 푼 뒤, 못생긴 잡초를 열심히 뽑았다. 통장 아저씨는 부지런히 출석 체크를 했다. 못생긴 풀을 마구잡이로 뽑노라면, 뽑지 않아야 할 착한 풀은 대체 어떤 것인지 궁금해지기도 했다. 그래도 다음날이면 고수부지는 깔끔해졌다. 내가 왜 그런 일을 해야 하는지는 누구도 설명해주지 않았지만, 어쨌든 그 다음날은 보기 좋은 동네가 됐다.

그런데 이상한 일이 벌어졌다. 아무리 열심히 삽질을 해서 잡초를 뽑아도 개천 물은 썩어들어 갔다. 여름이면 친구들과 고무신으로 송사리를 잡고 겨울이면 얼기설기 만든 썰매를 지치던 동네 개천이 어느 때부턴가 악취를 풍겼다. 이상하게 생긴 물풀이 잔뜩 생기고, 물빛은 탁해지고, 송사리는 없어졌다. 동네 형이 잡아다 구워주던 개구리도 사라졌다. 개천 물은 겨울에도 튼실하게 얼지 않았다.

지금 돌이켜보면, 각종 생활용수나 산업폐기물이 그리 흘러들었던 것 같다. 바야흐로, 산업화의 시대였다. 그리고 독재의 시대였다. 생각해보시라. 지금 당신에게 아침 출근 전에 일어나 근처 하천 둔치에 나가 '환경미화' 작업을 하라고 한다면 어떨지. 그런 정책이 통하던 시절, 아무도 토를 달지 않던 시절, 1970년대였다.

2.

이젠 사람들의 생각이 바뀌었다. 국가적 동원은 생각도 못한다. 일상도 바뀌었다. 관심사도 넓어졌다. 누구나 생태를 이야기한다. 작은 생명들에 대해 이야기한다. 학교 수업 시간에도 이야기한다. 텔레비전에도 나온다. 조·중·동에도 나온다. 입시에도 나온다.

그리고 우리는 '새마을 대청소'를 다시 시작하고 있다. 식전부터 대문을 두들기던 통장 아저씨도 필요 없다. 자동으로 빠져나가는 세금이면 된다. 그 돈으로 4대강을 대청소하고 있다. 뒤집어엎고 있다. 귀한 생명체들이 멸종당하고 있다. 조물주의 조화든 진화의 신비든 사람이 알 수 없는 힘으로 탄생한 생명체들을 죽이고 있다. 다수가 반대해도 소용없다. 「새마을노래」를 틀면 모두가 정해진 체조 동작을 했던 그때처럼, 모두 숨죽이라고 한다. 후렴구처럼 따라 외치라고 한다. 선관위가 나서고 경찰이 나선다. 아침 일찍 고수부지에 삽 들고 나가지 않아도, 우리는 누구나 그 고수부지에 서 있다. 철갑 같은 포클레인의 칼날로 그곳에 서 있다.

어린 시절 아무것도 모른 채 삽으로 떠서 던져버린 잡초들에게 미안한 마음이 든다. 지금 미호종개, 꾸구리, 남생이, 단양쑥부쟁이가 그런 처지다. 「새마을노래」의 독재에 신음하던 1970년대에 인간의 마음은 몰라주고 저 혼자 생생하던 그 생명들이 이제 우리에게 아우성친다. 그때를 용서해달라고, 당장 죽게 됐으니 도와달라고.

아니다, 미안하다.

시류는 우리 탓이요, 너희는 영원한 자연 아니더냐.

연민의 진화

며칠 전 아름다운 과학 기사를 하나 읽었다. 600만 년 전부터 인류의 조상은 연민의 감정을 지녔다는 연구 결과가 〈시간과 정신 *Time and Mind*〉이라는 저널에 실렸다는 외신 기사였다. 그 아득한 과거에 인류와 침팬지의 공통의 조상쯤 되는 생명체들이 어떻게 동정심 같은 감정을 느끼고 표현했는지를 과학적으로 밝혀내는 게 어떻게 가능한지 궁금하지만, 그건 그야말로 전문적 영역에 속하는 문제일 테고, 어쨌든 유명한 저널에 실린 글이라니 우선 믿고 싶어진다. 아직 문명의 그림자도 주위에 드리우기 전, 그 '원시인'들이 연민의 정을 가슴에 담았다니!

영국 요크대학 연구진은 600만 년 전 인류의 조상은 위로의 몸짓을 나누거나 타인이 지나갈 때 나뭇가지를 들어 올려주는 식의 행동으로 서로 도우려는 감정을 표현했을 것이라고 추정했다. 180만 년 전에 이르면, 호모에렉투스는 아픈 동료를 돌보거나 죽은 사람을 극진히 대우함으로써 동정심과 슬픔을 표현했을 것이라고 한다. 또 50만 년 전부터 4만 년 전 사이 하이델베르크인이나 네안데르탈인 등은 다치거나 병에 걸린 사람을 오랫동안 돌봤다는 사실이 고고학적 증거로 입증됐다는데, 선천적 두뇌 이상을 갖고 태어난 어린아이가 5~6살이 될 때까지 버림받지 않고 살았음을 보여주는 유골이나, 오그라든 팔에 불구의 발과 실명한 눈으로 스무 살께까지 산 네안데르탈인의 화석이 그 예라고 한다. 하루하루 연명할 식량을 구하고 주변의 위험으로부터 자신의 생존을 지키는 것만으로도 삶이 힘에 겨웠을 그 옛날 생명체들이 이렇게 고귀한 정신을 발현했다는 사실이 경이롭게 다가온다.

어찌 보면 우리가 지금 이룬 모든 성취의 씨앗은 우리의 조상 인류가 뿌린 것이라고 할 수 있겠다. 구석기시대 알타미라동굴에 새긴 벽화에서 싹을 보인 조상 인류의 미적 감각은 유구한 시간 속에 자라고 꽃피어 찬란한 걸작 미술품들을 낳았고, 지금은 확인할 길 없으나 분명 존재했을 원시적 음감이 진화해 복잡하고도 아름다운 교향악이 탄생하고 전율을 느끼게 하는 합창의 선율이 완성됐을 것이다.

그렇다면 저 600만 년 전에 씨앗이 뿌려진 이타의 감정은 어떻게 진화했을까? 아마도 그건 제도라는 발명품을 통해 발전하지 않았을까. 물론 아주 오랫동안 사람들은 고문이나 화형 같은 잔인한 제도를 유지해왔지만, 어찌됐든 더 많은 이들이 사람다운 삶을 누릴 수 있는 제도를 조금씩이나마 가다듬어온 게 사실이다. 지금은 너무나 흔히 회자되는 탓에 그 귀중함이 오히려 희석된 듯한 민주, 인권, 복지 따위의 단어들이 바로 호모에렉투스에서 네안데르탈인, 그리고 현생인류로 이어져온 감성 진화의 산물이라고 하겠다.

그런데 원시인류의 미적 감각이 발전해 이룬 성과에 비하면 연민의 감성이 진화한 정도는 상대적으로 미약한 게 아닌가 하는 생각이 든다. 우리는 과연 아픈 동료를 보살피고 선천적 약점을 지닌 이웃을 배려하기 위해 교향악처럼 정교한 제도를 만들었는지, 남녀노소가 어우러지는 합창의 하모니처럼 조화로운 사회를 그려냈는지 돌아본다.

낯선 이들이 모여 합창단을 만들고 합창대회에 도전하는 TV 프로그램을 보며 수많은 이들이 감동하는 한편에서 난데없이 '음향대포'가 등장해 시민을 불안에 떨게 하는 대한민국에 살다 보니, 600만 년 전 우리 조상이 지녔던 미적 감각과 연민의 감성이 돌연변이로 진화하고 한데 뒤섞여 폭발해버린 듯한 느낌이다. 항상 자유롭고 깊은 곳까지 박애로 충만한 영혼의 「넬라 판타지아」는 꿈도 꾸지 말라는 듯이.

아빠 구하기

“아빠가 나쁜 일도 한다는 걸 너는 몇 살 때 알았어?”

얼마 전 외국 영화인가 드라마인가를 보다가 들은 대사다. 작품 제목도 생각나지 않고 대사가 튀어나온 맥락은 더더욱 오리무중인데, 유독 이 대사만큼은 머릿속에 또렷이 남아 있다. 아, 아이들에게 그런 순간이 있겠구나. 철이 든다고 해야 할까, 세상을 알아간다고 해야 할까. 어쨌든 그런 어느 순간에 아빠가 이런저런 나쁜 일도 하는 사람이란 걸 알아챌 수 있겠구나. 늘 자상하고 모범 시민의 전형처럼 보이는 아빠지만, 다른 누군가에게는 악마가 될 수도 있다는 깨달음은 얼마나 충격일까? 섬뜩한 느낌을 주는 대사였다. 그 뒤로는 특정 신문기사가 전과 달리 눈에 박히기 시작했다. 예를 들면 이런 것.

“청와대와 방송통신위원회 관계자를 상대로 한 ‘성접대’ 사건으로 회사를 그만둔 태광그룹 계열사 티브로드의 전직 직원이 회사를 상대로 거액의 손해배상 및 복직 소송을 하고 있는 것으로 밝혀졌다. 이 직원은 ‘당시 성접대는 회사의 지시에 따른 것’이라고 주장하고 있어, 이번 소송으로 큐릭스 인수를 위한 태광그룹의 로비 행태가 드러날지 관심이 쏠리고 있다.”

“기업형 슈퍼마켓(SSM) 롯데슈퍼가 지난 11일 서울 종로구 대학로점을 변칙적으로 기습 개점한 데 이어, 21일에도 용산구 문배동 원효로점을 기습 개점했다. 특히 원효로점은 공사 기간 동안 공사 가림막에 ‘스시뷔페 입점 예정’이라는 안내문을 붙여놓아, 인근 상인들이 ‘또 한 번의 꼼수 개점’이라며 반발하고 있다.”

기사들을 읽으면서 태광그룹의 비도덕적 경영 행태라든가 롯데

슈퍼의 비열한 업무처리 방식에 분노를 느끼는 것만큼이나, 저런 행위에 가담해야 했던 '아빠'들의 얼굴을 생각해보게 된다. 회사의 지시로 로비를 하기 위해 성접대를 했다는 이야기, 중소상인들의 생계를 위협하는 SSM을 속임수까지 써가며 개점했다는 이야기를 자신의 아이에게 하지는 않았겠지. 그 아이들은 아빠가 그런 일을 했다는 사실을 알고 있을까? 만약 그렇다면 그 아빠들은 뭐라고 해명할까? 가족의 생계를 위해 어쩔 수 없이 한 일이라고 할까? 아이들은 이해할까? 세상에서 가장 정의롭고 멋진 사람이라고 여겼던 아빠가 남들의 지탄을 받는 처지라는 걸 어떻게 받아들일까?

아빠가 하는 '나쁜 일'로는 각종 범죄행위를 우선 꼽을 수 있지만, 꼭 범죄는 아니더라도 그 경계가 모호한 행위도 포함될 수 있고 그 밖에 도덕적으로 비난받을 행위도 들어갈 수 있다. 어둠의 세계에 속한 이들도 자기 자녀에게는 더없이 자상하고 올곧은 아빠라는 이야기가 종종 영화에도 나오지만, 그런 영화 같은 이야기 말고도 현실의 많은 아빠들이 아이들은 모르는 더러운 세상에 발을 담그고 있다. 그리고 그 대부분의 아빠들에게 발을 더럽히게 만드는 것은 자본이라는 비인격적 존재가 아닐까 싶다. 먹고살기 위해, 돈을 벌기 위해, 돈을 더 벌기 위해, 그러지 않으면 나락으로 떨어지므로, 물불 가리지 않아야 하는 자본주의의 작동 원리가 아빠들의 타락을 부추기는 배후가 아닐까 한다. 그렇다면 어떻게 자본의 포악한 성질을 제어해 아빠들을 구해낼 수 있을까?

아빠의 '나쁜 일'을 알아버린 아이에게 이런 이야기를 들려주는 건 "아빠도 하기 싫지만 너를 위해 어쩔 수 없이 그런 거야"라고 말하는 것보다 위안이 덜 될 수도 있겠다. 아빠들도 아직 답을 얻지 못한 질문 아닌가.

도대체 아이들은 몇 살 때 아빠가 나쁜 일도 한다는 걸 알까? 알아야 할까?

한 살의 무게

설날이 되면 우리 나이로 한 살을 더 먹고, 떡국도 먹는다. 한 살을 더 먹는다는 걸 반기는 이들도 있고 저어하는 이들도 있겠다. 그러나 어찌하든 우리는 한 살을 더 먹는다. 다만 그 한 살의 무게가 다르다는 게 마음에 걸릴 뿐이다.

어릴 적 한 살을 더 먹는 건 동네 골목에서 형성된 위계질서에서 한 단계 상승을 의미했다. 인구의 재생산이 이어지는 한, 조무래기들은 그렇게 한해 한해 자신의 위상을 가슴 빼기며 높여갔다. 놀이터에서 만난 낯선 얼굴에게 "너, 몇 살이야?" 하고 묻는 질문의 자신감이 한 해만큼 붙었다.

청소년기에는 한 살씩 더 먹는 게 존재론적 회의를 한 꺼풀씩 더 해줬다. 왜 사는가, 사랑이란 무엇인가, 봄은 왜 찬란한가, 미래는 어떻게 오는가……. 어느 해 떡국을 먹고, 이웃집 동생이 예뻐 보이기 시작했고, 몽정을 했다. 활짝 핀 목련처럼 화사한 앞날이 괜히 서러웠고, 점점 더 세상과 직각으로 대면해야 한다는 사실에 가슴이 뛰었다.

이른바 '어른'이 돼서도 한 살을 먹는 일은 몰라보게 달라진 자신을 만나는 일이었다. 알량한 지식도 늘고, 세상 보는 눈도 어슴푸레 넓어지고, 엮이는 사람도 많아지고, 소주를 마시며 할 이야기도 시시콜콜 늘어갔다. 김광석의 「서른 즈음에」를 부를 때 느끼는 감정도 정확히 한해 한해 계단을 올라갔다.

이런 식으로 나이를 따라 계속 써나가는 것은 독자를 지겹게 할 것 같다. 요컨대, 설날을 맞을 때마다 우리는 한 해의 시간만큼 성장한(또는 그저 달라진) 자신과 직면하고 그런 사실을 자축(또는 자학)한다는 얘기다. 다만 그 한 살의 무게가 서로 다르다는 게 마음에 걸릴 뿐이다.

소득에 따라, 학력에 따라, 사는 곳에 따라 건강의 정도가 달라지고, 수명이 달라지고, 죽음의 방식이 달라진다는 걸 보여주는 〈한겨레21〉 기획 시리즈 '생명 OTL- 빈곤과 죽음의 이중나선'을 읽으며 생명에도 각기 다른 값어치가 매겨져 있다는 사실을 확인하는 탓이다. 기대수명이 더 짧은 빈자의 한 살은 기대수명이 더 긴 부자의 한 살과 비교해 어떤 의미를 가질까? 어찌 보면, 그러니까 한 개인의 삶에서 차지하는 한 해의 비중으로만 따지자면, 한 해의 가치는 빈자에게 더 큰 게 되는 셈이다. 하지만 60번 새해를 맞을 수 있는 사람과 80번 새해를 맞을 수 있는 사람이 있다고 할 때, 매번 맞이하는 새해의 가치가 누구에게 더 클지는 또 다른 계산법의 문제다. 그저 산술적으로 전 생애의 60분의 1이라고 해서 80분의 1보다 무겁다고 할 수 있을까. 오히려 그 반대가 아닐까. 당장 우리 각자가 전자와 후자 중에 어떤 경우를 택할지 생각해보면 된다. 이렇게 같은 한 살을 먹어도 그 값어치는 다르고, 그 목숨값을 높이기 위해 경쟁에서 더 앞서려 애쓰고, 더 벌려 애쓰고, 더 좋은 동네에 진입하려고 애쓴다.

그러나 그런 노력만으로는 남들은 물론 자신도 더 행복해질 수 없다는 게 이 기사가 전하는 바다. 서로 나눠서 사회가 평등해져야 부자든 빈자든 모두 건강하게 오래 살 수 있다는 놀라운 연구 결과를 전한다. 떡국을 먹고 한 살을 더 먹으면서 내 목숨의 가치는 남과 비교해 얼마나 늘어났나를 생각하는 사회는 인지상정을 떠나 과학적으로도 건강하지 않다는 결론이다.

정말 그렇지 않은가. 한 살을 더 먹는다는 건, 눈 내린 아침에 느끼는 감정이 달라지는 것일 뿐, 친구와 부딪치는 술잔에 담긴 옛이야기의 무게가 달라지는 것일 뿐, 부모님을 바라보는 마음에 조금씩 철이 드는 것일 뿐, 시야에 들어오는 세상의 넓이와 색깔이 달라지는 것일 뿐, 달라진 목숨의 무게를 새로 재는 것은 아니지 않은가.

떡국을 먹고 한 살을 더 먹으며, 이 생명의 질긴 아름다움과 또한 그 어찌할 수 없는 평등성에 대해 생각하게 된다.

4장
어린이 사회주의를 위해

치료비 없는 어린 환자들에게 무상의료를 제공하거나 빈부를 떠나 똑같은 경쟁 조건을 마련해주자고 주장하는 아동복지학자나 시민단체도 보지 못했습니다. 가난한 아이들은 사회적 담론에서 버려져 있고, 당연히 생활에서도 버려져 있습니다. 그러므로 얄팍한 눈물을 거둡니다. 대신 상향 평준화의 세상을 모색하자고 주장합니다. 이름하여 '어린이 사회주의'입니다.

어린이 사회주의

아들아, 네가 어른이 됐을 때엔…

시영아, 며칠 전 아침에 너한테 너무 화를 냈지? 그 전날 밤 아빠는 밤늦게 퇴근했는데 배가 무척 고팠거든. 냉장고를 열어보니 초코빵이 있기에 조금 먹었던 거야. 그게 시영이가 좋아하는 빵인 줄 몰랐단다. 그렇다고 아침에 자고 있는 아빠한테 화풀이로 발길질을 하면 어떡하니. 빵을 다 먹은 것도 아닌데……. 그게 누구든 간에, 어떤 이유든 간에 다른 사람을 때리는 건 나쁜 일이야. 앞으론 안 그럴 거지?

이 글은 시영이가 세상에 대해 조금이나마 알게 될 때쯤 보여주려고 해.

널 애지중지하는 엄마가 지극정성으로 보살피기 때문에 갖고 싶은 장난감도 마음껏 가질 수 있고 벌써 영어도 배우고 놀이수학도 하고 놀러도 많이 다니지. 그런데 세상에는 너처럼 맘껏 행복을 누리지 못하는 친구들도 있단다. 우리보다 더 가난하거나 몸이 아프거나 심지어 엄마가 없는 친구들도 있지(시영아, 네가 그렇게 좋아하는 엄마가 없다고 생각해봐). 그런 친구들은 어떻게 해야겠니?

사람에겐 누구에게나 인권이란 게 있는데, 크게 두 가지로 나뉜

단다. '시민·정치적 권리'와 '경제·사회·문화적 권리'라고 해. 앞엣것은 남이 나를 때리거나, 함부로 가두거나, 하고 싶은 말을 못하게 할 수 없다는 거야(그러니까 함부로 아빠나 친구들을 때리면 안 돼). 두 번째 것은 누구나 충분히 먹고, 편안히 자고, 잘 배우고, 재밌게 놀 수 있어야 한다는 거야. 앞엣것은 대부분 나라에서 법으로 보장하고 있지만, 두 번째 것은 그렇지 않지. 충분하고 편안하고 좋고 재밌는 게 '어느 정도'를 말하는 것인지 분명하지 않은 데다, 나라마다 한정된 재원으로 그 모든 걸 보장하기는 힘들거든. 그래서 지금은 이런 것을 '권리'로까지 보지는 않고 '복지정책' 차원에서 다루는 거지.

하지만 아빠는 그것도 궁극적으로는 '권리'로서 보장돼야 한다고 믿어. 다만 현실적으로 재원의 문제가 있다면, 우선 시급한 부분이라도 선별해서 '권리'의 문제로 보장해줘야 한다는 거지. 아빠가 생각하는 최고로 시급한 부분은 뭔지 아니? 바로 시영이 같은 어린이들이야. 어린이들에게는 평등한 경제·사회·문화적 환경을 절대적으로 보장해야 해.

왜? 어린이들은 지금의 상황에 대해 책임이 없잖아. 어른들이라면 그동안 게으르게 살아서 또는 능력이 없어서 남들만큼 좋은 환경을 누리지 못한다고 쳐도(물론 열심히 일하고도 일한 만큼 누리지 못하는 경우도 아주 많단다), 시영이 같은 아이들은 그게 아니잖아. 그리고 있잖니. 지금과 같은 사회를 자본주의라고 하는데, 자본주의의 최고 덕목은 경쟁을 통한 효율성이라고 해. 그런데 경쟁이란 건 똑같은 조건에서 출발해 누가 더 열심히 노력하는지에 따라 보상을 달리 해준다는 뜻이야. 모두에게 평등을 보장해주면 사회가 발전하지 않으니 경쟁을 해야 한다고 말하는 아저씨들이 많지. 그런데 진심으로 그런 생각이라면 어린이들이 정말 공정한 경쟁을 하도록, 출발선에 나란히 서서 출발하도록 해줘야 하지 않겠니. 출발점부터 다르다면 그건 진정한 경쟁도, 자본주의도 아니라는 게 아빠 생각이야. 그러니 결식아동 '지원'이란 말은 틀린 거지. 잘 먹이지도 못했다면 나라가 미안해해야지.

그래서 아빠는 섭섭한 게 있어. 우리나라에 어린이들을 위해 일하고 연구하는 선생님들이 많거든. 그분들이 운동을 했으면 좋겠어. 너무나 불공평하게 자라나는 아이들이 많다는 걸 잘 아시는 분들이라면 그냥 공부만 하거나 몇몇 아이들을 돕는 것으로 만족해선 안 되겠거든. 그러니 무슨 단체나 정당이라도 만들어서 어린이들에게 '절대적으로 평등한 출발'을 보장해주자는 운동을 했으면 좋겠어(그 평등한 출발선이 '어느 수준'이어야 하는지는 시영이가 이 글을 읽을 때쯤 더 많은 논의가 진행돼서 구체화됐으면 좋겠다).

그래, 시영이가 이 글을 읽을 때에도 그런 움직임이 없다면 우리 시영이가 한번 나서보면 어떨까. 그거 아니? 우리 사회에 많은 소수자 그룹이 있지만, 그중에서 국회에 자신들의 대표를 보낼 수 없는 유일한 그룹이 바로 어린이들이라는 거. 가장 약하면서도 독자적인 목소리는 낼 수 없는. 그러니 어린이들을 위한 사회를 만드는 정당을 만드는 거야. 이름하여 '어린이사회당'. 이름도 예쁘지? 창당 자금은 허투루 돈 많이 쓰는 재벌 할아버지들한테 좀 내놓으라고 해도 돼(대가성은 없어야 한다^^).

사랑하는 시영아, 이 글을 읽을 때쯤 아빠와 같은 생각을 하고 있는 의젓한 아이였으면 좋겠다. 초코빵 때문에 아빠가 막 화낸 거는 정말 미안.

눈물의 데스킹

후배 기자가 15만 원짜리 달동네 월셋방에 들어갔습니다. '양지마을'에서 한 달을 살며 겪는 이야기가 '김기태 기자 달동네에서 한 달'이라는 제목으로 신문에 연재됩니다. 어제는 그곳 아이들 이야기가 실렸습니다. 원고를 받은 수요일 오전, 데스킹(기사 손질)을 시작했습니다.

엄마가 한 해 두세 번 보러 오는데, 같이 살면 안 되냐고 아빠한테 물었더니 "안 된다"고 하더라는 재민(12·가명)이 대목이었는지, "아주 어릴 때" 엄마랑 아빠랑 피자를 함께 먹던 모습이 엄마에 대한 기억의 전부라는 동훈(10·가명)이 대목이었는지 모릅니다. 정작 자기들은 울지 않는 천연덕스러움에 제 눈에 물기가 배었습니다. 커서 '굿네이버스' 같은 단체에 들어가 인도 같은 나라에서 봉사하겠다는 재민이나, 장애인들 옷을 만드는 디자이너가 되고 싶다는 진서(13·가명)의 포부 대목에서 눈물은 기어이 한방울 분량을 채웠습니다. 아이들은 왜 대통령이나 장군이나 의사나 법관이 되겠다고 하지 않을까요?

마흔이 다 되어, 훤한 아침, 그것도 사무실에서, 잠깐 울었습니다. 컴퓨터에서 흘러나온 재키 드섀넌의 노래 탓도 있었나봅니다.

"또 하루가 갑니다/ 여전히 아이들은 울고 있습니다/ 조그마한 사랑을 당신 가슴에 담아요/ 증오가 자라나게 놔두지 않을 것임을/ 세상에 알리기 원한다면/ 조그마한 사랑을 당신 가슴에 담아요" (「풋 어 리틀 러브 인 유어 하트」)

서둘러 스피커를 끄고 화장실로 갔습니다. 내 눈물의 두께를 재봤습니다. 연말연초면 신문마다 '불쌍한 아이들'을 등장시킵니다.

얄팍한 눈물을 재촉합니다. 그리고 성금이 답지한다는 속보가 나옵니다. 자선과 기부가 잇따르는, 얼마나 훈훈하고도 얄팍한 세밑입니까.

동정이 인류란 종의 아름다움을 증명하는 행위임은 분명합니다. 그러나 어린이·청소년은 동정을 받아야 할 의무도, 자선에 감지덕지할 이유도 없습니다. 그들은 단 0.001퍼센트도 그 가난에 책임이 없기 때문입니다. 그들은 태어나면서 생존과 발달, 비차별의 권리(유엔 아동권리협약)를 가질 뿐이며, 그 권리의 충족은 유엔이 부여한 각 '국가'의 의무입니다.

삶을 준비하는 배움과 성장의 단계에서, 양지마을 은경(15·가명)이는 한 달을 8만 원으로 살고 서울 강남지역의 또래는 그 10~20배의 돈으로 산다면, 이는 헌법이 금하는 '계급적 불평등'과 다를 게 없습니다. 그렇다고 한 달에 200만 원짜리 생활을 일부러 줄일 필요는 없습니다. 8만 원짜리를 끌어올리면 됩니다. 그 좋다는 '상향 평준화'입니다.

재정 부담요? 아직까지 저는 이런 상향 평준화를 하는 데 얼마의 예산이 들고 이를 어떻게 마련할지 살피는 가장 초보적인 학문적 노력조차 들어보지 못했습니다. 부자감세 논란만 있을 뿐입니다. 치료비 없는 어린 환자들에게 무상의료를 제공하거나 빈부를 떠나 똑같은 경쟁 조건을 마련해주자고 주장하는 아동복지학자나 시민단체도 보지 못했습니다. 가난한 아이들은 사회적 담론에서 버려져 있고, 당연히 생활에서도 버려져 있습니다.

그러므로 얄팍한 눈물을 거둡니다. 대신 상향 평준화의 세상을 모색하자고 주장합니다. 이름하여 '어린이 사회주의'입니다. 누군가 '색깔' 시비를 할까요? 하지만 저는 시장경제 최고 원칙인 자유롭고 공정한 경쟁을 말하는 겁니다. 우리의 미래를 말하는 겁니다. 커서 '굿네이버스'에서 또는 장애인을 위한 디자인센터에서 일하고픈 가난한 아이들이 너끈히 꿈을 이루게 말입니다.

"그러면 세상은 더 좋은 곳이 될 겁니다/ 모든 세상은 더 좋은 곳이 될 겁니다/ 당신에게도/ 내게도……".(앞의 노래)

가난과 방임의 아이들

어느 사형수의 고백

김필연 씨는 10여 년 전 김천 소년교도소에 갔던 그날을 잊지 못한다. 소년범들을 위로하는 행사였다. "한 열 명쯤한테 물었는데, 엄마 있는 애가 하나도 없었어요." 그중 한 아이가 "선생님, 편지해도 되겠습니까"라고 그에게 물었다. 15살에 수감돼 15년 형을 살고 있는 아이였다. 거절할 수 없는 매달림이었다. 2년 전 청년이 되어 출소한 아이는 한 지방도시에서 공장일을 한다. "'엄마'가 해처럼, 달처럼 지켜보고 있으니 나쁜 짓을 못 하잖아요"라며 김씨를 웃음짓게 만든다. 김씨는 묻는다. "돌보지 않으면, 그런 아이들이 결국 유영철이처럼 되지 말란 법이 있겠어요?"

짓밟힌 새싹은 온전히 자라기 어렵다. 여린 탓이다. 때로 독을 품고 자라는 돌연변이가 되기도 하지만, 대개는 그저 차이고 꺾이고 또 뭉개지고 만다.

미순(12·가명)이는 자주 집을 비우는 아버지가 술에 취해 돌아오는 날이면 이유 없이 매를 맞았다. 어머니와 심장병을 앓는 동생은 말릴 힘이 없었다. 한 겨울, 아버지가 돌아온 날 미순이는 도망쳤다. 하루종일 밖을 헤맨 아이는 동상에 걸렸다. 발가락이 벌겋게까지고 검게 썩어드는데도, 아이는 온기 없는 방에 누워 있을 뿐이었다. 오랜 결석을 걱정해 찾아온 담임선생님은 아이의 모습에 울고 말았다.

'선진화'의 나라, 자랑스런 대한민국에 가난과 방임으로 위태위태한 아이들이 100만 명쯤 살고 있다. 아이들은 그것이 부당한 것인지도 모른다. 아우성을 치지도 못한다. 그냥 그것이 삶인 줄 알고 언 땅을 걷고 또 걸으며 헤맬 뿐이다.

인천에서 지역아동센터를 운영하는 한 목사는 '6학년 선이'를 걱정한다. 여섯 살 동생을 돌보는 것도, 아버지의 술주정을 받아주는 것도, 탈선한 중2 언니를 걱정하는 것도, 밥하고 빨래하고 청소하는 것도 모두 선이의 몫이다. 그래서 가끔씩 "엄마처럼 도망가고 싶다"고 한다.

이 목사의 바람은 거창하지 않다. 그저 두 명의 전문 인력만 지원받았으면 좋겠다고 한다. 선이네처럼 어려운 가정에 찾아가 가사도 돕고 상담도 해주기 위해서다. 하지만 세계 10위권을 넘보는 경제대국 대한민국에서 이런 정도의 복지 체계조차 가난한 목사의 꿈에 그치고 있다. 미순이네 동네에 그런 체계만 있었더라면, 아이의 발가락이 처참하게 썩어가지는 않았을 터다.

먼 훗날, 이 싹들이 끝내 꽃 피우지 못한다면, 우리는 미순이를, 선이를, 낙오자라고, 왜 역경을 극복하지 못했느냐고 다그칠 것이다. 그 때도 여전히, 낙오자에게 복지를 베푸는 건 자본주의의 작동원리인 경쟁의 미덕을 해친다고 떠벌일 것이다. 그런데 우리가 언제 한 번이라도 이 아이들을 동등한 출발선에 세워준 적이 있던가. 풍족한 보살핌을 받는 아이들과 나란히, 날렵한 운동화를 신고 맘껏 달려보게 했던가.

아이들에게 경쟁의 조건도 갖춰주지 않은 채 살벌한 경쟁의 장으로 몰아대기만 하는 사회는 이미 발가락부터 썩어가고 있는 사회인지도 모른다. 언젠가는 독을 품고 자란 돌연변이가 또 나타나 세상을 증오할지도 모른다. 우리 사회가 그들에게 '엄마'가 돼주지 않는다면.

"앞 전에 그렸던 하트 속의 아이들은 제가 이 세상에 남겨야 하는 슬픈 저의 흔적들입니다. …… 제가 아이들에게 집착했던 건 아이들의 마음엔 상처가 깃들지 말았으면 해서였습니다. …… 어느 누구들보다 아이들은 상처받으면 안 됩니다."(사형수 유영철이 조성애 수녀에게 보낸 참회의 편지에서)

환지통

환각지(幻覺肢): 외상이나 수술로 팔다리를 잃어도 뇌에는 그에 관한 기능이 상당 부분 남아 있어, 상실된 팔다리가 감각상으로는 움직이는 것으로 느끼는 현상. 환지통(幻肢痛)이라 하여 상실된 팔다리 부위에 통증을 느낄 때도 있다. 치료는 극히 곤란하다(네이버 백과사전 참조).

미국 미네소타주 트윈시티의 미네소타주립대 앞에는 작은 커피가게가 있다. 2005년 여름, 이 대학 도서관에 드나들 일이 있어 그 커피가게를 알게 됐다. 문을 열고 들어서자마자 부딪친, 낯익은 얼굴. 살색 얼굴. 나와 비슷한 이목구비. 그러나 너무나 완벽한 영어 발음으로 주문을 받는 터라, 다른 말은 못 붙이고 그저 콩글리시 발음으로 "커피요, 작은 걸로." 하고 말았다. 돌아오는 그의 미소가 묘했다.

다음번 들렀을 때 줄을 서서 기다리는데, 거치대에 꽂힌 한 신문이 눈에 들어왔다. 기억을 더듬자면, 한인 입양아모임 소식지 같은 거였다. 내 또래거나 좀 어린 듯한 그가 나와 같은 핏줄이었음을 확인하면서 신기했고, 동시에 더 이상 그에게 다가가지 못하겠다는 생각을 한 순간이었다. 그의 핏줄을 물었을 때 혹시 묘한 미소의 그가 이렇게 나오면 어쩌나, 하는 자격지심 탓이었다. "나를 미국 땅에 버려놓고는, 이제 와 영어 좀 배우겠다고 온 주제에 그건 왜 묻는 거지?"

우리는 그들을 버렸다. 그들이 누구의 자궁을 거쳐 대한민국 땅에 태어났는지 생각하려 하지 않았다. 그들이 '팔려간' 내력도 관심 밖이었다. 그들이 어린 시절에 겪었을 상상할 수 없는 아픔과, 거기에 무너져 삶을 망가뜨린 수많은 그들도 잊고 지냈다. 그저, 그들이 훌륭히 자라났을 경우에 한해 우리 맘대로 '메이드 인 코리아' 딱지를 눌러붙였을 뿐이다.

그리고 네 명이 죽었다. 2008년 3월 24일 미국 아이오와주 아이오와시티에서 양아버지에게 살해당한 이선(10), 세스(7), 마이라(5), 엘리너(3). 참혹함을 떠나, 그들의 나이를 보며 새삼 암담했다. 모두가 10년 안쪽, 그러니까 '21세기 선진 한국'을 합창하던 무렵 한국에서 미국으로 입양된 아이들이다. 1970년대 여고생 누이가 미국 펜팔 친구한테서 받은 사진 속 미네소타 풍경은 동경의 대상이었지만, 30년 뒤 직접 가본 트윈시티는 성장의 시대를 지나온 서울보다 결코 낫다고 할 수 없었다. 그런데도 대한민국은 여전히 한 해 2000명의 어린이를 미네소타로, 아이오와로, 또 다른 이국의 도시로 입양 보내고 있다.

그 고아 수출국에서 전 국토를 관통하는 멋들어진 21세기 초호화 대운하를 뚫겠다는 이명박 대통령. 고아 수출국에서 몇십 억대 재산과 세금 체납 전력을 자랑하며 새 시대의 동량이 되겠다고 나선 국회의원 후보들. 고아 수출국에서 세계 일류 도약을 부르짖어대는 언론인들. 고아 수출국에서 국제적 감각으로 '아륀지' 발음을 가르치겠다는 총장 어른까지. 참으로 자랑스런 이름들이다. "정부가 미혼모와 가족들에게 사회적 지원을 함으로써 그들이 아이들을 포기하지 않을 수 있도록 해줘야 한다"는 국외 입양인들의 목소리에 진지하게 귀기울일 이는 저 총선 후보 1119명 가운데 몇 명이나 있을까.

잘려나간 팔다리는 이국 땅에서 붉게 신음하는데, 정작 사지를 잘라 내버릴 적엔 담담하다가 뒤늦게 아련한 환지통만 느끼고 있는 건 아닌지 부끄러워진다. 오늘, 커피 맛 참 쓰다.

피의 행군

침팬지들이 행군한다, 열대 밀림을 헤치고. 라쿠카라차. 보무도 당당하다. 밀림 지역에선 침팬지가 덩치 큰 축에 속한다고 한다. 다른 침팬지 무리의 영역으로 침입해 잠시 숨죽인다. 공격 개시!

열대우림을 다룬 환경 다큐멘터리에 불쑥 끼어든 이 낯선 에피소드는 곧 참혹한 장면으로 이어진다. 싸움에서 승리한 침팬지들은 상대 무리의 새끼 한 마리를 포획한다. 그리고 밀림의 카니발이 시작된다. 여린 새끼의 살점과 내장을 뜯어내 먹어치우는 침팬지들. 무화과 등 평소 먹는 먹이 확보를 위해 침공을 감행한 침팬지들은 덤으로 생긴 먹이를 통해 단백질을 보충하는 것이라고 내레이터가 설명했다. 한 침팬지가 가느다란 생갈비 몇 대를 뜯고 있는 동료에게 신사적으로 손을 내밀어 좀 나눠달라는 시늉을 하는 장면에선 너무나 인간과 닮은 모습에 소스라치게 놀랐다.

그때 대구에서 일어난 초등학생 집단 성폭력 사건을 생각했다.

아이들은 늘 피해자다. 어른들의 전쟁터에서 유탄을 맞아 쓰러진 아이들은 참혹한 모습으로 그 사실을 증언해왔다. 2005년 경기 의왕시에서 보살피는 이 없이 지내다 개에 물려 숨진 아홉 살 영인이부터 납치·살해범에 희생된 무수한 아이들까지…….

그러나 이제 아이들은 가해자의 모습으로, 자신이 피해자임을 증언하기에 이르렀다. 대구 사건에서 아이들은 가해자이건 피해자이건 입을 모아 외치는 듯하다. 어른들은 왜 우리가 이런 비극적 장난에 빠지게 놓아두었냐고, 우리의 영혼이 이토록 황폐화되도록 방치했느냐고.

그런데 어린이가 피해자의 모습으로 나타날 때 쉽게 눈물 흘리고 분노하던 어른들이 이번엔 다른 태도를 취한다. 아동학대와 방임이라는 어른의 책임보다 다른 문제점(포르노 따위)에 방점을 찍거나 심지어 아이에게도 책임을 물으려 한다. 고작 열두 살, 열세 살인 그들에게.

따지고 보면, 그동안 내비친 어른들의 눈물과 분노도 거짓이었던 것 같다. 변해온 게 없으니 말이다. 아동학대와 방임의 끔찍함을 구조와 제도 차원이 아니라 '세상에 이런 일이' 식으로 다루는 언론매체나, 토론석상에서 고상한 전문용어나 주워섬길 뿐 행동에는 나서지 않는 학자들이나, 예산 타령만 늘어놓는 공무원들이나, 사건이 있을 때만 입바른 소리를 내뱉는 금붕어 기억력의 정치인들이 싫은 이유다. 나 또한 '내 아이는 저런 비참에서 벗어나 있으니 다행'이라고 여기며 그저 눈물 몇 방울 흘려주거나 끌끌 혀 몇 번 차주는 것으로 끝냈던 것은 아닌가. 희생된 아이들로써 안도와 평온의 단백질을 보충하고 만 것은 아닌가.

일자리 창출이 시급하다는데, 전국의 동마다 어린이 보호 전담 요원들을 두는 것은 일석이조 아닐까. 대구 사건엔 왜 경찰이 먼저 나서나. 아동심리·상담 전문가로 구성되고 사법경찰권까지 갖는 부드럽고도 강한 전문기관을 만들 수는 없을까. 예산이 없어 난리치는 저소득층 지역 공부방들에 파격적인 지원을 할 수는 없을까. 방과 후 아이들이 무료로 이용할 수 있는 잔디 야구장·축구장을 지어주면 어떨까. 맞벌이 부부를 위해 아이를 시간제로 보살펴주는 공무원을 둘 순 없을까. 데팡쇠르 데 장팡(Defenseur des Enfants: 프랑스에서 2000년 3월에 설립된 이 기구는 민간단체지만 정부 지원 아래 불우 어린이·청소년을 위탁·보호하고 학교폭력, 체벌, 불평등 대우 등을 감시·감독한다. 특히 학대 사례가 신고되면 피해·가해자 등 관련자들을 불러 다양한 의견을 듣고, 전문가로 구성된 위원회를 열어 행정기관에 시정 또는 징계를 요구한다. 위원회 구성에는 청소년의 참여가 의무화돼 있다. 유럽 30개 나라에서 이런 활동이 활발히 진행되고 있다.) 같은 어린이·청소년 인권 옴부즈맨 기구를 만드는 건 어떨까…….

그동안 들어온 4대강 사업이나 몇조 원의 눈먼 돈 이야기를 떠올리면 꿈같은 일도 아닌데, 어린이를 대신해 목소리 높일 사람이 쉽게 떠오르지 않는다. 영혼 없는 인간이 아니라 소명의식에 불타는 목민관인 복지 공무원들? 학문의 진정성을 의심할 여지 없는 아동복지학자들? 늘 약자의 편에 서왔던 시민단체들? 표가 되는 일인지에 연연하지 않고 공익을 추구하는 정치인들? 이도저도 아니라면, 어린이들이 직접 나서 피땀 흘리며 직접 거리를 행진해야 하나?

그러나 어른들은 행군한다, 효율과 경쟁의 밀림을 헤치고. 먹이 다툼에 차이는 어린이들. 고작 열두 살, 열세 살, 솜털 보송보송한 아이들의 살갗이 사나운 손톱과 나뭇가지에 찢겨 붉은빛을 내보인다. 승리의 행군은 보무도 당당하다. 라쿠카라차.

공부방 트리

1.

몇해 전 크리스마스 즈음, 예쁜 동화 같은 이야기를 한번 해보면 어떨까 생각했다. 어느 해인가 성탄절 휴일에 보았던 TV 애니메이션 같은. 당시 정확히 어떤 제목으로 방영됐는지는 기억나지 않지만, 그건 『샬롯의 거미줄』이었다. 너무 작게 태어나 곧바로 햄이 될 위기에 처한 아기돼지 윌버를 구해주는 마음 착한 소녀와 거미 샬롯의 기적 같은 이야기. 이를테면,

“지붕 낮은 집들이 모여 있는 한 가난한 동네에 작은 공부방이 있었습니다. 크리스마스가 다가오자 아이들은 서랍장 깊숙이 넣어두었던 플라스틱 소나무와 꼬마전구들을 꺼내 공부방에 조촐한 트리를 만들었습니다. 그리고 저마다 트리에 양말을 걸었습니다. 슬픔도 모르는 아이들은 설레며 산타의 선물을 상상했습니다. 게임 아이템, 만화책, 운동화……. 어떤 아이들은 할머니 병을 낫게 해줄 만병통치약을, 또 어떤 아이들은 돌아오지 않는 엄마를 보내달라고 기도했습니다. 그리고 아이들에게 기적과 같은 일이…….”

2.

예수 탄생 이야기는 베들레헴의 말구유를 통해 낮은 곳에 임하는 신의 자애로움을 드러내고 동방박사의 판타지로 신비한 아름다움을 더한다. 하지만 이야기의 배경은 전혀 동화적이지 않다. 유대 땅은 제국 로마의 발톱 아래 있었고, 그에 빌붙은 헤롯왕은 폭군이었으며, 관료의 대명사라 할 세리들은 민중의 고혈을 빨았다. 고통받던 유대인들은 메시아를 갈망했고, 헤롯은 새로운 유대의 왕이 태어났다는 소문에 베들레헴의 두 살 아래 사내아이를 모두 죽였다.

그래서 성탄 이야기는 아직도 변주되고 있는 섬뜩한 설화일 수 있다. 힘과 돈이 지배하는 국제관계, 권위와 무력을 앞세운 정치, 민중의 고된 삶과 권력으로부터의 소외, 구원을 향한 갈망……. 세계사에서 로마제국은 늘 존재해왔고 나라마다 헤롯왕은 있어왔으며 메시아는 늘 기다림의 대상이었다. 촛불이 빛나던 서울시청 앞 광장에 대형 크리스마스트리가 환한 자태로 들어서고 독실한 기독교 신앙인인 대통령이 통치한 지도 몇 년이 지났지만 저 지긋지긋한 역사의 변주는 계속되고 있다.

3.

결국 지붕 낮은 집들이 모여 있는 동네에도 기적은 일어나지 않았다. 그해 겨울, 국회는 1곳당 월 220만 원씩 지원되던 지역아동센터(공부방) 운영비를 월 218만 원으로 오히려 삭감하는 예산안을 통과시켰다. 국회 보건복지가족위원회가 운영비 지원을 월 465만 원 수준으로 끌어올리는 안을 의결했으나, 예·결산특별위원회가 늘어난 예산 대부분을 다시 삭감한 결과였다. 국회 본회의에서는 의원들이 법안 내용도 제대로 읽어보지 않고 찬성 버튼을 누른다.

공부방 선생님들은 "경제 악화와 생계형 방임 때문에 돌봄이 절실한 아이들이 길거리에 넘쳐나고 있다"며 정부와 여당을 규탄했다.

"성탄절 아침, 공부방 트리엔 아무것도 걸려 있지 않았습니다. 시무룩한 선생님의 표정 때문에 아이들은 여느 때처럼 장난을 치지 못했습니다. 외톨이 윌버의 친구가 되어준 샬롯은 햄이 될 위기에 처한 윌버를 위해 기적의 거미줄을 짰습니다. 윌버를 살린 뒤 기력이 다한 샬롯은 죽었습니다. 샬롯이 세상에 남긴 새끼들은 알을 깨고 나와 바람을 타고 멀리멀리 날아갔습니다."

어쩌란 말이냐, 아이야

2010 남아프리카공화국 월드컵 당시, 조 추첨이 끝난 뒤 '죽음의 조'를 가려내고 조별 16강 진출팀을 점치는 기사들이 폭주하는 가운데, 간간이 축구 스타를 꿈꾸는 아프리카 어린이들의 가난한 축구 이야기가 소개돼 심금을 울렸다.

몇 해 전 서아프리카 가나와 시에라리온에 취재 여행을 갔을 때 봤던 풍경이 떠올랐다. 대서양의 드넓은 바다 속으로 침몰하는 적도의 태양이 두꺼운 구름을 뚫고 연분홍 커튼을 내릴 무렵, 바닷가 공터에서 몇 개의 팀이 뒤섞여 공을 차던 아이들의 모습이다. 서늘하게 느껴지기까지 하던 회색빛 바다를 바라보며, 도로가에서 날품을 팔던 아이들과 소년병으로 내전의 참혹함을 몸으로 배워야 했던 아이들을 떠올리며, 축구가 마냥 즐거운 아이들의 생기발랄함을 겹쳐 보았다.

그 수탈과 빈곤의 대륙에서 첫 월드컵이 열린다니, 아이들은 달떴겠다.

하지만 외면할 수 없는 진실은 어찌할 수 없다. 10억의 인구를 거느린 아프리카 대륙에서 유럽 상위 리그로 팔려갈 미래의 선수는 몇 명이나 될까? 그것은 아이들에게 몇 퍼센트의 확률일까? 남아공 월드컵을 두근거리며 기다리던 세계인은 아프리카 아이들의 축구 꿈을 부풀리기보다는 그들에게 지금보다 조금이라도 나은 영양과 교육을 제공하는 데 가장 적합한 전법을 짜야 하지 않았을까. 아이들이 축구에 그토록 매달리는 건 축구가 좋아서라기보다 축구밖에 좋아할 게 없어서라는 게 진실에 가깝지 않겠나.

그런데 또 하나의 이야기가 심금을 울렸다. 치매를 앓는 할머니와 단둘이 사는 기초생활수급권자 여고생이 매달 용돈 8만 원에서 3만 원을 쪼개 아프리카 우간다 어린이에게 기부하고 있단다. 그 돈으로 다른 일도 하고 싶지만 후원이 끊기면 아프리카 아이가 밥을 굶지 않을까 걱정됐단다.

어쩌란 말이냐, 아이야. 너보다 어른이고, 너보다 풍족하고, 너보다 입바른 소리 잘하는 나는. 어려운 너희에게 돌아갈 무상 급식 예산을 깎고, 예산 소요를 줄이고자 무상 급식 신청 절차를 까다롭게 만들고, 그렇게 신청자 수가 줄어든 것에 희희낙락하는 어른들의 각박함은. 따뜻한 밥을 먹고, 마음껏 공부할 수 있고, 꿈을 키우고, 아프리카 어린이를 돕는 기회까지 모두 너희가 누려야 할 '권리'인데도 그마저 너희의 어깨에 떠넘겨버리는 이 풍족한 공동체, 대한민국의 무지는. 수만~수십만 분의 1 확률로 승자를 가려내고, 그 과정에서 기회의 균등은 눈여겨보지도 않고, 뒤처져 빈곤 노동의 세계를 헤매는 나머지에겐 눈길도 주지 않는 이 정글의 야만은.

그 모든 것을 아프리카 아이들의 발랄한 발길질로 축구공처럼 멀리 차버릴 수 있다면, 학원 시간에 쫓겨 공 한번 맘껏 차보지 못하는 한국 아이들의 억눌린 발길질로 멀리 차버릴 수 있다면, 지구상의 모든 아이가 평등하게 웃으며 월드컵에 환호할 수 있다면, 지구처럼, 또한 둥근 축구공처럼 너희의 어깨동무가 둥글 수 있다면…….

어쩌란 말이냐, 아이야. 아이야, 아이야.

신이 낸 가장 어려운 문제

못꽂기 놀이

봄이 오고 있나 보다. 바람에 살풋 낯선 냄새가 섞여 있다. 움트고 설레고 부풀고 피어나는 계절, 봄에는 만물의 냄새가 궁금해진다.

어릴 적 봄에는 땅과 놀았다. 딱딱하고 차갑던 땅이 서서히 누눅해지면, 겨우내 움츠렸던 아이들은 양지바른 골목길 한켠에 모여 회심의 눈빛을 주고받았다. 못꽂기나 땅따먹기 같은 놀이가 시작되는 때다. 출발점이 있다. 못을 땅에 힘껏 내리꽂는다. 못이 정확한 각도로 땅과 만나면 그 자리에 꽂힌다. 출발점에서 그곳까지 줄을 긋는다. 그렇게 줄을 이어 반환점을 먼저 돌아오면 이기는 놀이. 못이 땅에 꽂히지 못하면 다음 친구 차례. 못을 꽂는 위치는 전략적이다. 상대방의 진로를 가로막는 쪽에 꽂아 줄을 그으면 상대방은 그만큼 돌아가야 한다. 그렇게 상대를 땅이 아직 녹지 않은 쪽으로 밀어붙이면 상대는 못꽂기에 실패할 확률이 높아진다. 나는 먼저 반환점과 아주 근접하게 못을 꽂아 돌아나온 뒤 상대방을 에워싸는 거다. 그러면 상대는 내가 만든 좁은 통로로 빠져나와야 한다. 폭 1센티미터도 안 되는 공간에 정확히 못을 꽂아 빠져나와야 하는 친구는 몇 번 실패를 거듭하고는 괜히 분해서 씩씩거린다.

그러나 땅은 어머니 살결 같았다. 폭신폭신하고 따사롭고 은은한 향이 났다. 서쪽 하늘이 붉어지고 어서 밥 먹으러 들어오라는 어머니들의 외침이 골목길에 퍼질 때까지 봄바람은 아이들의 장난기를 놓아주지 않았다.

요즘 도시의 아이들에겐 골목길이 없다. 친구를 만나는 건 학원에서다. 영어·수학 시험으로 못꽂기 경쟁을 대신한다. 훨씬 살벌한 놀이다. 어릴 적 경쟁의 결과가 서열화된 상급학교 진학으로 이어지고 나아가 돈벌이 수준을 좌우하게 된다는 걸, 아이들도 직관으로 깨닫고 있다. 골목길에서 땅따먹기 놀이로 그려진 영토는 신발로 쓱쓱 지우면 도로 공통의 땅이 됐지만, 지금 벌이는 아이들의 땅따먹기 놀이는 좀체 지울 수 없는 분계선을 아이들의 미래에 그려가고 있다. 부모들은 그런 미래가 불안하다.

사교육과 입시 경쟁의 사슬을 따라가다 보면, 결국 종착점은 누가 얼마나 좋은 직업을 갖고 높은 소득을 올리느냐는 문제다. 일정한 삶의 수준을 보장하는 몇몇 한정된 선택지를 향해 남보다 앞서 못을 꽂고 전략적으로 선을 그어가야 한다. 하지만 사회 구성원의 직종별·분야별 삶의 수준을 결정하는 게 꼭 그런 방식이어야 할까. 많은 이들이 선호하는 전문직은 문호를 넓히고 그 안에서 경쟁하게 하면 된다. 많은 이들이 선호하지 않지만 우리 사회에 필요한 일이라면, 법정 임금을 높이는 식으로 소득수준을 보장해주면 된다. 민주공화국에서 이 모든 걸 결정할 권한은 주권자, 바로 우리와 같은 부모들에게 있다. 불투명한 아이들의 미래에 불안해하며 날마다 승산을 알 수 없는 싸움터로 아이들을 내보내고 싶은가, 아니면 해 질 녘 골목길에서 밥때를 잊고 놀이에 빠져 있는 아이의 이름을 부르고 싶은가.

이런 부모들의 마음을 헤아려야 할 위정자들은 아이들에게 대못을 하나씩 쥐어주며 서로 찌르라고 부추기는 정책만 내놓고 있다. 봄을 알리는 바람도 아이들의 가슴엔 시리기만 하다. 봄아, 물렀거라. 여기는 동토의 왕국, 너와 놀아줄 아이들이 아직 없구나.

한국 교육처럼 하자고요?

버락 오바마 미합중국 대통령께.

얼마 전, 워싱턴 히스패닉 상공회의소에서 교육정책에 대한 연설을 하면서 한국을 언급했다는 기사를 보았습니다.

"미국 학생은 한국 학생보다 학교에서 보내는 시간이 한 달가량 적다. 미국 학사 일정은 방과 후 아이들이 농사일을 도울 필요가 있던 시기에 설계된 것이다. 새로운 세기에는 학생들이 교실에서 좀 더 많은 시간을 보낼 필요가 있다. 한국에서 그렇게 할 수 있다면 미국에서도 가능하다."

이런 정책이 인기가 없고 학교에 다니는 두 딸에게도 그럴 것이라는 당신의 유머에 잠시 웃음 짓기는 했지만, 기사를 읽는 내내 한국인으로서 당황스러웠습니다. 당신이 내놓는 일련의 정책을 탐탁지 않아하다가 유독 이번 연설에는 반색한 한국인들도 있기는 했습니다만.

미국 대통령이 한국 교육을 흠모하는 연설이 흑인 아이와 백인 아이는 같은 학교에 다닐 수조차 없었던 1950~60년대에 나온 것이라면 어떤 점에서 수긍할 수도 있었을 것입니다. 당시에도 한국은 사회계층이 달라도 모두 같은 학교에 다녔고, 가난한 학생이 고

학으로 성공하는 사례가 드물지 않았던 나라니까요.

하지만 오늘날 아이들을 학교에 오래 붙잡아둔다는 점 외에 한국의 교육 시스템에 대해 얼마나 알고 계신지 묻고 싶습니다. 미국의 한 누리꾼이 당신 연설을 다룬 기사에 이런 댓글을 붙여놨더군요.

"이제껏 들은 오바마 대통령의 연설 가운데 가장 무지한 발언이다. 한국 학교를 따라하자고? 일주일에 6일을 아침 7시부터 밤 11시까지 학교에서 지내야 하고, 한 번의 시험으로 대학이 결정되고 그에 따라 평생의 운명까지 결정되는 교육. 한국의 교육 시스템은 우리 서구인들이 지난 2세기 동안 어린이의 성장과 학습에 대해 발견한 진리들을 무시하는 낡아빠진 체제다. 오바마 대통령은 얼마나 많은 한국 10대들이 암기 위주의 교육과 승자독식 제도의 스트레스로 인해 자살하고 있는지 알기나 하는 걸까?"

이 누리꾼은 미국인이면서도 한국 사정을 꽤 잘 파악하고 있습니다. 물론 일부 과장도 섞여 있지만, 미처 언급하지 않은 문제도 있습니다. 예를 들면, 한국 학생들은 학교에서뿐만 아니라 방과 후 학원에서도 오랜 시간을 보냅니다. 그러다 보면 밤 12시를 넘기기도 하지요. 미국에서처럼 일찍 퇴근한 아빠와 집 근처 공원에서 야구나 축구를 즐기는 아이들은 없습니다.

괜한 푸념을 늘어놓는 것 같아 겸연쩍지만, 몇 가지만 더 언급하고 싶습니다. 한국에서 학교를 다니다가 부모를 따라 몇 년 동안 미국 생활을 하는 아이들이 있는데, 상당수는 돌아올 때가 되어도 돌아오고 싶어하지 않는답니다. 할 수 없이 부모 가운데 한쪽이 남아서 아이를 키우거나 아이만 남겨두고 돌아오는 경우도 종종 볼 수 있습니다. 왜일까요?

한 선배는 자폐 증세를 겪는 아이를 치료하러 미국에 잠깐 머물

다가, 아이가 한국에서와 달리 그곳 학교를 좋아하는 것을 보고 아예 이민을 결정했습니다. 왜일까요?

더구나 한국에선 요즘 초등학생·중학생에게까지 입시를 강요하고 있습니다. 사교육이 입시에 미치는 영향이 크다는 점을 감안하면, 이는 결과적으로 '성공하는 고학생' 수를 줄일 게 분명한 정책입니다. 자칫 계층에 따른 학교 분리 현상마저 가져오지 않을까 걱정입니다. 미국 최초의 흑인 대통령께선 그래도 한국의 교육을 모델로 삼고 싶으신가요.

앞서 인용한 누리꾼은 이렇게 덧붙입니다. "우리는 고문 같은 경쟁을 더 부추겨야 할까? 아니다. 우리는 교육과 일에 대한 생각을 재구성해, 날로 좁아져가는 지구에서 모두가 함께 의미 있는 삶을 살 수 있는 방법을 찾아야 한다. 오바마 대통령의 이번 연설은 정말 실망스러웠다."

공감 가는 말입니다. 앞으로 공개적인 연설을 할 때는 전체 맥락에 대한 충분한 이해와 함께 구체적인 상황에 대한 자세한 보고를 바탕으로 하셔야 할 듯합니다. 악마는 늘 디테일에 숨어 있으니까요.

신이 낸 가장 어려운 문제

대한민국 부모들은 자녀가 그럴듯한 대학을 나와 그럴듯한 직장을 구하지 못하면 사달이라도 날 듯 안달복달한다. 국제중·특목고·사교육 바람의 진원지도 바로 그 부모의 가슴 한복판이다.

그런데, 사실이 그렇다. 그럴듯한 대학을 나와 그럴듯한 직장을 구하지 못하면 실제로 사달이 난다. 비정규 빈곤노동의 나락으로 떨어지는 순간, 인생 역전은 이루기 힘든 꿈이 된다. 어쩌면 자식이 그런 처지로 몰릴 수도 있다는 공포가 이 시대 부모들의 심장을 벌떡거리게 하는 게 아닐까. 어떻게 하면 등수로 계급을 갈라서 한쪽에는 특혜의 삶을, 다른 쪽에는 고통의 삶을 안겨줄 것인지만 줄기차게 연구하는 듯한 대한민국 교육 시스템. 거기에 중독된 부모들의 자식 사랑법은 외길이다.

교육 문제는 이렇게 사회체제 전반과 연결된다. 이제 자녀를 둔 부모라면 당장의 교육 문제 해결과 함께 이 비뚤어진 사회체제를 어떻게 바꿔나갈 것인지도 고민해야 한다. 사회 구성원 모두가 제도로 강요되는 불행을 겪지 않을 수 있는 사회, 누구나 열심히 일하면 행복한 삶을 살 수 있는 사회. 그것이 아마도 가장 효과적인 교육 문제 해결책이 될 것이다.

특목고니 자율형 사립고니 하면서 끊임없이 서열화를 시도하는 근거 논리인 수월성 교육이란 것도 그렇다. 지금처럼 생존경쟁의 일환으로 공부를 해야 하고 그 성취를 획일화한 입시로 평가하는 상황에서 아이들이 창의력과 진취성을 키울 수 없다는 건 누구나 인정하는 바다. 그렇게 자라난 엘리트가 공동체를 위해 어떤 기여를 할까? 사회에 진출해서도 학창 시절에 몸에 밴 경쟁의 습관에 지배받는 경우가 많지 않을까? 지금 정치·경제·사회 각 분야에서 이른바 엘리트라는 이들이 보여주는 모습은 하나의 반면교사가 된다. 또 수월성 교육의 수혜자들이 대개 한정된 직업군, 특히 부와 권력이 쉽게 보장되는 직업군으로만 몰리는 현상도 오래된 사회문제다. 다양한 분야의 인재를 키워내지 못하는 수월성 교육은 그저 탐욕의 경기장일 뿐이요, 나라 전체의 고른 발전에는 오히려 해가 될 뿐이다.

인재를 키우기 위한 별도의 교육이 필요하다면, 선발과 양성 과정에서 인성을 중시하고 공동체를 위한 헌신을 몸에 배게 하는 방식이 돼야 할 것이다. 또 공동체의 발전을 위해 음지에서 꿋꿋이 일하는 천재들을 양성하는 과정이 돼야 할 것이다. 그렇게만 된다면, 비록 자신의 자녀가 그 안에 들어가지 못한 부모들이라도 박수를 치며 응원하지 않을까.

이와 관련해 영국 케임브리지대학 앨리슨 리처드 총장이 한 말이 인상적이다. "학생들의 학력뿐 아니라 인성, 잠재력, 사회성을 보며 신입생을 뽑는 게 우리의 입시정책이다." 이를 위해 지원자 개개인을 심층 인터뷰한다고 한다. 또 저소득층 학생들이 더 많이 케임브리지대학에 들어올 수 있도록 여름방학 때 저소득층 학생을 위한 캠프를 마련한다고 한다. 지역 균형선발을 통해 들어온 서울대 학생들이 점수 경쟁으로만 들어온 학생들보다 졸업 학점이 높다는 통계치 발표도 생각할 거리를 던져준다.

교육 문제는 신이 인간에게 내준 가장 어려운 문제가 아닌가 한다. 4800만 가지 이해관계가 얽혀 있고, 사회 전반의 개혁과 맞물려 있으며, 무엇보다 이기심이나 탐욕 등 인간 내면의 충동과 연관돼 있다. 이 복잡한 실타래를 푸는 건 교육 전문가들의 과제이자 우리 모두가 한 줌씩이라도 지혜를 보태야 할 숙제다. 한 가지 분명한 건, 지금과 같은 약육강식의 정글 사회를 그대로 놓아두고는 교육 문제는 영원히 쳇바퀴를 돌 뿐이란 점이다.

어른들의 데드라인

미국 인권단체 휴먼라이츠워치(Human Rights Watch)가 어떤 나라의 학생 체벌 현황을 조사했다. 보고서는 이렇게 실태를 전한다.

"폭력은 학교 생활의 일상적인 부분이다. 교사들은 교실의 규율을 유지하기 위해 막대기나 손으로 체벌을 가한다. 체벌은 일상적이고 자의적이며 때로 잔혹하다. 멍과 상처는 흔하고 뼈나 이가 부러지는 심각한 상해도 일어난다. ……우리가 인터뷰한 이 나라 사람 대부분은 체벌을 인권 문제는커녕 관심거리로 삼지도 않았다."

우리에게 익숙한 풍경의 이 나라는 아프리카의 케냐. 그것도 1999년 상황이다. 한 가지 더하자면, 당시 케냐에는 학교 체벌을 규제하는 법규가 형식적으로나마 존재했다. '체벌은 특정 행위에 대해서만, 충분한 조사 뒤, 증인 입회하에, 다른 학생들이 보지 않는 곳에서 해야 한다. 교장만이 체벌할 수 있고, 규정된 크기의 막대기나 가죽끈을 사용해 남자아이는 엉덩이를, 여자아이는 손바닥을 때릴 수 있다. 여섯 대 이상은 안 되며, 체벌 과정을 기록으로 남겨야 한다.' 반면 우리나라 초·중등교육법 18조와 시행령 31조는 '교육상 불가피한 경우 신체적 고통을 가하는 지도'를 할 수 있다는 두루뭉술한 규정으로 오히려 체벌을 권하고 있다.

이건 우리 사회가 어린이·청소년을 얼마나 하찮게 대우하고 있는지를 보여주는 한 단면일 뿐이다. 〈한겨레21〉에 체벌, 복장 단속 등 어린이·청소년 인권 문제를 다룬 기사를 싣자, 학생 독자들로부터 절절한 사연들이 답지했다.

"방금 학교 다녀와서 〈한겨레21〉을 보다가 깜짝! 놀랐습니다. 저희 집 근처에 있는 문제의 ㄷ고에 대해서 기사가 나온 걸 보고요.

이 학교는 일산에서 대학 진학 실적이 가장 높은 학교입니다. ㄷ고의 '토봉'(토요봉사)은 학생지도라는 명분으로 포장된 폭력입니다. 제가 다니는 학교에서도 '멍청한 년들' '개××들아' 등등의 욕들을 학생들에게 합니다. 전 나름 모범생으로 학교를 다녀왔지만 가끔은 외치고 싶습니다. 저희의 인권을 지켜주세요! 거창한 인권이 아닙니다. 그저 야간자율학습을 하고 싶지 않다는 말 하나. 욕설 안 듣고, 사랑의 매를 넘어선 폭력을 받지 않는, 인격체다운 대접을 받고 싶다는 것뿐입니다. 제발 저희를 살려주세요!" (일산소녀)

"사회와 국사 과목에 관심을 가지고 있는 평범한 학생입니다. 다만 내 오른손에 장애가 있고 ㅅ과 ㄷ, ㄹ, ㅇ 발음이 잘 안 되는 것만 빼고요. 이 두 가지가 다르단 이유로 지금까지 많은 차별과 괴롭힘, 왕따를 당해왔습니다. 초등학교 때 자기 소개하는 시간에 '아버지는 작은 가게를 운영하는 사장님이다'라고 말했는데 ㅅ 발음 잘못으로 '자장님'이라 했고 그때부터 친구들은 '저 손병신은 자장면집 놈이다' 하며 놀려대기 시작했죠. 심지어는 선생님 중에서도 저를 은근히 차별하는 분도 있더군요." (중학교 3학년인 한 학생)

10대, 돌이켜보면 그 얼마나 아름다운 이름인가. 흐트러진 외모 하나에도 남들 눈길이 어떨까 100번도 더 고민하고, 석양을 바라보며 아득한 인생의 수수께끼에 마음을 태우기도 하며, 고전 속의 한 문장만으로도 정신을 1~2센티미터씩 키워내고, 마음에 품은 친구(이성이든 동성이든)와 손이라도 잡고 나면 빅뱅의 힘으로 심장이 터지고, 맑은 거울 같은 눈으로 정의를 분간해내며, 천 갈래 만 갈래 뻗어나간 미래의 꿈에 행복한 열병을 앓는…….

그 아름다움을 억눌린 10대의 절규와 속삭임과 깔깔거리는 웃음 속에까지, 우리 사회가 흘려버린 아이들의 진실이 숨어 있다. 굳이 인권이란 잣대가 아니어도 좋다. 바야흐로 총체적인 성찰의 데드라인이 왔다. 그러니 먼저, 저 아름다운 이름 그대로 아이들을 불러보자. 그리고 말하자, 어른들이 잘못했다고.

0.04퍼센트를 둘러싼 호들갑

2010년 7월 13~14일 전국적으로 치러진 학업성취도 평가(일제고사)에서 시험을 안 본 학생이 769명으로 집계됐다. 당시 시험을 안 보려는 아이들을 위해 대체 프로그램을 시행한 학교와 교육청에 대해 불법 딱지가 붙고, 아이들이 시험을 보지 않도록 꼬드겼다는 혐의로 교사들을 윽박지르는 살벌한 분위기가 장맛비처럼 전국을 적셨다. 그래도 '최악의 파행'은 피했다고들 한다. 앞서 6·2 지방선거에서 이른바 '진보 교육감'들이 많이 당선된 탓에 더 많은 학생들이 시험을 거부할까봐 걱정들이 많았나 보다. 그럼 된 것 아닌가. 왜 이토록 호들갑인가.

769명은 전체 응시 대상 190만여 명의 0.04퍼센트에 해당한다. 1만 명에 4명꼴이다.

직장에서 부서 회식을 하면 보통 서너 명이 빠진다. 20명쯤 되는 부서라면 15~20퍼센트에 해당한다. 사전 약속이 있거나, 집안 사정이 있거나, 부장이 보기 싫거나, 갑자기 아프거나…… 이유는 다 종다기하다. 사람 사는 게 그렇다. 군복무 시절, 내무반장이 기합을 주기 위해 '집합'을 시켜도 내무반원 중 두세 명은 꼭 빠졌다. 내무반장보다 높은 사람이 불러서 일을 시키거나 심부름을 시키는 졸병은 그 땀내 나는 '집합'에서 '열외'가 됐다. 어쨌든 5~10퍼센트에 해당한다. 전군을 대상으로 비상소집을 해도 결원이 0.04퍼센트 이하일 가능성은 높지 않다고 본다. 군인도 사람이고, 사람 사는 데는 다종다기한 사정들이 있기 마련이다.

그런데도 0.04퍼센트의 열외조차 인정할 수 없다는 기세의 일제고사 강박증, 순도 100퍼센트의 획일화가 교육의 목표라도 된다는 듯한 교육당국의 태도에 섬뜩한 느낌이 든다. 1만 명에 4명꼴의 '다름'도 인정할 수 없다는 건 아무래도 전체주의국가, 그것도 완벽에 가까운 전체주의국가에서나 통할 논리이기 때문이다.

일제고사는 아이들의 학력이 고르게 향상되고 있는지 평가해 뒤처진 아이들을 부축하려는 뜻에서 치러지는 시험이다. 이런 취지에 따르자면 사실 모든 아이들에게 시험을 보라고 할 필요도 없다. 표본을 골라 시험을 치르게 해서 해당 지역이나 학교의 전반적 학력 실태를 점검하면 된다. 만약 대다수 학생들이 시험을 거부함으로써 이런 취지마저 살릴 수 없는 사태가 온다면 모를까, 0.04퍼센트에 기겁하는 지금의 사태는 차라리 우스꽝스럽기까지 하다. 미국에서는 학부모에게 시험 거부권은 물론 자녀의 시험 점수가 표본으로 선택되는 것을 거부할 권리까지 보장한 결과, 캘리포니아주 같은 곳에서는 거부권을 행사하는 부모들이 너무 많아 시험 결과의 통계적 의미가 없을 정도라고 하지 않는가.

정작 눈에 쌍심지를 켜고 추궁해야 할 것은 충북의 한 초등학교에서 일어났다는, 교감 선생님이 일제고사 시험감독을 하면서 답을 가르쳐줬다는 의혹 같은 게 아닐까. 일제고사 성적이 공개되는 만큼 여러 학교에서 어떻게든 시험 성적 높이기에 나섰을 것이라는 의심이 들게 하는 사례이기 때문이다.

이해타산이 작동해 규칙을 어기는 건 분명 일탈이요, 교육의 차원에서 경계해야 할 일이다. 반면 이해타산 없는 아이들의 마음에서 우러나온 선택이 어른들이 부여한 틀을 벗어난 경우라면 아이들의 마음을 먼저 헤아려볼 일이다. 0.04퍼센트에 우리가 잊어버린 어린 시절의 마음, 우리가 모르는 큰 비밀이 들어 있을지도 모르기 때문이다.

서로 다른 나이테 측정법

타티아나는, 나와 또래니까, 옛 소련 체제에서 어린 시절을 보냈다. 소련이 해체된 뒤 고향인 카자흐스탄에서 변호사로 일한다. 2000년대 중반 미국의 한 로스쿨에서 연수할 때 그를 만났다. 세계 여러 나라에서 온 10여 명이 같은 프로그램에서 공부했는데, 타티아나는 유독 내게 친절했다. 그는 카자흐스탄에 사는 우리 동포들, 그러니까 고려인들과 친했고, 그곳 토착민인 카자크족도 우리와 생김새가 비슷해서 내게 친근감을 느꼈다고 한다.

나는 그런 친절에 감사하는 것을 넘어 그에게 과도하게 친절을 요구할 수밖에 없었는데, 바로 영어 때문이었다. 귀머거리와 벙어리를 키워내는 우리나라 영어 교육에서 자유롭지 못했던 나는 다른 동료들로 하여금 어떻게 로스쿨 입학 허가를 얻어냈는지 의구심을 느끼게 할 만큼 회화에 무능했다. 타티아나는 그런 내게 통역자 아닌 통역자가 돼주었다. 여럿이 대화하는 도중 내가 맥락을 놓쳤다는 표정을 지을 때면, 타티아나는 또박또박 그리고 천천히 그들 대화의 요지를 간추려줬다. 간혹 내가 하고 싶은 말을 입 안에 잔뜩 물고만 있을 때도 그는 내 마음을 짐작하고는 상대방에게 내

뜻을 유창한 영어로 전달해주곤 했다. 그는 러시아말 억양을 완전히 떨치지 못한 것을 제외하고는 원어민과 다를 바 없는 영어를 구사했다.

어느 날 하굣길에 나의 그 '이상한' 영어 실력이 화제가 됐다.

"너는 왜 어려운 영어 책은 읽을 수 있으면서 말하는 건 그 모양이지?"

"우리나라 영어 교육에 문제가 있어서지."

"그래도 너는 토플 시험을 보고 학교가 요구하는 점수를 얻어 여기 왔잖아. 몇 점이나 받았지?"

"263점(CBT)."

"정말? 오 마이 갓! 나랑 점수가 같잖아."

"네 점수가 왜 그것밖에 안 되지?"

"이해할 수 없군."

"나 역시."

나는 내가 중·고교 시절부터 입사 시험 때까지 겪은 영어 공부의 현실과 토플 시험 점수를 올리기 위한 한국 학생들의 피나는 노력, 인터넷에 난무하는 온갖 비법 등에 대해 설명하기 시작했다. 하지만 워낙 더듬거리며 말했기에, 본론이 무르익기도 전에 우리는 벌써 기숙사 앞에 도착해버렸다.

알다시피, 토플은 영어 문장을 이해하는 능력, 어휘력, 강의를 듣고 이해하는 능력, 영어로 글 쓰는 능력 따위가 골고루 갖춰져 있는지를 본다. 하지만 이런 영어 능력의 총체를 일일이 다 따져보는 건 쉽지 않다. 그래서 한 단면을 잘라보는 게 시험이다. 영어 능력을 하나의 나무에 비유한다면, 밑동의 적당한 지점을 잘라 나이테를 확인해봄으로써 얼마나 잘 자란 나무인지 살피는 것이다.

그런데 어릴 때부터 온갖 시험에 시달리며 '시험의 달인'이 된 한국 학생들은 묘목을 심어 둥구나무로 키우기보다는 어디선가 두툼한 통나무 한 토막을 구해오는 편이 낫다는 걸 잘 안다. 잘라본 결과야 똑같기 때문이다. 그래서 똑같이 지름 263밀리미터의 나무였지만, 타티아나의 것은 쭉 뻗은 가지와 무성한 잎, 게다가 하얀색 껍질까지 지닌 멋진 자작나무였고, 내 것은 이끼 낀 나무토막에 불과했던 것이다.

20년이 넘는 영어 공부 과정에서 진정 영어에 흥미를 느껴본 것은, 안타깝게도, 서른 중반에 떠난 미국 연수에서였다. 국제인권법을 공부했는데, 각종 인권 관련 논문이나 외국 법원의 판결문 따위를 읽으며 그 빈틈없는 논리와 인간에 대한 무한한 애정을 새긴 알파벳 활자에 깊이 빨려 들어갔던 시절이었다. '영어가 이렇게 아름다운 언어였구나'라는 생각마저 들었다. 학창 시절부터 내가 정말로 관심 있고 감동받을 수 있는 내용의 영어 책이나 문학작품, 논문 따위를 접할 수 있었다면 영어를 훨씬 재미있고 열정적으로 공부할 수 있었겠다는 자책 아닌 자책을 했다.

지금의 청소년들에게도 그들의 관심거리를 담은 텍스트를 스스로 교재로 선택하게 하고, 영어 교사는 아이들과 어울려 그 각각의 텍스트를 통해 지도하고, 입시에서는 아이들 각자의 관심거리를 소재로 독해나 회화 능력을 따져본다면, 영어가 지금처럼 아이들을 괴롭히지는 않을 것이다(타티아나가 소련 시절 영어를 공부할 때는 미국의 인종차별 등이 영어 교재의 주된 내용이었다고 한다. 어릴 때 레닌을 존경했다는 그는 미국을 비판하는 영어 교과서에 흠뻑 빠져들었을 것이 분명하다). 또한 실력 면에서도 월등한 향상을 보이리라 확신한다. 강요하지 않아도 알아서 빠져들 테니까.

학원 강사가 미국 대학입학자격시험(SAT) 문제를 빼돌렸다가 적발된 사건을 접하며 떠오른 생각이다. 나라 망신을 따지기 이전에 아이들이 덜 고통스럽게 영어를 공부할 수 있는 방법이 무얼까 먼저 생각해야 할 것 같아서다.

세상의 모든 어린 것들은 아름답다

낳고 싶지만 차마 낳을 수 없는

봄이다. 빨간 작약 꽃망울들이 앳된 표정으로 눈웃음부터 친다. 나무들도 가지에 한창 물이 올랐다. 아기 살갗 같다. 성마른 놈들은 벌써 파릇파릇한 잎사귀를 내밀었다. 곧 천지가 새순으로 덮일 것이다.

세상의 모든 어린 것들은 아름답다. 자식을 낳아보기 전에는 사실 실감하지 못했다. 총각 시절 친구가 어느 해 봄에 한 신부님과 산행을 하다 들었다는 말, "이런 꽃구경을 몇 번이나 더 할 것 같아?" 같은 말도 건성으로 넘겼다. 아이가 생기고 자라다 보니, 그만큼 나이를 먹다 보니 이젠 그런 말이 종종 생각난다. 그럴수록 세상의 모든 어린 것들은 더 예쁘게 다가온다.

이를 위해 태양과 지구는 일찍부터 공모를 한 모양이다. 공전의 시간과 자전축의 기울기를 합작해 한 해 한 차례씩 봄이라는 계절을 준비해둔 것이다. 만져보기도 조심스러운 여린 이파리들에 광자가 부딪쳐 만들어내는 말간 연둣빛, 아스라한 색깔로 천지를 덮는 보드라운 꽃잎들의 움직임, 겨울잠에서 깨어난 말랑한 피부의 생명체들, 덩달아 눈부시게 빛나는 아이들의 발간 볼……. 태양과 지구의 합작으로 어린 생명체에 대한 사랑을 꼬박꼬박 되새기게 하는 봄이 찾아왔다.

그리고 우리는 절망한다. 컴퓨터 게임에 빠져 갓난아이를 굶겨 죽인 부모의 이야기는 '비정상'으로 치부하자. 천지사방이 아이 키우기가 버겁다는 신음 소리로 끙끙댄다. 아이를 맡길 곳도 없고, 오로지 아이를 챙기자니 가계가 엉망이 되고, 아이가 커갈수록 걱정은 태산처럼 쌓인다. 사교육비를 많이 들여야 공부를 잘한다는 한탄이 정부의 학업성취도 평가를 통해 또다시 공식화되고, 교육 관료라는 자들은 그런 결과를 한 치의 부끄러움 없이 발표한다. 가난한 아이들을 위한답시고 교복 쿠폰을 나눠준 지역에서는 교복을 납품할 업체가 물량을 제때 맞추지 못해 교복도 입지 못한 채 입학식을 한 아이들도 있다. 누구도 부끄러워하지 않는다. 내 자식 네 자식 가리지 않고 학교 급식이라도 무상으로 먹이자는 제안에 이른바 '합리적 보수'를 자처하는 무리들은 급체 증상을 보인다. 급기야 출산율이 사실상 세계 꼴찌인 우리나라에서 여성들이 '출산파업'을 공식적으로 선언한다. 그 절망은 사실 오래된 것이다.

어린 생명의 유전을 경제적 가치로 따질 일은 아니다. 그래도 국가 경쟁력을 신줏단지 모시듯 하는 성장주의자·개발주의자라면 그런 계산도 할 법하다. 인구가 급격히 줄어드는 지금의 출산율로는 머지않은 미래에 나라의 경쟁력이 심각한 타격을 받게 되리라는 계산 말이다. 그런 계산도 못하는 대통령이나 관료라면 천치·바보요, 그런 계산을 하고도 지금처럼 아무 대책도 내놓지 않는다면 더 심한 천치·바보가 아닐까.

머지않아 앞산·뒷산에 피어날 꽃들에서 이 땅에 미처 태어나지 못한 우리의 자식들 얼굴을 볼 것 같다. 애틋하고 두렵다. 둘째·셋째·넷째를 낳고 싶지만 차마 낳을 수 없는 부모들은 이 봄에 왈칵 눈물이라도 쏟아야 하나. 세상의 모든 어린 것들이 예쁘기만 한 봄날 오후에.

무상급식 논의의 한 대안

끊이지 않는 논란거리인 무상급식 문제에 대해 한 가지 대안을 제시하고 싶다.

무상급식 반대론의 최신판은 "경제적으로 여유가 있는 사람의 자녀 점심값까지 정부가 다 내줄 만큼 우리 정부가 한가하지 않다"(정몽준 한나라당 의원)거나 "도움이 필요한 서민들이 더 많은 혜택을 받게 하고, 국민의 혈세를 부자 급식에 써서는 안 된다"(안상수 한나라당 의원)는 논리다. 한나라당이 부자들에게 등을 돌리기 시작한 건가. 이명박 정부의 감세정책으로 소득수준이 높은 상위 20퍼센트는 혜택을 받고 나머지 80퍼센트는 오히려 부담이 늘었다는 통계청 자료를 떠올리면, 여당이 그동안 부자들만 너무 챙겨온 데 대한 자격지심이 발동한 것은 아닌가 하는 생각도 든다. 세제를 고쳐서 부유층의 감세 혜택을 좀 줄이고 그 대신 무상급식으로 그 자제들의 급식비를 지원해주면 안 될까. 어쨌든 무상급식을 전면 실시하자면 예산이 너무 많이 들고, 그 많은 예산을 들여 굳이 부유층까지 지원할 필요가 있냐는 게 반대론의 핵심이라 하겠다.

그렇다면 제안하건대, 급식을 모든 어린이·청소년에게 무상으로 제공하되 무상급식을 받지 않아도 될 만한 부유층은 정부가 개설한 계좌에 자발적으로 임의의 급식비를 입금하도록 하는 제도는 어떻겠는가. 예상되는 세 가지 장점이 있다.

첫째, 현재와 같은 선별적 무상급식 제도로 인한 저소득층 아이들의 아픔을 치유할 수 있다. 아이들에게 자신이 무상급식 대상이 된다는 사실, 즉 자기가 가난하다는 사실을 스스로 증명하도록 하는 지금의 제도는 야당이 주장하는 "차별급식"이나 "왕따급식"이란 단어로는 다 표현할 수 없는 야만성을 지녔다. 윤증현 전 기획재정부 장관은 "경제하는 사람 입장에서는 (무상급식은) 납득이 안 된다. 사회주의국가로 가는 것도 아니고 재원은 뭘로 하느냐"고 말했다는데, '경제하는 사람 입장'이 아니라 '손자가 그런 처지에 있는 할아버지 입장'에서도 그런 생각을 할지 물어보고 싶다. 경제가 인간성보다 우선적인 가치를 지닌다고 믿는다면 더 이상 할 말은 없다.

둘째, 우리나라 부유층의 '노블레스 오블리주'를 만천하에 입증할 수 있다. 정부가 개설한 계좌로 자발적으로 쏟아져 들어오는, 실제 급식비와 관계없이 그 이상도 쾌척하는 입금 행렬을 목도한다면, 우리는 우리 사회에 아직 희망이 있다는 기쁨에 들뜨게 될 것이다. 그 명단에서 정몽준 의원이나 안상수 의원, 윤증현 전 장관 등의 이름을 볼 수 있다면 더욱 반갑지 아니하랴.

셋째, 위의 장점과 연관된 것으로, 무상급식 예산을 절약할 수 있다. 노블레스 오블리주의 꽃이 화려하게 필수록 국가 재정도 튼튼해지는, 아름다운 선순환의 고리가 완성되는 것이다. 자발적 입금이 전혀 없거나 매우 저조하다면 예산 타령이 다시 흘러나올 수 있다. 물론 그 예산 타령은 지금처럼 가난한 아이들에게 저주나 마찬가지인 차별의 노래는 아닐 터. 반대로 부유층의 이타심과 사회적 책임을 촉구하는 긍정의 예산 타령에, 우리는 덩실 춤까지 추지는 않아도 가슴을 쥐어뜯는 참담함에서는 해방될 수 있을 것이다. 가르치며 또한 기른다는 뜻의 '교육'(敎育), 헌법에 명시된 아이들의 교육받을 권리가 제자리를 찾을 수 있을 것이다.

이상의 제안에 반론은 얼마든지 있을 수 있다. "무상급식을 하면 극단적으로 옷도 사주고 집도 사줄 것이냐"(윤 전 장관) 따위의 돼먹지 않은 주장이 아니라면, 얼마든지 환영한다. 나아가 이 제안을 깡그리 짓뭉개도 좋으니, 어떻게든 제발 아이들에게 상처 주지 않는 급식제도를 실현할 수만 있다면 좋겠다.

5장

당신의 인권은 안녕한가

인권이고 뭐고 따질 것 없이 누군가를 고문하고 극형에 처하고 짐승처럼 감시해야 한다는 주장이 우세할 때, 자라나는 아이들은 증오하는 법부터 배우게 된다. 반대로 범죄에 쉽게 노출되는 취약층 아이들을 사회가 돌봐주고, 어린이를 존중하는 사회 분위기를 만들며, 성범죄자의 인권마저 인정하면서 대책을 세우자는 흐름이 대세를 이룰 때, 아이들은 증오 대신 용기를 배우게 된다.

고문당한 용의자가 무고한 시민이었다면?

납치범의 질문

어린이 납치 용의자가 붙잡혔다. 그러나 아이와 함께 있지 않았다. 아이의 위치를 추궁하는 경찰에게 용의자는 변호사를 불러달라고 했다. 그는 변호사에게 아이의 몸값을 받으면 수임료를 주겠다고 했다. 변호사는 수임을 거부했다. 이번엔 용의자가 아이의 부모를 찾았다. 몸값 대신 변호사 수임료와 보석금을 현금으로 달라고 요구했다. 실랑이로 시간이 흐른 뒤, 용의자는 아이를 산 채로 상자에 넣어 묻어둔 장소를 실토했다. 경찰이 도착했을 때 아이는 생존의 몸부림 끝에 질식해 숨져 있었다.

아이가 처한 상황을 미리 알았다면, 경찰은 변호사를 선임할 권리고 뭐고 따질 것 없이 범인의 얼굴부터 후려쳐야 했을까. 그래도 불지 않는다면 그의 손톱 밑에 바늘이라도 찔러넣어야 했을까. 1980년대 초 미국 뉴욕주에서 일어난 이 사건은 '재깍거리는 시한폭탄 가설'(ticking time bomb scenario)의 한 실례로 인용되곤 한다.

서울의 한 다중밀집 장소에 시한폭탄이 설치돼 있다는 첩보를 입수한 경찰이 유력한 테러 용의자를 체포한다. 첩보에 따르면, 폭탄이 터지기까지 남은 시간은 30여 분. 용의자는 완강히 진술을 거부한다. 폭탄이 터지면 수백~수천 명의 시민이 목숨을 잃게 된다. 재깍재깍. 시간은 이제 15분 남았다. 우리는 저 가증스런 테러리스트의 머리를 욕조물에 밀어넣어야 할까.

이 가설은 고문 금지라는, 헌법과 인권의 대원칙에 선명한 균열을 낼 수도 있는 유혹이다. 내 딸의 목숨이, 수천 명의 무고한 시민의 목숨이 경각에 달렸는데, 한갓 종이 위의 잉크 자국인 헌법 조항이 무슨 대수며 짐승만도 못한 자의 인권이 무슨 가치란 말이냐. 하버드대학 로스쿨 교수인 앨런 더쇼위츠 같은 이는 아예 '고문영장' 제도를 만들어 이럴 때 '합법적으로' 고문을 하자고 주장한다.

그러나 저 테러 용의자는 고문에 즉각 입을 열까? 1995년 필리핀 경찰은 여객기 10여 대를 폭파하려던 테러 계획을 막아냈는데, 유용한 정보는 대부분 범인의 노트북에서 찾아냈다. 이후 67일 동안 계속된 구타와 담뱃불로 성기 지지기 등의 고문으로 얻어낸 것은, 경찰이 상상력을 동원해 '너 이렇게 하려고 했지?'라고 물어본 질문들에 마지못해 고개를 끄덕인 자백들뿐이었다. 더구나 이런 상황에서 테러 용의자가 경찰을 혼란시키려 거짓 사실을 슬쩍슬쩍 흘린다면? 그러는 사이, 남은 15분이 모두 지난다면? 만에 하나, 고문당한 용의자가 무고한 시민이었다면?

이런 의문들 속에 이스라엘 대법원은 이런 답을 내놨다. 이스라엘 국가안보원(GSS)의 테러리스트 고문 관행에 대한 1999년 판결이다. "건국 이래 이스라엘 파괴를 목적으로 자행되는 온갖 테러로, 공공장소, 대중교통수단, 도심 광장, 극장, 커피숍 등에서 수십 명씩 목숨을 잃고 있다. 테러분자들은 어린이도 가리지 않는다. ……그러나 이를 막기 위해 어떤 수단이든 다 동원할 수는 없다는 게 민주사회의 숙명이다. 민주사회는 한 손을 뒤로 묶인 채 적과 싸워야 하는 것이다. 그래도 우리에겐 나머지 한 손이 있지 않은가. 법의 지배와 개인의 권리 인정은 안보를 다루는 데서도 불가결한 요소다. 그것이 마침내는 우리 사회의 정신과 힘을 강화할 것이며 우리가 직면한 문제도 극복하게 할 것이다."

시나리오는 시나리오를 낳는다. 저 어린이 납치 용의자가 끝내 입을 다물고 있을 때, 경찰은 그에게 어린 딸이 있다는 사실을 알게 된다. 딸을 취조실로 데려온다. 용의자는 딸을 사랑한다. 용의자를 고문하는 대신, 딸에게 위해를 가하겠다고 협박한다면? 그래도 자백을 하지 않는다면? 그럼, 남은 방법은? 잔혹한 가정의 연속…….

어린이 납치·살해 사건이 잇따르면서 피의자 인권을 부정하는 주장이 스멀스멀 번져나온다. 더 이상 용의자의 얼굴을 가려주지 말자는 주장부터 모든 가능한 수단으로 범죄자를 처벌·감시하자는 아우성 속에, 10년 이상 동안 정지된 사형집행의 부활을 불러내려 주문을 외는 이들도 있다. 법의 지배와 인권은 위축돼가고 있다. 문제는 중요한 원칙이 한번 기울기 시작하면, 미끄러운 경사면(slippery slope)을 타듯이 가속도가 붙는다는 점이다. 그 쏠림 현상 속에 한 사회의 정신과 힘도 길을 잃는다는 점이다.

인권이고 뭐고 따질 것 없이 누군가를 고문하고 극형에 처하고 짐승처럼 감시해야 한다는 주장이 우세할 때, 자라나는 아이들은 증오하는 법부터 배우게 된다. 반대로 범죄에 쉽게 노출되는 취약층 아이들을 사회가 돌봐주고, 어린이를 존중하는 사회 분위기를 만들며, 성범죄자의 인권마저 인정하면서 대책을 세우자는 흐름이 대세를 이룰 때, 아이들은 증오 대신 용기를 배우게 된다. 굳이, 훗날 또 다른 흉악범이 되어 돌아올 가능성이 큰 아이는 누구인지 생각하지 않아도 될 일이다.

* 알프레드 매코이 미국 위스콘신매디슨대학 역사학 교수와 스티븐 그리핀 툴레인대학 로스쿨 교수의 글을 참조했음을 밝혀둔다.

인권의 제4기

7월치고는 소슬한 저녁이었다. 이튿날 새벽에 그토록 무시무시한 뇌우가 퍼부을 것을 예견하진 못했다. 서울 조계사 한켠, 한국불교역사문화기념관이라 이름지어진 공간에서 우리는 만났다. 1999년에 세워진 인권단체 '인권연대'의 창립 10주년을 기념하는 자리였다.

리영희 선생이 참석했다. 『우상과 이성』, 『전환시대의 논리』, 『8억인과의 대화』 등으로 저 눈먼 군사독재 시절 우리의 정신을 손잡아 이끌던 이다. 2000년 병을 얻어 쓰러진 뒤 우리는 그를 잊고 지냈다고 해야 할 게다. 간혹 투병 소식을 접할 때 안타까움을 느꼈을지언정, 그의 꼬장꼬장한 사유와 비판적 지성에 더 이상 손을 내밀 필요는 없었기 때문일 터다. 그날 저녁 선생이 개념화해 준바, '인권의 제3기'를 우리는 살고 있었던 것이다.

그가 아직 자유롭지 못한 몸으로 힘겹게 단상에 올라 자리를 잡을 때까지 우리는 박수를 그치지 않았다. 의지와 무관하게 자꾸 떨리는 여든의 오른손을 왼손으로 맞잡으며 그는 붉은 얼굴로 『레미제라블』을 이야기했다. 군사독재 시절 감옥에 앉아 프랑스어로 읽었다는 소설의 한 대목.

도망치던 장발장과 코제트가 다리를 건너려다 자베르 경감의 부하들에게 앞뒤로 포위당한 순간, 어서 체포하자는 부하들을 만류하며 자베르는 체포영장을 미처 받아오지 못했으니 철수하자고 명령한다. 장발장을 체포한다면 신문의 대서특필감이 될 테고, 그 와중에 체포영장 없는 불법 체포 사실도 드러날 테고, 이는 자칫 장관이 의회에서 불신임당할 만큼 파장을 일으킬 터이므로 오늘은 그냥 돌아가자고 한다. 설령 다시 장발장을 손아귀에 넣는 게 몇 년 뒤가 될지 모르더라도 말이다. 소설의 배경은 1830년대였다.

선생은 12줄 정도 되는 이 대목을 읽으며 "쇼크"를 받았다고 했다. "영장 없이 끌려간 광주형무소"에서 2년형을 살고 있던 처지였다니, "프랑스혁명 이후 민주화와 인간 존중의 모든 가치가 들어있는" 이 대목의 독서에서 감전되지 않을 수 없었으리라. 프랑스보다 160년 이상 뒤져 있는 조국의 인권 현실이 얼마나 차갑게 피부를 파고들었을까.

선생은 그렇게 '인권의 제2기'를 살았다. 민간 독재인 이승만 정권의 '제1기'는 그나마 숨 쉴 틈이라도 있었다면, 박정희·전두환 정권으로 이어지는 제2기에선 "인간으로서의 자주성과 독립성이 부정"당하고 "동물의 법적 대우"를 받으며 "그 모멸감으로 자살하는 이들의 심정을 알 것 같았"던 시절이었다.

전직 대통령의 투신이라는 역사적 비극을 낳은 '인권의 제4기'를 맞아 선생이 치를 떠는 이유다. 김대중·노무현 대통령 집권기인 '인권의 제3기'를 거치며 신병 치유에만 전념하던 그를 이날 300여 대중 앞으로 불러낸 이유다. 그의 메시지는 간명했다. 지금의 지배집단은 "비인간적이고 오로지 물질주의적"이며 이제 한국 사회는 "파시즘의 초기"에 들어섰다. "지향하고 숭배해야 할 가치라고는 돈밖에 모르는", 그래서 "인간의 존재가치가 말살되어가는" 세상이 다시 왔다. 장발장을 구원했던 인권의 원칙과 절차적 정의는 다시 다리 밑으로 처박혔다.

선생의 강연에 이어 무대에 오른 '노래를 찾는 사람들'이 「함께 가자 우리 이 길을」을 불렀다. "가로질러 들판 산이라면 어기여차 넘어주고 사나운 파도 바다라면 어기여차 건너주자. 해 떨어져 어두운 길을 서로 일으켜주고 가다 못 가면 쉬었다 가자. 아픈 다리 서로 기대며 함께 가자, 우리 이 길을 마침내 하나됨을 위하여." 옆자리에 앉은 지인은 마흔 줄에 낮게 훌쩍거렸다. 저 빛바랜 1980년대의 노래가 그 여름밤 우리의 노래가 됐다.

* 리영희 선생은 2010년 12월 5일 별세했다. 다시 한번 고인의 명복을 빈다.

그 놈의 헌법뿐이랴

말기암 환자의 산소호흡기를 떼어내 안락사(존엄사)시킨 의사에 대한 경찰의 무혐의 결정을 보면서 인간의 존엄성을 다시 생각한다. 인간은 존엄하여 신만이 그 생명을 거둘 수 있다는 견해도 있고, 격렬한 불치의 고통을 견디도록 강요할 수 있는 건 신뿐이며 어떤 세속적 권위도 존엄히 죽을 권리를 앗을 수 없다는 견해도 있다. 인간의 존엄이란 어떤 존엄일까? 인구의 대부분이 자살을 죄악시하는 가톨릭 신자로 구성된 한 남미 나라에서 헌법재판소는 안락사를 지지하는 이례적인 결정을 내리며 이 질문에 하나의 대답을 내놨다. "생명을 단지 신성한 어떤 것으로만 여겨서는 안 된다. 생명에 대한 권리는 그것을 유지하는 것으로 단순화할 수 없으며, 그보다는 존엄한 삶의 조건에서 제대로 살아갈 수 있어야 한다는 뜻을 함축하는 것으로 봐야 한다."

존엄성이란 선언적이고 신학적이고 지고지순한 천상에 속한 단어가 아니라, 현실적이고 세속적이고 비루한 인간 세상에 속한 단어임을 말하고 있다. 범접할 수 없는 밤 하늘의 별이 아니라, 지금 이곳에서 손에 잡을 수 있는 욕망이어야 한다고 말하고 있다.

죽음에 있어서도 그러한데, 살아서의 문제에서랴. 헌법은 모든 이에게 존엄과 가치가 있다고 밝히면서, 일상에서 그 존엄을 충족할 욕망의 리스트를 세세히 기록하고 있다. 인간다운 생활의 권리, 장애인에 대한 국가의 보호, 건강하고 쾌적한 환경에서 살 권리, 사회복지의 보장…….

그렇다면 다음과 같은 대한민국의 한 풍경 속에서 우리는 과연 몇 명의 존엄을 찾아낼까?

석양 녘, '베트남 여성, 절대 도망가지 않습니다'라는 현수막이 펄럭이는 도시 한켠의 육교 아래. 허리 꼬부라진 할머니 한 분이 작은 손수레를 끌고 간다. 동전 몇 개와 바꿀 폐지를 모으려 70살 노구를 혹사시킨다. 삶의 황혼 녘. 이제까지도 충분히 고단한 일생이었지만, 당장 오늘 저녁에 손주에게 소시지 반찬이라도 먹이려면 걸음을 멈출 수 없다. 집에서 할머니를 기다리고 있을 손주의 또래쯤 될까. 10대 아이들 서넛이 이 건물 저 건물을 기웃거린다. 오늘 밤을 웅크리고 보낼 안전한 건물 계단을 찾는 중이다. 집 나온 지 여섯 달. 부모도, 학교도, 그 누구도 이들을 돌보지 않는다. 아이들은 주린 배를 움켜쥐고 야수처럼 먹잇감의 돈을 뺏거나 훔치거나 그냥 굶는다. 어른과 달리 아이들의 노숙은 '비행'이라 치부될 뿐 진지한 사회문제로 다루지 않는다. 아이들이 기웃거리던 건물 중 하나인 대형마트에선 어느 아이의 어머니처럼 홀로 가계를 꾸리는 여성이 일하고 있다. 착실하게 공부하는 아들만 바라보고 산다. 비싼 학원은 아니어도 한두 과목은 가르치고 싶다. 그러나 갑작스런 해고 통보. 비정규직은 성실히 일하고 싶어도 그럴 수 없다. 뒷골목 반지하방에서는 그처럼 직장을 잃고 막막한 삶을 '국가공인' 고리사채로 견디던 또다른 여성이 수면제 한 움큼을 만지작거리고 있다. 골목길로 들어서는 경찰차. 30대 중증장애인은 자신을 돌보던 유일한 손길이던 가난한 아버지마저 병으로 숨진 뒤 스스로 목맨 채 발견됐다. 이웃들은 수군거린다, 어차피 혼자서는 못 살았지. 죽음의 냄새를 담은 바람이 골목을 벗어나자, 할머니도 아이들도 이젠 보이지 않는다. 육교 난간에 '존엄 대신 돈'이라는 현수막만 펄럭거린다.

그놈의 헌법은 휘황한 권리로 치장한 채 법전 속에서 히죽인다. 잡범 하나를 체포한 형사가 신성한 묵비권을 일러주고는 이내 "불어, 새끼야!"라고 주먹을 내지르는 장면이 연상된다. 존엄성을 일러주기만 할 뿐 보장해주지는 않는 잡범 취급. 존엄성은 순간 천상의 그 무엇으로 증발해버린다. 탓할 게 그놈의 헌법뿐이랴. 인간 존엄성의 수호자여야 할 대통령, 국회의원, 장관 나으리들. 그놈의 …….

차이와 차별

앞을 못 보는 판사

'앞을 못 보는 판사?'

지난 1992년 리처드 케이지 변호사가 미국 뉴욕 연방법원 판사로 천거됐을 때 〈뉴욕타임스〉는 이런 제목으로 사설을 썼다. 시각장애인에 대한 첫 연방법원 판사 천거였다. 색소성 망막염으로 시력을 완전히 잃은 지 5년째를 맞던 케이지는 당시 59살이었고, 맨해튼의 연방 검사보를 지내기도 한 베테랑 변호사였다. 서류를 음성으로 읽어주는 컴퓨터 프로그램 등에도 익숙했다. 그러나 문제는 그가 맡아야 할 자리가 구체적인 사실관계를 밝혀내야 하는 1심 법원의 판사라는 점이었다. 주로 법률 쟁점을 검토하는 항소법원과는 역할이 다르기 때문이다. 특히나 배심원을 앞에 두고 벌어지는 미국의 재판은 영화에서 보듯 우리나라보다 훨씬 역동적이지 않은가.

"민·형사 1심 재판을 주재하는 판사는 변호사와 증인, 맞붙는 당사자들로 채워진 법정을 통괄하는 자리다. 편견 없는 배심원을 선정하고 법정에서 증인의 신빙성을 판단해야 하는 1심 판사에게는 상대의 눈빛을 읽는 능력이 필수불가결한 것으로 여겨진다."

〈뉴욕타임스〉는 또 지적했다. 법정에서 변호사나 증인이 배심원들에게 영향을 주기 위해 은근슬쩍 손짓이나 무언의 제스처를 쓰면 어쩔 건가. 각종 시각적 증거물은 또 어떻게 판단할 건가. 신문은 케이지 변호사가 시각장애라는 삶의 부담에 더해, 판사직을 수행할 수 있음을 증명해야 하는 '입증 책임'까지 지고 있다고 지적했다.

그는 결국 '아버지 부시' 대통령 임기를 지나 1997년에 클린턴 대통령에 의해 연방판사로 임명됐다. 이후 케이지의 행적을 자세히 알지는 못한다. 다만 지난해 7월 그의 사망을 알리는 부음 기사로 그 흐릿한 실루엣을 그려볼 뿐이다.

"장애인 가운데 미국의 첫 연방 1심 법원 판사로서 낙태 문제와 마피아 두목 피터 고티 사건 등 굵직한 재판을 담당했던 리처드 케이지가 숨졌다. 향년 74세. 그는 이른 아침 안내견 바니와 함께 출근하는 맨해튼 남부 지방법원의 터줏대감이었다. 그는 법대에 앉아서는 변호인이나 증인들에게 한결같이 무뚝뚝했다. 그러면서도 시각장애를 극복하기 위해 유머와 (최근 들어) 스키를 즐겼다. 일각에선 시각장애인 판사가 증인의 신뢰성을 정확히 판단할 수 있느냐고 의문을 제기했다. 하지만 케이지 판사는 말했다. '팩트들의 일관성과 논리적인 연관성을 추적하다 보면 진실은 밝혀지게 마련이다.' 물론 시각 증거물에 크게 의존해야 하는 경우엔 그의 트레이드마크인 사건이라도 때로 동료 판사에게 넘겼다."

몇 해 전 사법시험 최종 합격자에 시각장애인 최영 씨가 포함됐다. 하지만 '변호사라면 몰라도 판검사직을 수행하기는 어렵지 않겠냐'는 말들이 공공연하게 나왔다. 〈뉴욕타임스〉에 기고한 한 독자는 "장애가 어떤 직책을 수행하는 데 장애가 되는지를 장애인 자신이 입증해야 한다는 생각을 퍼뜨려선 안 된다"고 사설을 반박했다. 그렇다. 최씨가 판검사직을 수행할 수 없다는 점을 법원이나 검찰이 분명히 입증할 수 없는 한 그에겐 가능성이 열려 있어야 한다.

교육과학기술부는 우리나라 주요 분야 기술이 세계 최고와 비교할 때 72.8퍼센트 수준으로, 6.8년가량 뒤져 있다는 평가 결과를 발표한 적이 있다. 우리의 역량 부족에 대한 질타와 더 힘내야 한다는 자기최면이 이어졌다.

따져보자. 미국에서는 1969년에 이미 시각장애인변호사협회가 설립됐고(장애인 변호사 첫 배출이 아니다), 현재 수백 명의 회원이 활동 중이다. 우리는 최소한 40여년 뒤져 있는 셈이다. 정확한 자료가 없어 미국의 첫 시각장애인 판사가 배출된 시기는 알 수 없으나, 연방법원 판사였던 케이지의 경우만 생각해도, 앞으로 우리나라에 첫 시각장애인 판사가 나오는 데 걸릴 햇수에 14년을 더한 기간만큼 우리는 뒤지게 된다. 왜 이를 한탄하지 않는가.

장애 또는 차이

장애인에 대한 세계보건기구(WHO)의 정의를 읽노라면, 그저 단순한 정의일 뿐인데도 뜨끔하게 와닿는 대목이 있다. '신체의 기능·구조상 결함'이나 '물리적 행동에 제약을 받는 상태'를 장애로 규정하는 건 익숙하지만, '사회참여에 제약을 받는 상황'을 같은 범주에 포함시키는 것은 낯설다. 이건 무슨 뜻일까? '일상생활을 향유하는 데 문제가 있는 경우'를 뜻한다고 한다. 누군가 일상생활을 제대로 향유할 수 있는지 여부는 오롯이 그 자신에게만 원인을 돌릴 수 없는 일이다. 그를 둘러싼 환경이 그에게 일상생활을 제대로 향유할 조건을 얼마나 잘 마련해주느냐에 따라 달라질 수 있는 문제이기 때문이다. 그래서 WHO의 정의는 "장애란 개개인의 신체 특성과 그가 살아가는 사회의 특성이 상호작용하는 복합적인 현상"이라고 말한다.

이 말을 나름대로 해석해보면, 장애는 상대적인 개념이라고 할 수 있겠다. 우리에게 익숙한 장애인, 그러니까 휠체어를 사용해야 한다든가 감각기관이 남들보다 덜 민감하다든가 한 사람들도 일상생활을 제대로 향유할 수 있을 만큼 각종 인프라가 갖춰지고 타인의 편견이 사그라든다면 그들은 더 이상 특별한 존재가 아닌 셈이다. 그래서 장애인의 권리를 옹호하는 어떤 이들은 휠체어를 사용해야 한다든가 감각기관이 남들보다 덜 민감한 것을 '장애'로 낙인찍지 말고 그냥 '차이'로 부르자고 주장한다.

결국 장애-비장애 사이에는 둘을 구별짓는 뚜렷한 '선'이 있다기보다는 아주 흐릿하거나 폭이 매우 넓은 모호한 '면'이 존재할 뿐이란 생각에 이른다. '일상생활을 향유하는 데 문제가 있는 경우'라는 장애의 정의로 돌아가면, 사실 누가 장애인이고 누가 비장애인인지 구별하기가 어려워진다. 휠체어를 사용해야 이동이 가능한 A는 늘 쾌활한 대화를 주도할 줄 알고 만나는 사람마다 호감을 갖게 한다. 코끼리만큼 튼튼한 다리를 가진 B는 상대방을 배려할 줄 모르고 그래서 자주 타인과 다툼을 벌인다. 누가 일상생활을 제대로 향유할 수 있는 사람인지는 물어보나 마나다.

그런 의미에서, 나 자신도 WHO의 정의상 장애를 겪고 있는지도 모른다. 타인과 쉽게 친밀해지지 못하고, 자주 신경질적인 감정 표출을 하며, 힘겨운 상황을 도피하려는 성향도 보이고, 최근 들어서는 정말로 시력이 매우 떨어지고 있다. 장애와 비장애는 내 안에 매우 혼란스럽게 뒤섞여 있는 것인지도 모른다.

그래서 우리가 '장애'라는 말보다 '차이'라는 말에 더 공감하게 된다면, 서로 그 차이를 존중하거나 줄여나가는 노력을 자연스럽게 할 수 있지 않을까 싶다. 피부색이 다른 사람을 친구로 맞이하고, 소득수준이 낮은 사람을 위해 세금을 더 내고, 나이가 어린 사람을 측은지심으로 살피는 것과 마찬가지다.

덧붙이는 말. 이명박 대통령이 폭우로 수해를 입은 지역에 찾아가 "기왕에 (이렇게) 된 거니까, 편안하게"라고 말실수를 했다고 하는데, 생각해보면 말실수라기보다는 공감하는 능력의 결여가 아닐까 한다. 병역기피 의혹에 당당하게 대처하는 고위 공직 후보자도 마찬가지인 것 같다. '일상생활을 향유하는 데 문제가 있는 경우'에 대해 거듭 생각하게 한다.

역지사지

역지사지는 어쩌면 세상의 온갖 갈등을 풀 수 있는 가장 간단한 원칙일지도 모른다. 곤경에 처한 사람의 처지가 된다면야 극적인 타협은 얼마든지 가능한 일일 터. 공자가 "자기가 원하지 않는 일을 남에게 시키지 말라"(己所不欲 勿施於人)고 한 것이나, 예수가 "무엇이든지 남에게 대접을 받고자 하는 대로 너희도 남을 대접하라"고 한 것도 다 한가지 뜻이다. 그러니 황금률이라 하지 않나.

"약 2000년 전 가야국 시절, 인도의 한 공주가 우리나라에 와서 황후로 살았다는 소설이 전 주한 인도대사의 집필로 나온 적이 있다." 이명박 대통령이 2009년 8월 7일 청와대에서 아난드 샤르마

인도 통상장관을 접견한 자리에서 우리나라와 인도의 포괄적경제동반자협정(CEPA) 체결 과정의 노고를 치하하며 한 말씀이란다. "이번 CEPA 체결은 경제뿐 아니라 문화·인적 교류등 양국간 전반적 관계 발전에 기여할 것"이라는 말도 덧붙였다고 한다.

그렇다면 이 대통령이 이런 관례적 치하에 앞서 빠뜨리지 않았어야 할 말이 있다. 그 옛날 우리나라에 공주를 보낸 나라 인도에서 온 보노짓 후세인(성공회대 연구교수)이 대한민국 수도의 버스 안에서 양복쟁이 사내한테서 다짜고짜 "더러운 ××!"라는 욕설을 들어야 했던 참담한 인종차별에 대한 사과다. 이 대통령이 "이번 협정 체결을 계기로 양국 관계가 더욱 가까워질 것으로 기대"한다면, 또 "현재 150억 달러대인 교역규모가 2배 이상 성장할 것으로 기대" 한다면 더욱 그렇다.

인종차별은 '미국이나 서유럽 국가 출신의 백인'을 제외하고는 전 세계 어떤 나라의 어떤 인종 사람이든 쉽게 역지사지해볼 수 있는 문제다. 언제 어디서나 한 번쯤은 당해보기 때문이다. 우리나라 사람도 요즘 보편화한 해외여행·연수를 다녀온 이라면 작게든 크게든 겪어본 인종차별 경험이 하나쯤은 있을 것이다. 그 비인간적인 불쾌함을 알 것이다. 그러니, 기소불욕 물시어인.

그런데 우리 사회에서 차별과 그를 극복하기 위한 역지사지는 보노짓 후세인에게만 해당하는 말이 아니다. 우리 사회는 벌써부터 내부적으로 차별이 일상화하고 역지사지가 사문화한 공간이다. 용산 참사나 쌍용자동차 평택공장에서 목격된 가혹한 진압도 그들이 철거민이거나 노동자였기에 감행할 수 있었던 게 아닐까. 아무리 법 집행을 한다고 해도 다 똑같이 짐승 취급하며 때리고 짓밟고 사지로 몰지는 않는다. 심지어 청문회장에 나타나는 어떤 이들은 불법이 드러나도 처벌조차 받지 않는다. 각종 정책에 대한 여론조사 결과가 쉽게 무시되는 걸 보면, 정부가 여론을 청취하고 정책을 구사할 때도 국민 모두를 똑같이 대우하지 않는 게 분명하다. 아마도 가까운 이들의 조언만 먹히는 모양이다.

이렇게 역지사지는 간 데 없고 "우리가 남이가?"만 남는다면, 대한민국에 서로 다른 두 인종이 생겨나는 것과 다를 바 없지 않을까. 용산 참사로 말하자면 죽은 자와 죽인 자요, 쌍용차 사태로 말하자면 공장 안에 있는 자와 밖에 있는 자요, 고용 문제로 말하자면 정규직과 비정규직이요, 뭉뚱그려 가진 자와 못 가진 자다. 그들 사이에 차별이 자리잡으니, 한쪽은 보노짓이요, 다른 한쪽은 그에게 욕설을 퍼부은 '양복 사내'다. H.G. 웰스의 『타임머신』이 그린 미래는 너무 가혹한 알레고리다. 그러니 제발, 기소불욕 물시어인.

명왕성아, 잘 있니?

1.

얼마 전 명왕성이 떠나고, 지구인의 꿈 하나도 떠났다. 해왕성에서도 15억 킬로미터나 더 먼 태양계의 변두리에서 하나의 행성이고자 부지런히 궤도를 달리던 명왕성이 '행성'의 지위를 빼앗겼다. 너무나 작은 체구, 일그러진 타원형 궤도, 다른 행성들과 어긋나는 궤도면 따위가 흠이었다. "명왕성 퇴출"이라는 한국 언론의 살벌한 배웅 속에, 수금지화목토천해명의 막내를 찾아 밤하늘을 바라보는 아이들의 맑은 눈망울 속으로, 명왕성은 떠났다.

2.

우리 사회의 가장 변두리에서 한 명의 인간이고자 애면글면 살아가다 끝내 '퇴출'당하는 이들이 있으니, 바로 '시설 생활인'들이다. 일그러지는 몸으로 남들과 다른 생활 궤도를 살아야 하는 중증 장애인들, 더욱이 돌봐줄 사람조차 없는 이들이 사회의 냉혹한 배웅 속에 이른바 '시설' 안으로 쫓겨난다.

뇌성마비 1급 장애인 박정혁 씨는 내내 집에서만 지내다 아버지의 사업이 실패한 1996년 결국 시설에 들어갔다. ㅇ요양원에서 그는 인간의 지위를 빼앗겼다. 한겨울에도 난방은 하루 한 번 잠깐뿐이고 "사람이 먹기엔 너무 고약한" 음식들을 먹으며 수시로 폭행에 몸을 맡겼다. 뛰쳐나오고 싶은 마음 굴뚝 같았지만, "너희들이 여기밖에 있을 곳이 있느냐"는 말에 무너지곤 했다. 위문차 방문한 '바깥 사람'들에게 하소연해도 "사회와 이곳은 다르지 않으냐"는 대답만 돌아올 땐 더욱 절망했다.

나이 서른셋이 되던 해, 그는 결심했다. 한 대학의 자립생활 지원 프로그램을 통해 두렵기도 하고 설레기도 한 바깥 세상에 발을 내디뎠다. 역시나 바깥도 시설 안과 다름없이 춥고 거칠었다. 한 해 뒤 그를 따라 요양원을 나온 전신마비 1급 장애인 여성과 혼인했다. 시범사업으로 이뤄지는 하루 6시간의 활동보조인 서비스가 없다면 이들의 살림은 불가능하다.

시설에서 나온 장애인들은 바깥 세상을 겪어본 뒤 대부분 돌아가고 싶은 유혹에 빠진다고 한다. 그러나 박씨는 시설에 돌아가느니 차라리 온몸을 던져서라도 세상을 바꿔보기로 마음먹었다. 그는 두 가지 싸움을 진행 중이다.

하나는 시설 생활인들의 인권을 위해. 국고보조금 27억 원을 횡

령한 혐의로 성람재단 이사장이 구속됐다. 바로 박씨가 있던 ㅇ요양원이 속한 재단이다. 그런데 아들이 새로 이사로 들어가고 나머지 이사진도 그대로 남아 있다. 관할관청인 서울 종로구청 앞에서 이사진 해임을 요구하며 장애인단체들이 40일 넘게 농성을 해도 복지부, 서울시, 구청 누구 하나 움직이지 않는다.

또 하나의 싸움은 바깥 세상 중증 장애인들의 인간다운 삶을 위해. 장애인단체들은 시설에 대한 지원보다 활동보조인 서비스 같은 자립생활 지원 정책을 펴달라며 과천 정부청사 앞에서 보름 넘게 농성 중이다. 시범사업으로 활동보조인 서비스를 받아본 장애인들 80퍼센트가 "삶의 목적이 생겼다"고 한단다. 평생 동안 집안을, 어쩌면 이부자리조차 떠나지 못하던 삶의 궤도를 벗어나 '활동'한다는 게 그들에겐 새로운 행성의 발견만큼 놀라운 일일 테니까. 그러나 정부의 반응은 너무나 소극적이다.

3.

2006년 9월 7일, 사회복지의 날인 이날 저녁 서울 곳곳의 농성장엔 장애인들이 지친 어깨로 철야를 견디고 있었다. 대통령이 이들의 말에 귀기울이고 국회의원이 농성장을 찾아주고 판검사들이 앞장서 악덕 시설을 퇴출시키는, 그런 정상적인 세상이 올 확률은 저 캄캄한 우주 공간의 밀도만큼이나 낮은 것일까.

그 절망의 공간을 달린다, 명왕성. 자그마한 명왕성. 초속 4.7킬로미터로 248년을 달려야 완성되는 멀고 험한 궤도를 하나의 행성이고자 달린다, 푸르게 웃지만 외로운 명왕성.

머나먼 인권 선진국

길쭉한 직사각형 방

법조 담당 기자이던 1990년대 초, 구치소 견학 기회가 있었다. 기자들의 현장 감각을 키워준다는 명분과 함께 교정시설의 현대화를 홍보하려는 의도가 깔린 행사였다. 사정이 괜찮은 곳에만 안내한 탓인지, 말로만 듣던 '감방'의 살벌함은 없어 보였다. 그러나 한 곳은 달랐다.

사형장이었다. 기억을 더듬자면, 문이 있는 쪽 벽이 2미터 남짓, 세로로 긴 쪽 벽이 4~5미터쯤 되는 길쭉한 방이다. 창문 없는 방이다. 두꺼운 철제문을 열고 들어서면, 입구 쪽에 책상이 놓여 있고 3개 정도의 의자가 놓여 있다. 깨끗한 모습이다. 사형 집행 때 구치소장, 검사, 종교인 등이 앉는 자리다. 책상 맞은편에는 하나의 의자가 놓여 있다. 사형수가 앉는 자리다. 여기에서 남기고 싶은 말 등 마지막 진술 기회가 주어지고 종교의식도 행해진다. 의자는 레일 위에 놓여 있다. 진술이 끝나면 의자는 레일을 타고 뒤로 쭉 물러난다. 그리고 방의 뒤쪽 끝부분에 선다. 마룻바닥 가운데 의자를 둘러싼 정사각형 구역이 레일을 포함해 분리 가능한 구조로 돼 있다. 그 지점의 천장에서 올가미가 드리워져 있다. 3~4센티미터 두

께의 올가미는 시커멓고 반질반질하다. 오랜 세월 온갖 체액에 절어 있는 듯하다. 의자에 앉은 사형수에게 올가미가 걸린다. 집행 버튼을 누르면 의자 아래 분리되는 마루 부분이 아래쪽으로 열린다. 마루 아래에는 한 층 정도의 빈 공간이 있다. 사형수는 의자와 함께 아래로 떨어진다. 아래층엔 교도관과 사망 여부를 확인하는 의사가 대기한다.

그 방은 평소 아무도 드나들지 않는 곳이다. 그날은 생뚱맞게도 기자들이 북적였다. 텅 빈 풍경이 어울리는 방이다. 견학 아닌 다른 이유로 들어선 사람들이 있는 광경이라면 섬뜩해지는 방이다. 그날 기자들은 모두 살아서 그 방을 나왔기 때문에, 그런 생각은 하지 않았다. 그냥 각자 호기심의 양만큼 둘러보고 나왔을 뿐이다. 그리고 몇 년 뒤인 1997년 겨울, 23명이 한꺼번에 사형 집행을 당하던 날 그곳에서도 사형이 집행됐다. 10명이 들어서면 9명만 나오는 방, 길쭉한 직사각형은 무섭다.

아무리 추하고 사악한 생명이라도, 생명이라는 이유로 생명을 이어온 게 지구 40여억 년의 역사다. 용서할 수 없는 자들은 용서하지 않아도 좋다. 가혹한 형벌은 얼마든지 있다. 다만, 형벌을 가하는 우리에게까지 가혹한 형태여서는 안 된다. 홀로코스트의 기억에 진저리치던 독일 국민들은 사형은 인류가 사용해선 안 되는 형벌의 종류임을 헌법에 명시했다(사형을 대체한 '가석방 없는 종신형' 마저 비인간적이라는 이유로 위헌 결정을 내린 독일 연방헌법재판소의 법적·철학적 사유는 다음에 논하기로 하자).

이제 사형제를 존치할 것이냐, 폐지할 것이냐 하는 추상적 질문은 하지 말자. 저 방에 들어가, 한 사람을 구멍난 바닥으로 떨어뜨리겠느냐는 질문을 해보자. 우리가 버튼을 누르든 말든, 방 바깥에는 40여억 년째 봄이 오고 있을 것이다.

크리스마스이브의 기대

고등학교 동창 친구들과 만나면 가끔씩 학창 시절의 무용담(?)이 화제에 오른다. 나는 '범생이'였지만(!) 친한 친구 중엔 왈짜 기질이 있던 놈들도 있었는데, 하루는 유흥가 뒷골목쯤 되는 곳에서 봉변을 당했더란다. 완력이 앞서는 건달들과 시비가 붙은 것이다. 그런데 유독 한 친구가 눈에 띄지 않더란다. 한바탕 곤욕을 치른 친구들이 옷을 털고 있는데, 사라졌던 그 친구가 어디서 구했는지 몽둥이를 하나 들고 나타나서는 이미 떠나가버린 건달들을 향해 호통을 치더라나. 그 친구는 지금도 이 이야기만 나오면 괜스레 변명하는 목소리가 커진다. 헌법재판소가 형법의 혼인빙자간음죄에 위헌 결정을 내렸다는 소식에 그 덩치 크고 말 잘하는 친구가 생각났다.

혼인빙자간음죄는 이미 사문화한 형벌 조항이었다. 이 죄목으로 한 해에 몇 건이나 기소됐는지 궁금하다. 헌법재판소 결정이 난 다음날 아침 각 신문이 이를 대서특필한 것은 '오버한다' 싶을 정도였다. 어쨌든 대서특필할 뿐 딱히 토 다는 신문이 없었던 것을 보면, 이 형벌 조항이 여전히 필요하다고 여기는 여론이 그다지 없다는 점을 방증하는 듯도 하다. 현실적으로 적용 가능성도 매우 낮고, 그래도 법전에나마 존치하자고 목청 높이는 이들도 없는 법률이었던 셈. 그렇다면 고민할 게 뭐가 있었을까. 중학교 2학년생 정도면 능히 가늠할 수 있는 판단이 아니었나 싶다. 그걸 대서특필하는 언론이 새삼스러운 아침이었다.

그런데 이런 쉬운 문제 말고, 정작 중요한 문제에 부딪치면 헌법재판소는 어디론가 숨어버리는 경우가 많다. 국회의 언론 관련법 날치기 통과에 대해 헌법재판소가 보인 태도가 대표적이다. 날치기 통과 과정의 절차적 위법성을 인정하면서도 무효는 아니라고 한 헌재 결정은 닭이 모래에 머리를 처박는 것과 흡사한 숨바꼭질 수법이었다. 뒤늦게 헌재 사무처장이 국회에서 "헌재 결정 어디에도 '유효'라고 한 부분은 없다"고 변명했다는데, 여기엔 중학교 2학년생도 되물을 수 있을 것이다. "그럼, 왜 무효라고 하지 않았나요?" 법관은 판결문으로 말한다는데, 재판관은 결정문으로 말하는 게 아니었나?

혼인빙자간음죄 위헌 결정을 보고 여성계는 앞서 간통죄에 합헌 결정을 내린 헌법재판소의 과거를 꼬집었다고 하지만(물론 성적 자기 결정권을 옹호하는 논리를 따른다면 이 두 가지 결정은 모순이다), 여기에서 과거 헌법재판소가 보여온 비슷한 행태를 일일이 들춰내 시시비비를 따지기는 싫다. 다만 헌법재판소가 '우린 비겁하지 않다'고 말하고 싶다면, 단 한 번에 그를 증명할 수 있는 기회가 있다는 점을 강조하고 싶을 뿐이다. 바로 사형제 위헌 결정이다. 크리스마스이브인 12월 24일 헌법재판소가 사형제의 위헌 여부를 가리는 결정을 선고할 가능성이 높다고 하니 말이다. 이는 사형수 59명(이 글이 씌어진 2009년 당시의 집계. 이후 사형 선고가 더 내려져 2011년 3월 현재 사형수는 61명으로 집계됐다.)의 목숨이 달린 문제일 뿐 아니라, 우리나라의 인권 수준을 다시 한 번 세계에 공표하는 일이기도 하기 때문이다.

한 나라의 헌법재판소라면 어떤 문제에 대해 사회적 논란이 끝난 뒤 누구나 당연하다고 인정하는 레디메이드 결론에 무임승차하기보다는, 아직 흐릿한 상식의 실체를 닦아 헌법적 원칙을 또렷하게 밝혀 보여주는 선지자적 지위를 자임해야 하지 않을까.

동창생 친구들을 만날 때 저 덩치 크고 말 잘하는 녀석에게 "에라이, 이 헌재 같은 놈!"이라고 욕할 수 없는, 기쁜 크리스마스 즈음이 되기를 기대한다.

* 결국 헌재는 크리스마스이브에 결정 자체를 내리지 않고 연기했으며, 이듬해인 2010년 2월에 5 대 4로 합헌 결정을 내렸다.

헌재여, 자백하시라

2010년 헌법재판소가 사형제는 합헌이라고 결정했다. 1996년에 이어 14년 만에 똑같은 결정을 내린 것이다. 사실 똑같지는 않다. 앞서 9명의 재판관 중 2명에 그쳤던 소수 의견(위헌)은 이번에 4명으로 늘어났다. 이를 두고 일보 전진으로 해석하는 이들도 있다. 그런데 이번 위헌법률심판 사건에 처음부터 참여했던 이상갑 변호사는 다른 말을 했다. 1996년 결정에서 후퇴했다는 것이다.

"한 나라의 문화가 고도로 발전하고 인지가 발달하여 평화롭고 안정된 사회가 실현되는 등 시대 상황이 바뀌어 생명을 빼앗는 사형이 가진 위하(위협)에 의한 범죄 예방의 필요성이 거의 없게 된다거나 국민의 법감정이 그렇다고 인식하는 시기에 이르게 되면 사형은 곧바로 폐지되어야 하며, 그럼에도 불구하고 형벌로서 사형이 그대로 남아 있다면 당연히 헌법에도 위반되는 것으로 보아야 한다는 의견이다."

14년 전 헌재 결정문의 일부다. 합헌을 선고하면서도, 문화 발전과 사회 안정화에 대한 법철학적 통찰을 담아 사형 폐지에 대한 시대론적 접근을 공식화한 문장이다. 사형 폐지가 헌법에 절대적으로 어긋나는 것은 아니며, 우리 사회가 더 문명화한다면 얼마든 가능한 일이라는 뜻을 피력한 것이다. 그런데 이번 헌재 결정에서는 이런 접근법이 사라졌다는 게 이 변호사의 허탈한 평석이었다. 지난 14년간 세상은 전진하지 않았다는 것일까? 1996년 이후 각 사회의 문명은 어떻게 진화했는지 바깥으로 눈을 돌려보자.

1996년 벨기에가 모든 범죄에 대해 사형을 폐지했다.

1997년 그루지야, 네팔, 폴란드, 남아프리카공화국 등이 모든 범죄에 대해 사형을 폐지했다. 볼리비아는 일반적 범죄에 대해 사형을 폐지했다.(일반적 범죄라 함은 전시나 계엄 등 비상 상황에서 저질러진 범죄를 제외한 평시의 범죄를 말한다. 헌재는 이번 결정에서 '군사재판에서 사형을 선고할 수 있다'는 우리 헌법 110조를 근거로 '헌법이 사형을 전제하고 있다'는 논리를 폈는데, 외국의 경우엔 일반 재판과 군사재판을 구분해서 후자에서만 사형을 인정하기도 하는 것이다. 우리 헌법도 이런 취지로 해석할 여지가 분명히 있어 보인다.)

1998년 아제르바이잔, 불가리아, 캐나다, 에스토니아, 리투아니아, 영국 등이 모든 범죄에 대해 사형을 폐지했다.

1999년 동티모르, 투르크메니스탄, 우크라이나 등이 모든 범죄에 대해 사형을 폐지했다. 라트비아가 전시를 제외한 평화시의 모든 범죄에 대해 사형을 폐지했다.

2000년 코트디부아르와 몰타가 모든 범죄에 대해 사형을 폐지했다. 알바니아는 일반적 범죄에 대해 사형을 폐지했다.(이후 2007년 모든 범죄로 확대했다.)

2001년 보스니아헤르체고비나가 모든 범죄에 대해 사형을 폐지했다. 칠레는 일반적 범죄에 대해 사형을 폐지했다.

2002년 키프로스와 유고슬라비아(현재의 세르비아와 몬테네그로)가 모든 범죄에 대해 사형을 폐지했다.

2003년 아르메니아가 모든 범죄에 대해 사형을 폐지했다.

2004년 부탄, 그리스, 사모아, 세네갈, 터키 등이 모든 범죄에 대해 사형을 폐지했다.

2005년 라이베리아와 멕시코가 모든 범죄에 대해 사형을 폐지했다.

2006년 필리핀이 모든 범죄에 대해 사형을 폐지했다.

2007년 알바니아, 쿡 아일랜드, 키르기스스탄, 르완다 등이 모든 범죄에 대해 사형을 폐지했다. 카자흐스탄은 일반적 범죄에 대해 사형을 폐지했다.

2008년 우즈베키스탄과 아르헨티나가 모든 범죄에 대해 사형을 폐지했다.

2009년 부룬디와 토고가 모든 범죄에 대해 사형을 폐지했다.

일부 늦둥이 유럽 국가를 빼고는 대부분 아시아와 아프리카 나라들이다. 이 모든 나라들의 그간 역사를 개괄하기도 이 지면으로는 벅차다. 분명한 건 상당수가 평탄치 않은 내전과 독립과 혁명의 현대사를 통과한 나라들이라는 사실이다. 대한민국 헌재의 1996년 결정에 따르면, 21세기로의 전환기를 맞아 그런 나라들에서도 모종의 문명화가 진행된 게 틀림없다. 그럼, 우리나라에선 어떤 변화가 있었을까? 헌재 관계자는 이번 결정에 대해 "합헌 의견을 낸 재판관들도 입법 개선을 촉구하는 별개 의견들이 많다. 사실상 사형제 폐지를 공론화했다고 보면 된다"고 자평한 것으로 전해진다. 시대가 바뀌면 사형제를 폐지하게 되리라던 헌재 재판관들이, '사형제 폐지는 우리가 판단할 게 아니니 공론화에 맡기자'는 태도로 변화한, 딱 그만큼의 (역행적) 시대 변화가 있었다는 말일까.

사형제 폐지를 주장하는 기사와 칼럼을 여러 차례 썼던 처지에서 자괴감이 든다. 하지만 첨예한 사회적 쟁점에 대해 공론화를 시도하고 그 좌절에 자괴감을 느끼는 건 나 같은 신문쟁이·잡지쟁이의 몫일 뿐이다. 헌재는 이와 달리 종국적 결정을 내리는 최고 국가기관이다. 이제 와서, 14년 만에 내놓은 결정에서, 그동안 수많은 언론인이 숱하게 해온 '공론화'나 운운하려면 차라리 법복을 벗는 게 낫다. 그냥 솔직히 고백하시라. 헌재가 보기에 대한민국은 앞에 나열된 저 모든 나라들보다 덜떨어진 국가라고 본다고. 적어도 당신들의 머릿속에 표상된 대한민국은 그런 나라에 불과하다고.

'미스터 반'은 어떤 사람이냐고?

"하이, 축하해! 너희 나라에서 유엔 사무총장이 나왔던데, 그 '미스터 반'은 어떤 사람이지?"

외국의 젊은 인권 변호사 몇몇한테서 전자우편을 받았다. 유엔 사무총장으로 뽑힌 반기문 전 외교통상부 장관에 대한 궁금증이 담겨 있었다. 답을 주기에 앞서, 우선 우리나라에 대한 몇 가지 배경 설명이 필요했다.

한국은 유엔헌장과 더불어 가장 중요한 국제적 합의인 유엔인권선언을 그다지 존중하지 않는 나라에 든다. 유엔인권선언을 구체화한 국제인권조약 가운데 하나인 '시민적·정치적 권리에 관한 국제규약'(자유권 규약)만 보더라도, 우리는 조약 당사국의 의무를 게을

리해 왔다. 당사국은 인권상황 보고서를 정기적으로 유엔에 제출하고 유엔은 이를 심의해 개선 권고를 하는데, 1999년 유엔은 우리나라의 2차 보고서 심의 뒤 국가보안법의 단계적 폐지를 재차 권고했다. 하지만 지금도 국가보안법은 건재하다. 또 옛 집회 및 시위에 관한 법률 12조(주요 도시, 주요 도로에서의 집회·시위 제한)에 대해서도 유엔은 집회의 자유를 너무 광범위하게 제한하고 있다고 우려했지만, 개정된 법은 이 조항을 오히려 더 강화하고 말았다.

일반적 인권상황 이외에 특정한 사건도 유엔에서 도마에 오른 적이 있다. 유엔 자유권규약위원회에 제소돼 규약 위반이라는 결정이 내려진 사건만도 여러 건이다. 예를 들어 1991년 대우조선 파업 때 제3자 개입 혐의로 유죄 선고를 받은 손종규 씨 사건의 경우, 유엔은 표현의 자유 보장(규약 19조 2항)을 위반했다며 적정한 보상을 하도록 95년 권고했다. 그러나 정부는 10년이 지난 2005년에야 답변서를 제출했고, 그나마 "손씨의 국가배상 청구소송은 법원에서 기각됐다"는 내용이었다.

대개의 사건에서 유엔의 권고는 우리 법원이나 헌법재판소의 판단과 달랐다. 국제인권조약을 국내 재판에서는 적용하지 않기 때문이다. 입법·행정·사법부가 한결같이 국제인권조약을 우습게 보고 있다는 인상마저 준다. 국회 법제사법위원회의 용역보고서는 "법 해석에서 유엔 권고와 충돌하지 않도록 제도적 장치 마련이 필요하다"며, 대안으로 법원이 인권문제 해석에서 유엔의 권고 등을 참조하도록 하거나, 유엔에서 국내 법원의 판단과 다른 견해가 채택되면 이를 재심·비상상고 사유로 인정하거나, 권고가 있으면 법원의 위법 판단 여부와 관계 없이 보상해주는 방안 등을 제시했다.

문제는 여기서 그치지 않는다. 기초적인 국제인권조약 가운데 우리가 아직 가입하지 않은 게 여럿이다. 그 하나인 '고문 및 그 밖의 잔혹하거나 비인도적인 또는 굴욕적인 대우나 처벌의 방지에 관한 협약'(고문방지협약) 선택의정서에 24번째 나라로 뒤늦게 가입하게 됐는데, 이 선택의정서는 고문이나 가혹행위 따위를 감시할 예방기구를 설치·지정하고 그 직원들에게 '독립적인 임무 수행에 필요한' 특권과 면제권을 부여하도록 규정하고 있다. 그런데 국가인권위원회가 이 예방기구 역할을 맡겠다는 지극히 상식적인 의견을 밝히자 "국가인권위원회의 권력기관화" 운운하는 논란이 일었으니, 한심한 일이다.

반기문 사무총장은 이런 나라에서 관료로서 승승장구한 인물이고, 적어도 내 기억에는 그가 이런 인권 상황을 타개하려는 데서 뚜렷한 행적을 남기지 않았다고 답장을 쓸 수밖에 없었다. 그러자 유엔 사무총장 자리를 우리에게 넘겨준 아프리카 대륙에서 다시 답장이 왔다. 케냐의 인권 변호사인 무테 키융가는 조심스럽게 물었다. "친구, 코피 아난(아프리카 가나 출신의 전 유엔 사무총장)이 쟁취해 온 것들(유엔 활동에서 인권을 특별히 강조해 이 분야에서 많은 발전이 있었음)이 되돌려지는 건 아닐까?" 그의 질문은 반 사무총장 개인보다 우리 사회 전체를 향하고 있지 않을까.

평화의 모순

마리암의 눈물

마리암은 이란에서 왔다. 테헤란에서 의대와 법대를 졸업한 변호사다. 몇 해 전 미국의 한 로스쿨 인권법 과정에서 만난 그는 가끔 네 살배기 딸 니키를 학교에 데려왔다. 한동안 외신에서 이란의 핵위기 소식을 접할 때마다 나는 그를 떠올리며 깊은 숨을 쉬게 된다.

마리암은 두말할 것 없이 이슬람 기성 체제에 비판적이었다. 여성 차별이나 개종 금지 등을 거론하며 그는 "종교의 목적은 생명과 정의를 넘치게 하는 것인데, 1400년 전 만들어진 규범을 그대로 따른대서야 어찌 그 목적을 이루겠느냐"고 말하곤 했다. 그래서 작심하고 조국을 떠난 듯했다. 지금도 미국에 남아 이란의 인권 개선을 목적으로 하는 엔지오에서 일한다. 1979년 이슬람혁명 이후 이란 정부의 작용으로 국외에서 피살된 이란 사람들의 사례를 조사하는 게 요즘 그의 일이다.

그런 마리암이 독실한 이슬람교도라는 것은 뜻밖이었다. 그에게 이슬람은 인류 보편의 인권과 얼마든지 조화되는 신앙이었다. 일부다처제에 대한 그의 설명은 이렇다. 코란에는 여러 부인을 똑같이 대하라는 구절과 인간으로서 그러기는 어렵다는 구절이 함께 실려 있다. 결국 코란의 참뜻은 마호메트 당시 만연하던 일부다처제에 대한 완곡한 금지였다. 그는 "선지자 마호메트가 살아 있다면 코란의 원칙들을 새롭게 정의했을 것"이라고 확신했다.

당연한 귀결로, 그는 이슬람 세계의 인권상황 개선을 서구의 주도로, 특히 물리력에 기대어 이루려는 태도를 반대했다. 그해 겨울 한 수업시간에 '미국이 자위적 차원이나 인권보호를 목적으로 군사적 개입을 하는 게 타당한가'를 두고 미국 학생들과 논쟁이 벌어졌다. 당시도 이란의 핵 문제가 불거졌던 터라 이라크와 이란이 동시에 도마에 올랐다. 9·11의 최면에 걸려 있던 미국 사회 분위기 그대로, 교실은 강경론자의 차지였다. 수업 뒤, 햇살이 비껴드는 도서관 한켠에서 분을 삭이며 울고 있는 마리암을 보았다. 몇몇 외국인 학생들이 그의 옆을 지켜줬다.

"미국이 이란을 침공하면 나는 돌아가 싸우겠어!" 떨리면서 단호한 음성이었다. 어린 시절 이란과 이라크가 벌인 전쟁에서 수많은 친척과 이웃의 죽음을 목격했던 그는 이란의 기성 체제만큼이나, 이란을 긴장으로 몰아가는 미국인들의 태도에도 몸서리쳤다. 무슬림으로서의 자존, 인류 보편의 권리인 인권, 평화라는 절대적 가치……. 이 모두 모순 없이 한데 엉겨, 36.5도의 눈물로 흘러내리고 있었다.

나는 들먹이는 마리암의 어깨를 바라보며, 위로의 표현을 궁리하는 대신 그의 '이란'에 우리의 '북한'을 대입해 보고 있었다. 우리의 인권 방정식에 똬리 튼 '반미'와 '반북'의 모순을 그의 눈물로 풀어보고 싶었다. 미국 인권단체 휴먼라이츠워치(Human Rights Watch)의 아시아 책임자 브래드 애덤스는 '6·25를 통일전쟁이라고 한 강정구 교수 기소'와 '북한 인권에 대한 미온적 태도' 두 가지를 들어 한국 정부를 비판한 바 있다. 이런 태도와 달리 북한 인권을 말하며 강 교수 처벌을 주장하거나, 강 교수 처벌을 비난하며 북한 인권에 침묵하는 현상은 인권의 이름에 대한 모독이자 우리가 풀어던져야 할 모순의 방정식이다.

이란 핵 위기로 다시 울고 있을지 모를 마리암에게 그 겨울 못한 위로의 말을 전하고 싶었다. 한반도가 그래야 하듯, 페르시아만에도 평화가 넘치기를. 네가 갈망하는 생명과 정의의 세상이 알라의 이름으로 그곳에 임하기를. 그리하여 네 고향땅에 누구의 피흘림도, 억눌림도 더는 없기를. 니키의 맑은 눈이 낯선 나라에서 피로에 지쳐가기 전, 네 가족의 영혼에도 마침내 평화가 깃들기를. 살람 알라이쿰.

모르는 자들의 전쟁

지난 2003년 미군이 이라크를 점령한 뒤 수도 바그다드 곳곳에 설치된 검문소에서 미군 병사들은 다가오는 차량을 향해 손바닥을 펴들고 팔을 아래로 내리는 수신호로 '정지' 명령을 내렸다. 그런데 이라크인들은 이를 '이리 오라'는 뜻으로 받아들였다. 운전자는 겁먹은 채 다가갔을 것이고, 검문소 군인도 정지 명령을 거부하는 정체불명의 차량에 겁이 났을 터. 병사가 그런 차량에 위협 사격을 하는 일이 종종 일어났고, 때론 직접 사격을 가해 탑승자가 숨지는 사고도 일어났다. 몇 달 뒤에야 미군은 주먹을 쥐고 정지 수신호를 보내도록 하는 조처를 취했다.

이 이야기는 미국 시사주간지 〈타임〉의 바그다드 특파원을 지낸

보비 고시가 이라크 전쟁을 회고하며 쓴 기사의 한 대목이다. 그는 미국과 이라크의 서로에 대한 무지가 어떻게 전쟁과 비극을 불렀는지 돌아본다. 황당한 이야기들이 많다.

미군은 몇 달에 걸쳐 이라크 침공을 준비하면서도 놀라울 정도로 이라크에 대해 무지했다고 한다. 고시 기자가 인터뷰를 한 군인들이 오히려 그에게 시아파와 수니파의 차이 같은 걸 물어오기도 했다니 '놀라울 정도'라는 표현이 과장이 아니다.

이런 무지는 이라크 쪽도 다르지 않았으니, 후세인 정권의 관료들은 부시 미국 대통령이 결코 침공 결정을 내리지 않을 것이고, 침공하더라도 일시적인 타격을 가한 뒤 신속히 철수할 것이라고 전망했단다. 미국 영화 〈블랙 호크 다운〉을 본 이라크 반군지도자가 "미군 헬기 3대만 추락시켜 병사들의 주검을 끌고 다니는 모습을 보여주면 미국 여론이 움직여 미군이 철수하게 될 것"이라고 했다는 대목에 이르면, 헛웃음밖에 나오지 않는다.

이렇게 무지로 무장한 두 세력이 바닥을 알 수 없는 전쟁과 내전의 나락으로 수많은 병사와 민간인 청년을 몰아넣어 피 흘리게 했다는 사실에 소름이 돋은 것은, 사실 한반도의 오늘을 함께 떠올렸기 때문이다.

위키리크스가 폭로한 미국 외교전문을 통해 우리의 외교안보를 담당하는 고위직 인사들의 대북 인식이 속속 드러났는데, 상당수가 북한 붕괴론과 흡수통일론에 바탕하고 있었다. 이에 대해 민간 전문가들은 '망상', '미몽'이란 극단적 표현으로 비판한다. 미국 〈뉴욕타임스〉의 데이비드 생어 기자도 이번에 폭로된 외교전문에 드러난 한·미 고위 관리들의 북한 관련 분석을 "팩트는 별로 없는 장황한 추측"이라고 평가했다.

세계에서 가장 긴장이 높은 지역의 하나인 한반도에서 '누구보다 호전적인 세력'을 상대해야 하는 정부와 그 동맹 세력이 객관적 사실보다 주관적 희망과 추측에 의존해 정책과 전략을 수립하고 있다면, 그건 단순한 무지보다 더 참혹한 재앙을 불러올 일 아닌가. 미국도 중국도 우리도 북한에 대해 제대로 알고 있는 게 별로 없다는 사실, 그리고 아마도 북한 역시 미국을 비롯한 외부 세계에 대해 저 이라크 반군지도자처럼 지극히 주관적인 판단을 하고 있을 수 있다는 사실은 모골을 송연하게 한다.

그렇다면 무엇을 할 것인가? 또 묻게 된다. 무지를 깨고 냉정한 사실 파악과 과학적인 전략 수립을 하기에, 적대와 대치의 상황이 유리한가 아니면 협상과 대화의 상황이 유리한가? 강경한 군사주의가 효율적인가 아니면 강온 양면의 외교적 해법이 효율적인가? 이명박 대통령이 맨몸으로 전선에 나서는 병사의 심정으로 이런 질문을 숙고해보기를 권한다. 우리의 미래에 드리운 재앙의 불길한 그림자를 한번 응시해보라는 요청이다.

석유의 정의

평화.

국제정치의 핵심적인 원리 가운데 하나는 주권 존중이다. 그 기본은 다른 나라에 대한 무력 사용의 금지다. 유엔 헌장은 주권평등 원칙을 천명하고, 다른 나라에 대한 무력 행사를 금지하고 있다. 예외는 다른 나라의 침공을 받아 자위권 차원에서 무력을 행사하는 경우와, 국제평화가 위협받는 상황에서 유엔 안전보장이사회의 결정에 따라 무력을 행사하는 경우다. 이 모든 게 평화를 위해서다. 각 나라가 자의적인 판단에 따라 무력을 행사한다면 국제사회는 무법천지가 되고 말 것이다.

정의.

국제정치의 또 다른 핵심 원리는 국제 인권장전이 천명하고 있는 인권 존중이다. 유엔은 세계인권선언과 시민적·정치적 권리에 관한 국제규약, 경제적·사회적·문화적 권리에 관한 국제규약 등 대부분의 회원국이 가입한 조약을 통해 타인에게 양도할 수 없는 인간 고유의 권리를 규정하고 그 보호를 각 나라의 의무로 못박고 있다. 어떤 나라가 자국민이든 타국민이든 그 인권을 앗아가는 행위를 한다면 이는 국제사회에서 정의의 이름으로 단죄받아야 한다.

모순.

평화와 정의라는 두 가지 가치가 충돌하는 지점이 있다. 어떤 주권국가에서 정부가 그 국민의 인권을 심각하게 유린하거나 제3자의 인권 유린 행위를 방관하는 경우다. 이 나라 정부는 국제적 평판에 개의치 않는 무지막지한 성질이어서 말이 통하지 않는다. 이런 상황에서 주권 존중의 원칙을 따른다면, 국제사회는 힘으로 이 나라 정부의 버릇을 고쳐놓을 수 없다. 정의의 원칙이 실현되지 않는다. 반대로 인권 존중의 원칙을 우선한다면, 국제사회가 무력을 써서라도 이 나라의 인권유린 사태를 막아야 한다. 그러나 이때는 한 나라의 주권을 무시해야 한다. 평화의 원칙이 침해된다.

인도적 개입.

저 모순을 해결하려는 국제사회의 노력으로 고안된 개념이 인도적 개입(humanitarian intervention)이다. 어떤 나라에서 대량 학살이나 인종 청소 등 인간성을 근본적으로 부정하는 범죄행위가 일어날 때는 다른 국가가 인도적 차원에서 군사적으로 개입할 권리를 가지지 않겠느냐는 생각이다. 1990년대 코소보에서 벌어진 알바니아인들에 대한 인종 청소, 르완다에서 자행된 투치족 대학살 등을 겪으면서 인류의 양심이 자극된 결과였다. 물론 인도적 개입이 또 다른 목적의 군사적 개입을 정당화하는 명분에 지나지 않는다는 비판도 일었다. 하지만 결국 유엔 정상회의는 2005년 '어떤 국가가 대량 학살이나 인종 청소 등으로부터 자국민을 보호하지 못하는 게 분명할 경우 시의적절하게 결정적이고 집단적인 행동을 취할 것'이라고 선언했다. 하지만 인도적 개입은 여전히 국제사회가 고를 수 있는 선택지의 하나일 뿐, 확고한 원칙이나 의무로 자리잡지는 못하고 있다.

리비아.

카다피 정부의 폭격과 미사일 공격으로 민주화 시위대 수천 명이 목숨을 잃은 리비아의 민중에게는 국제사회의 인도적 개입이 절실할 것이다. 하지만 우리를 포함한 국제사회는 저 아비규환을 그저 지켜만 보고 있었다. 그곳에 있는 자국민의 생명을 구해내는 게 급선무일 뿐이었다. 리비아의 석유에 대한 이해관계가 이런 미온적 대처의 주된 배경으로 지적된다. 수많은 나라가 카다피의 독재권력과 돈독한 관계를 유지해온 것도 그 석유와 석유에서 나온 돈 때문이다. 인류의 양심을 동원해 평화와 정의라는 고상한 가치를 저

울질해서 인도적 개입이라는 절충점을 찾아낸 최근 10여 년의 세계사는 그저 역사책에 묻어버리고, 인류는 다시 평화와 정의와 석유의 저울질에 나설 것인가.

외신을 통해 봉기에 나선 여러 나라 민중의 비명과 유혈을 전해 듣는 순간, 평화를 지킴으로써 잃는 것이 평화를 깸으로써 잃는 것보다 많은 경우도 존재한다는 '평화의 모순'에 대해 생각하게 된다.

아프리카 비망록

4월 28일: 아프리카 취재여행 사흘째. 첫 방문국인 가나에서 눈에 들어오는 건 아이들뿐이다. 첫날 보았던, 단돈 10달러에 팔려가 볼타 호수에서 노예처럼 물일을 하다 구출된 아이들의 잔상 탓일까. 거리에는 조잡한 물건을 팔러 자동차로 달려드는 아이들 천지다. 이렇게 물건팔이로, 카카오 농장으로, 다이아몬드 광산으로 끌려가는 아이들의 규모조차 알 수 없단다. 가난 탓이라고 한다. 가난은 누구 탓인가. 국제기구에서 어린이 구출 사업을 하고 있는 에릭은 식탁의 콜라 잔을 집으며 말했다. "오랜 식민지 시대를 거친 아프리카 사람들은 누군가 와서 뭘 해주기를 바라는 습성이 생겼죠. 그러나 콜라 한 잔을 주면 결국엔 다섯 잔을 빼앗아가는 게 외부인들이지요." 식민과 독재의 잔해 속에서 동포의 고통에 아파하는 한 아프리카인과 마주앉은 저녁, 가슴이 막혀온 건 열대야 탓인가.

4월 29일: 노예 무역의 본거지였던 케이프 코스트를 둘러보고 수도 아크라로 달리는 차에서 어둠을 맞았다. 지평선 위로 초승달이 낮게 떴다. 아프리카의 달빛은 어찌 이리 교교한지. 검푸른 하늘을 배경으로 선 야자수는 그제 난민캠프에서 본 레게풍 머리의 아프리카 여성을 닮았다. 이웃나라 라이베리아와 시에라리온을 휩쓴 내전은 수백만 명을 삶의 터전에서 내쫓아 나라 안팎으로 유랑하게 했다. 이제 국제사회의 화두는 이들 난민의 귀환을 돕는 일이다. 바야흐로 평화는 왔다지만, 전쟁으로 황폐해진 땅을 새로 일궈야 할 일손이 없고, 일손이 있다 한들 그들에겐 맨손뿐이니…….

5월 2일: 시에라리온에서 이튿날. 수도 프리타운의 푹푹 찌는 사무실에서 만난 젊은 변호사 멜런은 내전 때 외국으로 피신했다가 귀환했다. 미국과 유럽의 유수한 대학 로스쿨에서 공부를 했다니, 많은 난민들이 원하듯 잘사는 나라에 눌러앉을 법도 하건만, 외국에서 기금을 모아 고국 땅에 '공익 변호사' 사무실을 열었다. "어려운 상황에 처한 동포들을 돕고 싶어 왔다"는 그의 미소는 유달리 하얗다.

5월 3일: 내전의 잔혹성을 증언하는 '팔다리 잘린 사람들의 마을'을 방문한 아침, 현기증과 메스꺼움이 기습을 했다. 사흘째 이곳 사람들의 비참한 삶의 모습을 바라보느라 마음이 지쳐갈 즈음, 몸에도 일사병이 찾아든 것이다. 우리 일행을 안내하던 에디와 카트린은 급히 그늘을 찾아 쉬게 하고, 의료진에 연락하고, 유엔 차량을 수배했다. 응급차는 길이 막히자 비좁은 빈민가 골목을 내달렸는데, 시궁창 냄새가 진동하고 물건을 나르는 맨발의 아이들이 차에 치일 듯 위태위태해 현기증이 더했다. 저녁에 호텔로 찾아온 에디는 "하루종일 네 걱정만 했다"고 너스레를 떨었다. 내 머리를 짚어보던 그들의 검은 손에서 기분 좋은 체온이 느껴졌다.

후기: 달은 천 개의 강에 비친다더니, 서울의 아파트촌에도 달빛이 교교하다. 어느덧 한껏 부푼 저 달은, 팔려간 아이들이 그물을

걷는 볼타 호수에도, 가나의 카카오 농장에도, 시에라리온의 다이아몬드 광산에도, 프리타운의 악취나는 빈민가에도, 라이베리아 난민들의 캠프에도 비칠 것이다. 그리고 우리 가운데 누군가는 가나산 초콜릿을 먹고 있고, 누군가가 손에 낀 시에라리온산 다이아몬드는 아프리카 아이의 눈물처럼 달빛에 반짝 빛날 것이다.

달이 비추는 어느 곳엔들 모순이 없으랴. 이 땅에서도 대추리 노인들은 평생 일군 삶의 터전에서 쫓겨나고 어린이날을 맞은 결식아동들은 여전히 쓸쓸한 것을. 모순에 고통받고 그에 맞서 싸움으로써, 우리는 연대해야 할 이웃인 것을. 아프리카도 우리가 연대의 손길을 내밀기에 결코 먼 땅이 아니었다.

최초의 인간

로맹 가리의 소설을 읽다가 '루뭄바'라는 이름이 눈에 들어왔다. "나는 군인들이 루뭄바의 머리채를 붙잡고 강제로 무릎을 꿇리고 있는 그 유명한 사진이 그곳에 있다는 걸 그제야 비로소 알아보았다……." 이야기 전개에서 중요한 사실도 아니고 그저 화자의 심리를 묘사하는 짧은 문단이었다. 역자는 루뭄바가 '아프리카 민족주의 지도자, 콩고 민주공화국의 초대 수상'이라는 간단한 각주를 달아놓았다.

파트리스 루뭄바. 1950년대 아프리카 콩고에서 노동운동을 하다 민족해방·통합 운동에 뛰어든 젊은이 루뭄바는 1960년 해방된 콩고의 초대 총리가 되어 식민지배자였던 벨기에 국왕이 참석한 독립 기념식에서 일갈한다. "우리는 흑인들이 자유로워지면 어떤 일을 이룰 수 있는지 온 세상에 보여줄 것이다." 그러나 불안한 정정 속에서 그의 비서 출신으로 군 지휘권을 쥐고 있던 조제프 모부투가 미국과 손잡고 쿠데타를 일으켰다. 가택 연금됐다 탈출했으나 다시 붙잡힌 루뭄바는 군인들에게 머리를 쥐어뜯기는 등 굴욕적인 폭행을 당했다. 이 장면이 외신을 타고 전세계에 알려진 '그 유명한 사진'이다. 그 뒤 루뭄바는 또 다른 정적의 손에 넘겨져 처형됐고 이후 주검도 발견되지 않았다.

그 유명한 사진, 아니 그의 이름조차 내겐 왜 생소할까. 물론 40년도 더 지난 일이어서도 그렇겠지만, 로맹 가리가 프랑스 작가라는 점을 생각해보면 아프리카를 식민지배한 경험이 있던 유럽과 우리 사이에 존재하는, 아프리카에 대한 관심과 지식의 차이에도 원인이 있을 것 같다. 하기야 우리가 아프리카의 역사에 바친 호기심이란 게 과연 얼마나 되겠는가.

유럽과 신대륙의 역사, 즉 백인의 역사를 무대 중앙에 올려놓은 우리의 교육과정과 미디어에 둘러싸여 있다 보면, 흑인의 역사에서는 노예사냥과 식민지배, 독재와 쿠데타, 인종청소 따위의 음울한 이미지컷 몇 장밖에 건질 게 없다. 노예로 팔려가던 조상들이 고개 숙이고 지나던 해안가 요새의 굴다리 밑에서 구멍난 메리야스 차림으로 하릴없이 뒹굴며 낯선 외국인들에게 불만의 눈길을 보내고 있던, 서부 아프리카 시에라리온의 빈민들이 주던 느낌 말이다.

그러나 아프리카인은 이 행성 최초의 인간이며, 역경을 딛고 모든 대륙으로 뻗어가 현생 인류의 씨를 뿌린 종족이다. 기원전 800~500년 콩고 분지에서 아프리카 전역으로 퍼져나간 종족의 이름 '반투'(Bantu)는 '인간'을 뜻한다고 한다. "얼마나 매혹적인 생각인가! 자신의 정체성을 표현하기 위해 맨 먼저 자기가 인간이라

고 말하는 것이다."(루츠 판 다이크, 『처음 읽는 아프리카의 역사』, 웅진씽크빅 펴냄, 2005)

그들의 역사는 기록되고 전달되지 않았을 뿐, 다른 인종의 역사와 다를 바 없을 것이다. 식민지배와 전쟁, 개발의 근현대사에서 그들에게도 김구와 이승만이 있었고 박정희와 김영삼, 김대중이 있었으리라. 내전으로 폐허가 된 시에라리온에서 만난, 역사의 상처와 현재의 빈곤을 어떻게든 넘어서 새로운 세상을 앞당겨오리란 열정에 불타던 흑인 시민운동가들의 피부는 열대의 태양처럼 빛났다. 인류의 전진은 피부색과 무관하게 지구 어디에서나 한 걸음씩 이뤄지고 있다는 믿음으로 인류는 살아간다.

버락 오바마의 미국 대통령 당선도 그런 발걸음의 하나다. 그래서 미국 대선 결과에 주목하는 이유가 단지 그가 흑인이기 때문이어선 안 된다. 미국의 뿌리 깊은 인종차별에 커다란 파열구를 냈다는 점은 물론 뜻깊지만, 그런 소수집단 출신으로서 인류 전체의 역사를 앞으로 나아가게 하는 가치와 열정과 힘이 그에게 체화돼 있을 것이란 기대가 더 큰 열광의 이유일 것이다. 평화롭고 공평하고 아름다운 미국, 나아가 그런 지구촌의 미래가 그에게 진실로 절실한 꿈인지가 앞으로 오바마 대통령에 대한 미국인 그리고 세계인의 지지 기준이다. 물론 그건 좀 더 두고 봐야 할 일인지도 모른다. 그를 바라보는 다양한 시선 가운데 어느 것이 흑인의 역사와 인류의 전진에 관한 진실에 가까운지, 우리는 담대함과 희망을 품고 지켜볼 일이다.

안보와 생명

대통령의 안보 불감증

2010년 5월 신문 지상이나 방송 화면에 유난히 군복을 입은 이들이 많이 등장했다. 모두 극적인 장면이었다. 아련한 군 복무 시절의 기억을 꺼내들게 만들었다.

첫 번째 부류는 브리핑을 잘하는 군인들이었다. 5월 20일 천안함 민·군 합동조사단의 조사 결과 발표를 생중계로 보며 브리핑이 참 잘 준비됐다는 인상을 받았다. 깔끔한 진행과 매끄러운 통역, 극적인 '결정적 증거'의 공개, 실물 크기로 준비한 북한산 CHT-02D 어뢰 도면, 기자의 질문을 예상하고 준비한 동영상 화면……. 그때 떠오른 건 ○○사단 작전처에 근무하며 상부에 보고할 브리핑·회의 자료를 밤새 준비하던 시절이었다. 그때 우리가 반복한 작업은 상급 지휘관의 지적(혹은 취향)에 따라 문장의 표현을 약간씩 고치거나, 문서의 자간·행간 간격을 조정하거나, 자료의 중요 부분을 표시하는 '띠지'를 예쁘게 붙이거나, 그냥 봐도 괜찮은 도면에 이런저런 색칠을 하는 일이었다. 그래도 국방의 의무를 수행하는 것이니 크게 불만은 없었다. 그것이 우리나라의 안보를 튼튼하게 하고 국방력을 키우는 일이라고 믿고, 초등학생 과제 같은 임무들을 충실히 수행했다.

그러나 천안함 사건 조사 결과 발표를 보며 뒤늦게 깨우친 바가 있다. 그날 그 자리에서 멋들어진 브리핑을 하던 장군님들은 실상 야전에서 무능의 극치를 드러낸 장본인들이었다. '적이 몰래 침투해 들어와 아군에 어마어마한 타격을 가하고 유유히 도주한 사건'을 너무나도 세련된 방식으로 브리핑했다. 아무도 부끄러워하지 않았다. 그 옛날 내가 만든 브리핑·보고 자료들도 이런 식으로 쓰였던 것일까. 이번 브리핑을 준비하느라 고생했을 장병들이 안쓰러운 마음도 들었다.

두 번째 부류는 국민을 향해 총을 쏘는 군인들이었다. 그리 멀지 않은 나라에서 일어난 일이었다. 평화적으로 반정부 시위를 벌이던 시민들을 저격수와 탱크를 동원해 무력 진압했다. 학살이었다. 이 또한 기억을 일깨웠다. 현역 시절 들여다본 작전계획 중에는 이른바 소요사태가 발생해 군이 개입할 경우의 상세한 지침을 규정해놓은 게 있었다. 지금도 그런 작전계획을 수립하고 훈련을 하지는 않으리라고 본다. 하지만 타이 방콕의 저 살벌한 풍경이 꼭 30년 전 이 땅에서도 벌어졌고 그 사건이 지금도 제대로 민주항쟁으로 자리매김하지 못했다는 점을 생각하면, 지금의 정부가 5·18에 어떤 의미를 부여하고 그 역사적 교훈을 어떻게 받아들이는지 보노라면, 이 두 번째 부류의 군인에 대한 치 떨리는 감정을 여전히 기억에서 씻을 수 없다. 군에 대한 민주적 통제라는 말은 아직도 군부대의 담장을 넘지 못하고 있다.

요약하자면, 실전에는 무능하고 브리핑에는 강하며 민주적 가치는 뿌리내리지 못한 게 우리 군이라는 얘기다. 그런데도 군통수권자인 이명박 대통령은 군을 신뢰하는 듯하다. 천안함 사건을 두고도 국민의 안보 불감증만 탓하는 걸 보면 분명하다. 국민이 믿지 못하는 군을 대통령만 신뢰한다면 이야말로 가장 우려스러운 안보 불감증이다.

천안함 사건 조사 결과에 대해 많은 이들이 아직도 여러 의구심을 떨치지 못하고 있다. 정부가 민·군 합동조사단의 발표가 사실임을 분명히 하려면, 발표에서 스스로 드러낸 군의 실패에 대해 강도 높은 처벌을 앞세워야 한다. 46명의 장병이 공격을 받아 숨졌는데도 고위 지휘관들은 멀쩡하다면, 앞으로 이 나라의 안보는 자기 목숨을 지키려 아등바등해야 하는 사병·부사관들의 몫으로 다 넘기겠다는 말이나 다름없다.

이번 기회에 국민은 '안보몰이'의 대상이 아니라 안보의 최고 지휘관임을 명확히 해준다면 군복을 입은 이들에 대한 저 찜찜한 기억들을 말끔히 지워버릴 계기가 될 듯싶다.

다 늦게 닭 장난

나는 아들을 전쟁의 폐허 속에서 키우고 싶지 않다. 그 참혹함 상황에 놓이게 하고 싶지 않다. 이제 겨우 8살이다. 전쟁이 정말 일어나기라도 하면, 아침에 등교하기 전 넋을 잃고 보는 EBS 〈강철수염과 게으른 동네〉도 볼 수 없고, 그 많은 장난감도 다 잃어버리게 되고, 엄마와 싸우다 숙제를 마친 끝에 먹을 수 있는 치킨은 구경조차 할 수 없고, 저녁에 목욕하며 장난칠 수도 없고, 더러워진 옷을 갈아입을 수도 없고, 갈수록 배가 고파 울게 되고, 귀를 때리는 폭음에 놀라야 하고, 불안한 엄마·아빠 때문에 덩달아 무서워지고, 다리가 아파도 밤길을 걸어야 할 수도 있고, 낯선 곳에서 엄마 품을 파고들며 지쳐 잠들지도 모르고, 엄마를 잃어버릴 수도 있고, 포화 속에서 몸을 상할 수도 있다. 그렇다. 몸을 상할 수도 있다. 상상이 흘러 이르른 이 대목에서 몸이 부르르 떨린다. 머리카락 끝으로 전기가 흐른다.

이런 상상은 나 혼자만의 것이 아니었다. 흉흉한 소문처럼 전쟁의 불안감이 사람들 사이에 퍼지고 있었다. "전쟁이 나면 빅뱅도 죽나요?"라고 물었다는 여중생의 마음속에도 아이돌에 대한 사랑만큼 진한 전쟁의 공포가 스며들고 있었으리라.

그렇다면 일이 그렇게들 되고 난 뒤 분노로 떨쳐 일어나 총을 잡을 것인가. 일이 그렇게 되지 않게 미리 막아야 하지 않는가. 그런데 정부가 벌이는 일이란 마치 전쟁이란 대전제를 철칙으로 삼은 듯하다. 말뜻 그대로 국민의 안전을 보장하는 안보에 대한 기민함은 보이지 않고, 천안함 사태를 기어이 더 큰 비극으로 몰아가려는 '닭 장난'(chicken game)에 온통 빠져 있는 모습이다.

돌이켜보자. 천안함이 침몰한 그 주말에 군 복무 중인 지인의 아들이 외박을 나왔더라는 이야기를 들었다. 외박이나 휴가를 떠나던 병사들이 다시 부대로 돌아가 "정말 다녀와도 되냐"고 물었다고 한다. 공무원에게 비상령이 떨어지고 대통령은 지하벙커에서 안보관계장관회의를 열던 때다. 그래도 육군 병사들은 외박·휴가를 나왔단다. 그로부터 60일이 지난 뒤 갑자기 수도권 도심 여기저기에 총을 든 군인들이 나타났다. 훈련이란다. 천안함이 침몰할 당시에는 그토록 느긋하던 군이 왜 지방선거를 코앞에 둔 시점에야 뒤늦게 법석을 떠는지 모를 일이다. 안보를 위해서라면, 군이 바짝 긴장해야 했던 시점은 과연 어느 때인가. 지금의 '닭 장난'에 진정성이 없어 보이는 이유 중 하나다.

설사 진정성이 있더라도, 따져볼 일이다. 문제를 해결하는 방도는 여러 가지다. 특히나 산전수전 겪어본 최고경영자(CEO)라면 더 잘 알 것이다. 가능하면 문제가 불거지기 전에 예방책을 강구하고, 문제가 발생하더라도 피해를 최소화하면서 해결 방안을 모색해야 한다. 그런데 정부가 보이는 모습은 마치 최고권력자가 군인 출신인 듯한 착각을 일으킨다. 응징, 보복, 타격 따위의 군사용어만 난무한다. 4800만 국민의 목숨을 맡기기에는 너무나 가벼운 처신이 많다. 수많은 아이들이 전쟁의 참화 속에 내동댕이쳐지는 저 끔찍한 상상이 현실화된 뒤에야 깨달을 것인가.(『한 마을이 필요하다』라는 책을 쓰기도 한 '리버럴' 힐러리 클린턴 미국 국무장관이 한국 정부의 저런 처신에 적극 동조하고 나서는 걸 보자니 과거에 그에게 마음으로나마 보냈던 지지가 배신감으로 돌아온다.)

한 엄마가 있었다. 어느 날 갑자기 이상한 여자가 나타나 그의 아이를 제 아이라고 우겼다. 임금님께 재판을 받으러 갔다. 임금님은 두 여성의 주장을 한 치도 좁힐 수 없으므로 칼로 아이를 두 동강 내 나눠가지라는 끔찍한 판결을 내렸다. 이상한 여자는 그러자고 했다. 엄마는 그럴 수 없었다. 아이를 가지라고 했다. 이 이야기의 주인공은 지혜로운 판결을 내린 임금님이 아니라, 엄마다. 아이를 빼앗길지언정 다치게 하지는 않겠다는 그 고귀한 모정이다.

그 아이의 이름을 '평화'라고 하면 어떨까, 빼앗길 수는 있으되 포기할 수는 없는. 평화는 추상의 일반명사가 아니다. 아직 연약한 골질과 새순처럼 부드러운 살갗과 우리 마음을 알 수 없는 미소로 몰아가는 신비함을 지닌, 저 따끈따끈한 몸뚱아리다.

연평도 포격 사태와 천안함

연평도 포격 사태를 보며 천안함을 다시 생각했다. 그 비극이 서해 바다에 가라앉은 뒤 8개월간 정부는 어떤 일들을 해왔나 되짚어 봤다.

먼저 침몰 원인을 조사했다. 그러나 신중하고 철지하지 못했다. 초기 조사 과정에서 놀랄 만큼 계속되는 말바꾸기로 군에 대한 신뢰에 금이 갔다. 6·2 지방선거를 앞두고 서둘러 조사결과를 발표한다는 오해도 샀다. 이후에도 의문은 계속됐고 앞뒤가 맞지 않는 설명은 의혹을 키웠다. 그러나 북한의 소행이라는 정부의 결론은 신속하고도 끈질겼다.

정부의 결론대로라면 어이없는 작전의 실패와 장병들의 허망한 죽음에 누군가 책임을 져야 할 텐데, 지휘관들은 모두 무사했다. 감사원까지 나서 일부 지휘관에게 형사처벌 여지가 있다고 밝혔지만, 군검찰은 4명만 입건한 뒤 결국 모두 형사처벌하지 않기로 결론 내렸다. 전투준비 태만, 허위 보고 등의 혐의가 있지만, 군의 사기와 향후 작전 활동에 미칠 영향 등을 고려해 처벌하지 않겠다고 했다. 향후 작전 활동에서는 전투준비 태만이나 허위 보고를 해도 좋다는 것인지, 이렇게 실패한 지휘관들에게 책임조차 지우지 않아야 군의 사기가 높아진다고 보는 것인지, 이해할 수 없는 논리다.

국방부 장관 해임 문제에서는 더욱 앞뒤가 맞지 않는 일이 벌어졌다. 천안함 사건에서는 군의 지휘 공백을 이유로 자리를 보전시키더니, 연평도 포격 뒤에는 갑작스럽게 부실 대응 책임을 물어 경질했다. 따져보면, 서해 한–미 연합훈련 등으로 일촉즉발의 긴장이 고조된 연평도 포격 이후야말로 지휘 공백에 대한 우려가 더 큰 상황이 아닌가.

확성기를 이용한 대북방송 재개 등 대책은 요란했지만, 제대로 실행된 게 없다. 천안함 국면이 안보 불안감만 키우는 말잔치로 속절없이 흘러간 사이, 군이 북한의 또 다른 도발에 대한 대비 태세를 어떻게 다졌는지는 알 수 없다. 연평도 포격 전 이상징후를 발견하고도 묵살했다는 보도를 보면, 대략 짐작은 간다.

그리고 김황식 국무총리를 임명해 고위 공직자 명단에 또 한 명의 병역미필자를 추가했다. 그렇잖아도 넘쳐나는 고위직 병역미필자에 대한 원성이 자자한 나라에서, 천안함 사건을 북한의 소행이라고 단정 짓는 대통령이 어떻게 그런 선택을 했는지 이해할 수 없다.

도무지 앞뒤도 맞지 않고, 거친 말만 앞세우고, 평화 관리를 위한 냉철한 전략이란 찾아볼 수 없는 이런 행태들을 지켜보며 솔직히 '이 정권 핵심부의 내심 깊은 곳엔 군과 안보에 대한 경시 또는 무지가 자리잡고 있지 않을까' 하는 의구심이 들었다. 그리고 연평도에 대포알이 날아왔다. 우왕좌왕, 책임 회피, 강경론 말잔치가 또 반복됐다.

민간인과 군에서 희생자가 나왔고 수많은 연평도 주민이 고통을 겪는 마당에 이렇게 뼈 있는 말만 풀어놓는 게 경우에 맞을까 하는 생각도 해봤지만, 아니다. 이건 나와 가족의 목숨이 달린 문제가 됐으니 말이다. 어느새 그렇게 됐다. 서울에 사는 평범한 가장은 연평도 포격 사흘 뒤 북한 쪽에서 또 포성이 울렸다는 뉴스 속보를 보며 정말로 가슴이 철렁한 경험을 했다. 이 공포의 어둠을 지우기 위해 무엇을 할 것인가? 퇴근길, 그 어느 때보다 진심 어린 고민에 빠져들었다.

원혼의 외침

장장 50여 년이다. 손을 뒤로 묶인 채 구덩이 앞에 무릎을 꿇었을 때, 생은 짧게만 느껴졌다. 주마등처럼 까물거리며 머릿속을 훑고 지나는 한 삶의 기억들이 스스로 처연했다. 보고 싶은 이들이 많았다. 등 뒤에서 카빈소총이 불을 뿜고 탄두가 머리뼈를 부수며 들어왔을 때, 사랑하는 그 사람들의 마지막 영상이 일그러지며 세상은 암전됐다. 그로부터 강산이 다섯 번 바뀌었다.

구덩이는 서둘러 메워지고 그 위에 풀과 이끼가 자라고 낙엽이 쌓이고 삭풍과 장마가 갈마들며 우리네 이름마저 풍화되어 사라졌다. 사람들의 정신을 얼어붙게 한 냉전의 시대, 국군이 민간인 수백 명을 이리로 끌고 와 사살했다는 소문은 바람결을 타고 사람들 입가에서 귓가로 숨어다녔을 뿐, 누가 왜 이 구덩이에 처박혀야 했는지는 칠흑 같은 세월 단단한 봉인 아래 묻혀 있었다. 누구도 알려 하지 않았다.

하나, 우리도 한 목숨이었거늘. 집안의 기대를 한 몸에 받으며 상업학교에 다니던 까까머리 청년이었고, 삼단 같은 머리에 은비녀 꽂은 흰 저고리의 아낙이었고, 전쟁통 험한 세상에 처자식 거둬 먹여야 하는 남정네였고, 생이별한 피붙이 걱정에 한시도 시름 놓지 못하던 부모였거늘. 과거에 좌익활동을 했든 혹은 강요에 못 이겨 인민군에 부역을 했든, 짐승 도살하듯 이름 한 글자 남기지 않고 죄 물음도 없이 총질로 목숨을 앗다니, 이들이 어찌 신원(伸冤) 없이 잠들 수 있겠느냐. 하물며 아무런 허물 없이 영문도 모른 채 죄다 오라는 대로 따라갔다가 뜨거운 피를 쏟아야 했던 우리네야 말해 무엇하랴. 죽어서 가죽을 남긴다는 들짐승만도 못하게, 썩어 문드러진 유골 주위에 교복 단추나 은비녀, 옷핀, 시곗줄, 검정고무신 따위만 흩뿌려 남겼을망정, 우리도 사람 목숨이었거늘.

세상이 정신을 차리고 우리네 한 맺힌 뼛조각이나마 수습한다고 하나, 아직 유골마다 이름도 찾아주지 않아 전국 방방곡곡에서 수습된 넋들이 흠향조차 못한 채 시신보관실 한켠에 뒤엉켜 버려져 있으니, 장장 50여 년의 기다림이 야속할 지경이다.

그래, 이런 목숨 소중히 다루지 않고서 너희 어찌 사람의 목숨 소중하다고 말할 수 있겠느냐. 인륜과 민주와 공화를 말할 수 있겠느냐. 전쟁과 야만의 과거를 되풀이하지 않을 문명의 방어벽을 쌓겠느냐. 옛일에서 배움이 없다면 어느 날 또다시 광기가 뭇사람의 뒤통수에 총구를 겨누고 사람의 존귀함은 물·바람·흙 속으로 흩어지고 마는 세상이 부지불식간 찾아올 수도 있는 일. 아득하여라, 종족을 대하는 저 인간들의 짐승만도 못한 정성이라니!

조윤옥 약전

- 1925년 음력 5월 14일 경북 성주군 청파면에서 태어남: 네살 때 대구 새못안이로 이사.
- 여덟 살 때 아버지가 돌아가심: 성격이 괄괄하여 남동생 용직과 자주 치고받고 싸울라치면, 엄격한 오빠는 "이, 돼지바우"라며 혼을 내곤 했다.
- 아홉 살 때 함남 북청군 신창면에 양녀로 감: 가난 때문이었다. 양어머니 김옥주는 옛날 권번의 졸업장이 있는 기생이었다.
- 열다섯 살 때 대구를 다녀감: 키가 훤칠하고 잘생겼던 그는 단

발머리에 양단 두루마기를 입고 왔다. 동네 유지 집에 시집가라는 어머니 성화를 끝내 뿌리치고 돌아갔다. 한 손가락으로 볼을 짚고 찍은 사진 속에서 그는 곱게 웃는 모습으로 남았다.

- 열여섯 살 때 양어머니에 의해 청진의 일본군 위안소로 팔려감: 거기서 '모모코'가 됐다. 임신을 막는 독한 수은약을 먹은 것도 그즈음이다.
- 열여덟 살 때 다시 만주 훈춘의 위안소로 350원에 팔려감: 평일에는 주로 군관들이, 토요일에는 병사들이 왔다. 담배를 배웠다.
- 해방 뒤 고향으로 돌아가려다 청진에서 '38선 이남으로는 갈 수 없다'는 말을 듣고 훈춘으로 돌아옴: 중국 정부가 실시한 호구조사에서 청진 출신으로 기록되는 바람에 북한 국적을 갖게 됐다.
- 이후 50여 년 동안 몸과 마음의 후유증을 앓으며 훈춘에서 쓸쓸히 살아감: 중국인과 결혼하기도 했고 한족 여성을 양딸로 삼기도 했다. 자궁 수술 등 몇 차례 큰 수술을 받았다.
- 1998년 시민단체들이 중국에 살고 있는 위안부 할머니들의 귀향을 추진: 북한 국적이 걸림돌이 됐다. 탈북자 문제가 겹치면서 중국 내 북한 국적자의 국외여행은 엄격히 통제됐다. 중국 국적 취득을 시도했다.
- 1998년 9월 언니 옥술, 동생 용직과 상봉: 이미 노인이 된 언니와 동생은 죽기 전에 한번 만나보기라도 하겠다며 훈춘까지 긴 여행에 나섰다. 쌓인 회한을 풀기엔 너무 짧았던 나흘 동안의 만남. 동생은 누나를 자루에 넣어서라도 고향으로 데려가자고 떼를 썼다. 누나는 밥도 먹지 않고 담배만 피웠다.

- 1999년 11월 11일 동생 용직 숨짐: 폐병이 재발했다. '누님을 빨리 모셔와야 한다'는 게 유언처럼 그가 남긴 말.
- 2000년 12월 국적이 중국으로 변경됨: 중국 여권으로 고국 땅을 밟을 수 있게 됐다. 그해 겨울은 아마도 그의 일생에서 가장 행복한 때였으리라.
- 2001년 2월 6일 폐암으로 숨짐: 고향 땅을 코앞에 두고, 그를 돌보던 조선족 중국 관리 엄관빈이 홀로 지켜보는 가운데 60년 이역 생활을 고통 속에 마감했다. 엄관빈은 깨끗한 속옷과 비단옷을 입혀드렸다. 이튿날 화장.
- 2001년 3월 8일 조카가 유골을 모셔옴: 이튿날 대구시립공원 묘지에서 시민단체들이 장례식을 치렀다. 이곳 납골당 신관 2250호가 그의 영원한 집이 됐다.
- 2001년 4월 23일 언니 옥술 숨짐: 재가 되어서나마 돌아온 동생을 맞이한 뒤, 세상을 홀가분하게 버릴 수 있었나 보다.

일본군 위안부 문제 해결을 위한 아시아연대회의에서 남북이 공동선언을 발표했다는 소식에 마음이 헛헛하여 할머니를 생각해봅니다. 할머니 생전에 남북이 마음을 모아 할머니를 고향으로 모셔올 수는 없었던 것인지……. 할머니를 처참한 삶으로 몰아넣을 때는 질풍과도 같았던 역사가, 할머니의 상처를 치유하는 데는 너무도 더뎠지요. 훈춘에서 지켜보던 세 남매의 눈물 나는 상봉이 엊그제 같습니다. 지금은 세 분이 깊은 주름살을 펴고, 아옹다옹 다투던 어린 시절로 돌아가 깔깔깔 웃음소리 큰 나날을 보내고 계시리라 믿어봅니다.

6장

정의로운 나라가 할 일

많은 사람들이 욕심을 내는 배경엔 불안감이 자리잡고 있다. 자녀 교육에 대한 불안감, 노후에 대한 불안감, 사고를 당하거나 큰 병에 걸렸을 때에 대한 불안감……. 그런 불안을 국가나 사회가 흡수해주지 못하니, 겨울잠을 준비하듯 닥치는 대로 먹어둬야 하는 것이다. 그러다 보면, 한쪽에선 음식을 버릴 정도로 배부른 사람이 생기는가 하면, 한쪽에선 아이들이 굶주리는 비극이 벌어진다.

아무도 기억하지 않는 죽음

서울의 낮은 산티아고의 밤보다 어둡다

1.

밤늦게 지친 몸으로 집에 들어가 TV를 켠다. 생중계가 진행 중이다. 몇 번째 광부가 구출되고 가족이 환호하고 대통령이 자축 연설을 한다. 흥분한 스페인어로 흘러나오는 말이 그보다 약간 차분한 영어로 동시통역된다. 두 언어 사용권을 합치면 세계 대부분의 지역에서 그 감동의 순간을 실시간으로 듣고 보고 있다. 나처럼 불완전한 해독력의 시청자까지 합치면 가히 전 세계가 그 순간에 지상의 한 지점을 관찰하고 있을 테다. 생사의 갈림길이 오늘이 될지, 내일이 될지, 30분 뒤가 될지, 닷새 뒤가 될지, 그런 갈림길이 과연 있기나 한 건지 알지 못한 채, 무더운 어둠 속에서 32명의 동료들과 어제에 대해 그리고 내일에 대해 이야기하며, 숨 쉬는 순간순간 문득문득 찾아오는 공포를 견뎌야 했던 그들이 하나둘 지상으로 해방되는 장면을 칠레와 낮밤이 반대인 서울의 한 아파트 1203호에서도 불 밝힌 채 보고 있다. 그건 같은 '사람'으로서 유전자가 지시하는 무엇, 아니면 지금 인류가 새로이 유전자에 새겨넣고 있는 무엇과 관련이 있는 듯싶다.

2.

칠레 산호세 광산에서 마리오와 루이스와 플로렌시오가 수백 미터 갱도를 타고 막장으로 내려갈 때 이 땅에서는 순철과 영호와 상훈이 좁고 긴 사다리를 올랐다. 좁고 어두운 갱도만큼이나 좁고 두려운 허공의 길을 맨발과 맨손으로 딛고 70미터 타워크레인에 올랐다. 그리고 광부들이 먼지 가득한 막장에서 몸을 상해가며 일할 때, 그들은 몸 하나 겨우 건사할 크레인 조종실에서 추락의 불안감과 싸우며 일했다. 어차피 두 곳 모두 지상의 세계와는 단절된 곳이다. 무섭고 외로운 곳이다. 언젠가 재앙이 찾아올 곳이다. 칠레의 지하 막장이 무너졌을 때, 이 땅의 타워크레인 하나도 무너졌다. 광부들이 생명의 희망을 놓지 않을 때, 크레인 기사도 허공에 매달려 마지막 붙들 곳을 꼭 부여잡고 있었다. 대개의 매몰사고와 달리 칠레 광부들은 운이 좋았다. 대피할 공간이 있었고 얼마간의 식량도 있었다. 그때 허공에 매달린 서울의 타워크레인 기사는 더 이상 기댈 공간이 없었다. 매몰된 광부들이 사랑하는 사람들을 떠올리며 삶의 의지를 다질 때 그의 머릿속에도 똑같은 생각이 지나갔을 것이다. 그러나 그에게 남은 시간은 구조를 위해 미국 항공우주국(NASA)의 기술 지원을 기다릴 만큼 길지 않았다. 타워크레인은 무너지는 것도 순간이요, 생명의 흩어짐도 지하보다 빠른 탓이다. 그는 추락사했다.

3.

시간의 길고 짧음이 문제였던가. 칠레 광부들은 69일을 버티며 전 세계의 이목을 끌었다. 긴 기다림의 시간을 마무리한 구조 작전은 극적이었다. 반면 타워크레인 사고를 당한 기사는 세상의 주목을 받기도 전에, 아니 주변을 오가던 사람들의 놀란 시선을 받기도 전에 숨이 끊겼다. 어릴 적 공상과학소설에서 본 시간조절 장치가 있어 시간의 흐름을 늦출 수 있었다면, 그가 처한 생사의 갈림길을 9시 뉴스에서도 보도하고, 인터넷도 들끓고, NASA까지는 아니어도 119구조대의 손길이나마 불러낼 수 있었을 텐데……. 아쉬움이 밀려드는 것은, 칠레의 광부나 서울 마포구의 타워크레인 기사나 똑같이 가족의 생계를 위해 유일한 자산인 자기 몸을 지상이 아닌 곳에 부려놓아야 했던 노동자이기 때문이다. 매몰된 광부들을 무사히 지상으로 이끈 우르수아 작업반장의 위대한 지도력에 눈시울이 뜨거워지는 한편, 이름 없이 스러진 저 크레인 기사에게는 왜 물거품만큼의 연민도 바쳐지지 않는지 궁금해지기 때문이다. 그렇게 숨져간 '하늘의 광부'가 최근 3년간 35명이다.

산업재해 사망자들

지난해 우리나라에서만 모두 2181명이 숨졌다. 2003년 이후 이라크에서 사망한 미군 병사가 4000여 명이고(민간인은 10만 명 이상이니 비할 바는 아니다), 아프가니스탄에서도 2001년 10월 개전 이후 올해 5월 말까지 사망자가 1000명을 넘은 데 견주면, 가히 전쟁 수준이다. 한반도에 전쟁이라도 발발한 것일까.

각종 자연재해로 숨진 우리의 이웃들이나 천안함 침몰 같은 불행한 사고로 숨진 이들은 우리에게 깊은 슬픔과 날선 각성을 촉구하지만, 저 2000여 명의 죽음은 신문 사회면의 1~2단 기사를 통해서나 겨우 원혼의 처절한 날숨을 불어낼 뿐이다.

산업재해 사망자들이다. 올해 1분기에만 521명이 사망했다. 높은 데서 떨어지거나 넘어지거나 위에서 떨어지는 물건에 맞거나 충돌·붕괴 사고로 숨진다. 총탄에 맞거나 폭발에 찢기는 만큼이나 끔찍한 죽음이다. 그런 죽음이 사회면 1~2단 기사로 간략하게 '처리'된다. 사회적 논란도 불붙지 않는다. 아무도 미워하지 않는 죽음, 아무도 기억하지 않는 죽음이다.

2010년 7월 27일 부산 해운대 우동 아파트 공사 현장에서 그 죽음의 숫자에 3명이 추가됐다. 초고층 아파트의 외벽 거푸집, 작업 발판 해체 작업을 하던 노동자들이 64층 높이에서 추락해 숨졌다. 200미터 높이였다고 한다. 조금만 높은 곳에서 내려다봐도 머리가 어찔하는 고소공포증 환자인 나로서는 다리를 후들거리지 않고는 오를 수조차 없는 작업 환경이다. 그들은 사랑하는 아내와 아이들을 위해 그런 공포쯤이야 거뜬히 이겨낼 만큼 용기 있는 가장들이었을 것이다. 아마도 그들이라면 가족을 위해 총알이 빗발치는 전쟁터에도 기꺼이 자원해 나섰을 것이다.

그렇게 담대한 이들이 한 해 수천 명씩 숨져간다. 경제협력개발기구(OECD) 회원국 가운데 부동의 1등이다. 건설업(39.9%), 5~49인 사업장(38.9%), 60살 이상(19%)에서 가장 많다. 가장 많은 이들(32.1%)이 추락으로 사망한다. 끔찍한 현상이다.

에어컨이 켜진 사무실에서 컴퓨터 자판을 두들기며 나는 '극심한 스트레스'를 푸념한다. 천안함 사건에 대한 기사를 데스킹한다. 전쟁 분위기를 부추기는 한-미 합동 군사훈련을 비판하는 기사를 출고한다. 아마 이 순간에도 어느 공장에서, 비좁은 작업장에서, 초고층 아파트 건설 현장에서 추락하는 이들이 있을 것이다. 아빠·엄마를 잃는 아이들이 있을 것이다.

그리고 아무도 아무런 말을 하지 않을지 모른다. 짧은 기사를 쓰고 말지 모른다. 사건을 덮는 데 급급할지 모른다. 높은 곳에서 내려다볼 때처럼 세상은 빙글빙글 돈다.

15만 7000이란 숫자

미국에 '제임스 아론슨 사회정의 언론상'이란 게 있다. 세계 평화와 사회정의, 인간의 존엄성을 위해 평생 글을 쓴 〈뉴욕타임스〉 기자 출신 언론인 제임스 아론슨을 기리는 상으로, 차별·경제 정의·시민적 자유 등을 둘러싼 지속적이고 구조적인 문제에 천착한 언론인에게 수여된다.

2003년 이 상의 수상자 명단에 존 도넬리, 콜린 니커슨, 데이비드 필리포브, 라자 미슈라 등이 들어 있다. 이들이 〈보스턴 글로브〉에 연재한 기사가 수상의 영광을 안겼다. 이들은 세계보건기구(WHO)가 발표한 한 보고서에 주목했다. 전세계적으로 한 해 동안 880만 명가량이 질병에 대한 기초적인 치료·예방 조처가 이뤄지지 않는 탓에 '불가피하지 않게' 숨져간다는 내용이었다.

숫자는 사실 무미건조하다. 흰색 종이에 검정색 잉크를 일정한 모양으로 입혀놓은 것에 불과하다. 그래서 상상력이 필요했다. 숫자 속에 숨겨진 이야기를 찾는 일이다. 4명의 기자들은 "오직 증인으로서만 말할 수 있다"고 생각했다. 이들은 WHO 보고서에 언급된 나라들을 찾아가기로 했다. 그곳에서 죽어가는 이들과 독자들의 '눈맞춤'(eye contact)을 주선하기 위해서였다.

이들이 쓴 기사에는 출산 과정이나 사소한 질병으로도 숨져가는 캄보디아, 말라위, 러시아, 과테말라, 잠비아 등지의 여성과 어린이들이 그려진다. 허름한 병원, 도착하자마자 숨진 에이즈 환자들의 주검과 배우자를 잃은 남녀들의 울부짖음으로 가득한 병원의 모습이 그려진다. 기자가 현지 병원에서 만났던 어린이가 끝내 숨졌다는 소식은 보스턴에 돌아온 뒤 들었다고 한다. 미국 동부의 평온한 도시 보스턴에 사는 독자들은 WHO 보고서 내용을 전하는 기사에서 '880만' 명의 의미를 체감하지 못했을 수도 있다. 하지만 이들의 기사를 통해 숫자는 체온을 갖게 됐다(비록 곧 식어버릴 체온이지만). 수상 이유에 나오는 것처럼 이들은 '통계에 인간의 얼굴을 입혔'다.

우리에게도 통계가 있다. 예를 들면 2009년 2월 취업자가 전년도 같은 기간에 견줘 2.8퍼센트나 줄었고, 30대 여성의 경우 취업자가 전년도 같은 기간보다 15만 7000명이나 줄었다. 하지만 쉽게 체감되지는 않는다. 내 지인들은 대개 괜찮은 직장을 가졌고, 그들 가운데는 아직 실업의 고통을 몸소 겪는 이들이 드물다. 실제 줄어든 고용의 대부분은 비정규직, 우리 주변에서 가장 힘겨운 일자리들일 터. 나 역시 보스턴의 시야 좁은 소시민들과 다를 바 없는 걸까.

30대 여성만 보더라도, 실직한 15만 7000명이라는 숫자 속엔 15만 7000명의 삶이 들어 있을 것이다. 아장아장 걷는 그들의 아이들도 들어 있을 것이다. 반찬이 줄어든 고단한 식탁이 들어 있을 것이다. 새 옷을 마련할 수 없는 쌀쌀한 봄이 들어 있을 것이다. 당장 내일이 걱정되는 불면의 이부자리가 들어 있을 것이다. 꿈 많고 새침했던 15만 7000컷의 여고시절 사진이 들어 있을 것이다.

떠들썩한 사건들에 묻혀 있는 통계 수치들에 주목하자. 그리고 숫자 속 사람들과 '눈맞춤'을 시도해보자. 이를 테면 저 15만 7000명의 젖은 눈망울과.

인간의 체온으로 덥힌 자본주의를 바라며

꿈의 고시원

고시원에는 꿈들이 산다.

중국에서 온 동포들. 돈 많이 벌어 고향 마을에 두고 온 아이들을 찾아가는 꿈. 붉은 수수밭이 펼쳐져 있고 옥수수밭 끝 간 데 없는 그곳. 러시아에서 온 동포들. 돈 많이 벌어 고향 마을에 두고 온 나타샤를 찾아가는 꿈. 자작나무 흰 숲이 펼쳐져 있고 보드카 한 잔에 발랄라이카 소리 흥겨운 그곳. 그러나 목을 조여오는 연기에 고통스럽게 깨어나야 하는 꿈. 날카로운 금속 물체가 몸속으로 파고드는 순간, 어쩔 수 없이 그만 접어야 하는 그 꿈들.

이 땅의 또 어떤 쪽방에서 한 달을 몇만 원으로 버텨야 하는 노인들. 세상을 뜨기 전 헤어진 자식들과 해후해 기름진 저녁 한 끼 맛있게 먹는 꿈. 이 땅의 또 어떤 농가에서 똥값이 돼버린 농작물값에 소주를 들이켜는 농민들. 오뉴월 소나기 같던 땀방울만큼만 대가를 손에 쥐어 자식들 호주머니에 넣어주고픈 꿈. 이 땅의 또 어느 곳, 방도 아닌 길거리에서 농성의 밤을 보내는 비정규직 노동자들. 그저 남들과 똑같이 일한 만큼만 돈을 받고 싶은 꿈. 이 땅의 어느 지방도시 공장 기숙사에서 지친 몸을 누이는 이주노동자들. 돈 많이 벌어 에메랄드빛 바다 드넓은, 가난한 고향 마을에 돌아가 장가드는 꿈. 이 땅의 수많은 아파트와 전세방에서 주가 하락 뉴스에 맘 졸이는 사람들. 들라기에 든 펀드인데, 염라대왕한테서 "탐욕스런 놈"이라고 꾸중 듣는 악몽. 뭉실뭉실 피어오르는 철거 소식에, 직불금 사기 칼날에, 1000일 농성 싸움에도 귀 막은 세상 표정에, 인정사정 없는 불법체류자 단속에, 무능한 정부 대책에…… 불현듯 깨어나 소리 없이 죽어가는 꿈들.

그래서 이 땅은 온통 고시원이다.

여러 차례 고시원에 불이 나 사람들이 죽어갔건만, 바뀌는 건 없다. 고시원은 여전히 가장 가난한 사람들의 쉼터요, 세계 어디에서도 볼 수 없는 가장 불안한 주거 형태요, 아무도 모르게 한밤중이나 어스름 새벽에야 스며들어 거덜난 몸을 누이는 곳이다. 어느 누가 히키코모리처럼 사람들과 단절돼 한 평짜리 공간을 한숨으로 채우고 세상에 대한 원망으로 사방을 도배하며 끔찍한 범죄를 향해 하루하루 다가가도, 심지어 고시원 주인조차 관심을 기울여주지 않는 그곳.

똑같이 닮았다. 서민들은 가뜩이나 힘겨운 삶에 금융위기까지 겹쳐 진짜 고시원 신세로 전락해야 할지 모른다는 두려움이 엄습하는데, 정부는 그동안 잔뜩 배 불린 건설사나 도와주고 부유층 세금은 더 깎겠다고 야단이고 쌀 직불금 가로챈 땅투기꾼들 조사는 달팽이 걸음이다. 어디에서도 형편이 아쉬운 사람들 말은 들어주지 않는다.

끔찍한 사건은 그런 곳에서 벌어진다. 고시원 주변의 사람들, 고시원을 운영하는 사람들, 그곳을 관할하는 공무원들이 세심해져야 한다. 아무리 실낱같은 꿈이라고 해도 그 꿈을 살해당하거나 스스로 놓아버리는 이들이 있다면 가련하지 않은가.

고시원 방화·살인 사건에, 직불금 사태에, 증시 패닉에 마음 스산한 이 밤, 우리 모두의 운명에 대한 운영권을 쥔 분의 이름을 따서 인사하자면, "여러분 'MB 고시원'에 온 것을 환영합니다." 오늘도 10만 210제곱킬로미터 거대한 고시원의 밤은 깊어가고, 집에 들어가 잠들기가 무섭다.

권리의 공황

1929년 10월 미국 뉴욕 월스트리트의 주가가 폭락하면서 시작된 대공황은 세계 곳곳으로 여파를 미치면서 1939년까지 이어졌다. 경제가 마비되고 기업 도산이 속출해 실업자가 전체 미국 노동자의 약 30퍼센트에 이를 정도였다. 찰리 채플린은 그 참상을 슬픈 웃음 속에 담아냈지만, 도탄의 현실을 좀 더 이지적으로 꿰뚫어보고 그 속에서 사금 같은 인간 삶의 본질 하나를 건져낸 것은 프랭클린 루스벨트 대통령이었다.

힘겹게 공황을 벗어난 그는 1941년 '네 가지 자유'를 천명한다. 언론과 표현의 자유, 신앙의 자유, 결핍으로부터의 자유, 공포로부터의 자유. 특히 루스벨트 대통령은 1944년 연두교서에서 궁핍으로부터의 자유에 대해 이렇게 말했다.

"우리는 한 가지 사실을 명확히 깨닫게 됐다. 진정한 개인의 자유는 경제적 보장과 독립 없이는 존재할 수 없다는 것을. '빈곤한 사람은 자유인이 아니다'(Necessitous men are not free men). 일자리를 잃은 사람들은 독재의 자양분이 된다. 우리 시대에 이런 경제적 진실은 자명한 것으로 받아들여지게 됐다. 우리는 말하자면 두 번째 권리장전을 받아들이게 된 셈이다. 그 아래에서 우리 모두–신분이나 인종, 신조와 관계없이–를 위한 사회보장과 번영의 새로운 기초가 다져질 수 있다. 이 권리들의 목록은 다음과 같다."

이어 그가 나열한 '권리'들이다. 1)유용하고 보수도 적절한 직업을 가질 권리 2)적절한 음식과 의류, 여가생활에 충분한 돈을 벌 권리 3)농민들이 작물을 기르고 팔아 남부럽지 않은 가족 생계를 꾸릴 권리 4)크고 작은 사업자들이 국내외에서 독점기업의 부당 경쟁이나 지배에서 벗어나 거래를 할 권리 5)모든 가족이 남부럽지 않은 집을 가질 권리 6)적절한 의료 보호와 건강을 누릴 권리 7)노후, 병, 사고, 실업 등의 경제적 공포로부터 적절히 보호받을 권리 8)좋은 교육을 받을 권리…….

대공황기를 겪으면서 지지를 얻게 된 이런 권리 목록은 이후 세계인권선언을 기초하는 데 영향을 미쳤고, 지금은 '경제적·사회적·문화적 권리에 관한 규약'(1966)으로 집대성됐다. 고문을 당하지 않을 권리나 영장 없이 체포당하지 않을 권리와 마찬가지로, '남부럽지 않은' 삶의 기초 조건을 누리는 일 또한 국제사회에서 권리로 인정된 것이다.

그 '남부럽지 않은' 또는 '적절한' 정도가 어디까지인지는 각 나라마다 처한 조건에 따라 상대적일 수밖에 없다는 까다로운 문제가 여전히 남아 있지만, 더 큰 문제는 대부분의 국가가 립서비스 말고는 경제적·사회적 권리를 '권리'로 받아들이기조차 꺼린다는 데 있다. 정부는 어디까지가 '남부럽지 않은' 또는 '적절한' 삶의 조건인지 그 권리의 보호선을 그어보려는 노력을 보이지 않고, 또 그 권리를 침해당한 이들도 정치적 자유를 침해당한 경우처럼 저항에 나서지 않는다. 경제는 냉엄한 시장의 논리에 따라 돌아가야 하고, 인위적인 부의 재분배는 자선의 영역일 뿐이라고 여기는 것이다.

미국발 세계금융위기 이후 대공황이라는 말이 다시 들리고, 미국인의 23퍼센트가 "미국 경제는 공황 상태"라고 응답한 설문조사 결과가 전해진다. 우리나라 경제도 그 짙은 그림자 속을 헤매고 있다. 그러면서도 냉혈동물 같은 자본의 본능에 더 많은 재량권을 넘기려 하고 있다. 탐욕이 낳은 위기의 끝자락에서 다시 무수한 비참이 거리를 메우는 사태를 봐야만 우리는 다시 저 권리의 목록들을 떠올릴까. 인간의 체온으로 자본주의를 덥혀 '자유인'들의 사회를 부르는 지도자가 미리 나타날 수는 없는 것일까.

정명퀴즈

제나라 경공이 정치, 즉 모두가 잘 사는 조화로운 사회를 이루는 법에 대해 묻자 공자가 답했다. "임금은 임금답고 신하는 신하다우며 아버지는 아버지답고 아들은 아들답게 되는 것입니다." 정명(正名) 사상이다. 이름값을 못하면 임금이라도 갈아치워야 한다는 행간의 뜻이 삼엄하다. 현대사회에서는 정치인이야 선거로 갈아치운다지만, 여전히 그럴 수 없는 이들도 있으니 이들에겐 걸맞은 이름이라도 찾아줘야 하지 않을까. 이름하여 바른 이름에 관한 퀴즈다.

문: 다음과 같은 행위를 한 사람들에게 가장 적절한 이름을 보기에서 찾아 괄호에 넣으시오.

〈보기〉 ㉠ 현인 ㉡ 경제인 ㉢ 기업인 ㉣ 상인 ㉤ 장사치

1. 워런 버핏 버크셔 해서웨이 회장이 재산의 85퍼센트인 370억 달러(35조 원)를 자선단체에 기부하기로 했다. 앞서 빌 게이츠 마이크로소프트 회장도 자선사업에 몰두하기 위해 은퇴할 계획을 밝혔다. (　　　)
2. 삼성그룹은 에버랜드 전환사채 헐값 발행과 안기부 엑스파일 파문 등으로 비난 여론이 비등할 즈음 8000억 원을 사회에 헌납하겠다고 발표했다. 현대차그룹은 정몽구 회장의 검찰 소환을 앞두고 1조 원 헌납 계획을 발표했다. (　　　)
3. 버핏 회장은 조지 부시 전 미국 대통령의 상속세 폐지 시도를 "혐오스런 행위"라고 강력히 비난하면서 "부의 왕조적 세습에 반대한다"고 밝힌 바 있다. 그는 "상속세는 매우 공정한 세금이며 기회 균등의 이상을 유지하고 부유층에 특혜를 주지 않기 위해서도 필요하다"고 역설했다. (　　　)
4. 전국경제인연합회는 상속세 폐지가 세계적 추세라거나 현행 상속세 제도는 기업 성장을 위축시키고 기업가의 의욕을 꺾는다면서 상속세 폐지나 완화를 공론화해왔다. (　　　)
5. 비슷한 시기 조선·중앙·동아일보 등 보수신문들은 사설 등을 통해 상속세 개편 논의가 필요하다고 주장했다. 이들은 누구를 거든 것일까. (　　　)
6. 맥도날드 창업자의 부인이자 상속자인 조앤 크록은 미국의 한 대학에 6910만 달러를 기부해 '평화연구소'를 세웠다. 제3세계 각지에서 장학금을 받고 이곳에 와 연구하는 학생들은 대부분 맥도날드와 같은 다국적기업에 비판적인 진보적 지식인들이다. 그리고 이 대학 구내의 유일한 햄버거 가게는 버거킹이다. (　　　)

7. 김밥 장사로 모은 50여억 원을 충남대에 기증한 할머니, 20여 년 요식업으로 마련한 60억 원 상당의 상가 건물을 경상대에 기증한 할머니……. 꺼림한 대가를 바라지도 않고 상속세 폐지를 주장하지도 않는, 오직 어려운 학생들을 돕겠다는 숭고한 뜻이 전부인 할머니들의 헌납 행렬은 면면히 이어지고 있다. (　　　)

공자의 말을 듣고 경공이 말했다. "진실로 임금이 임금답지 못하고 신하가 신하답지 못하며 아버지가 아버지답지 못하고 아들이 아들답지 못하다면, 비록 곡식이 있더라도 내가 그것을 먹을 수 있겠습니까?"

그래서일까. 우리 주위엔 아직도 결식하는 '새싹'들이 허다하다. 상속세도 피해가며 부모의 막대한 부와 지위를 물려받는 '황태자'들이 있는 한편, 부모한테 받는 것이라곤 방임이나 학대나 가난이 고작이어서 입신출세는 꿈도 못 꾸는 '꿈나무'들이 즐비하다. 챙겨주는 이 없어 숙제를 안 해간 아이들에게, 선생님은 자상한 보살핌 대신 공책을 던지고 따귀를 올려붙인다. 그런 선생님은 또 뭐라 이름할 것이며, '새싹'도 '꿈나무'도 아닌 저 아이들은 또 뭐라 부른단 말인가. 이름하여 '자유와 평등'의 이 나라에서.

탐욕 조절장치

미국발 금융위기 직후 〈한겨레21〉은 '탐욕의 날갯짓-한국 소시민에게 몰아친 월가 나비효과'라는 표지 이야기를 선보였다. 같은 주에 나온 미국 시사주간지 〈타임〉의 표지 제목도 '탐욕의 대가'(The Price of Greed)였다. 금융위기를 다루며 두 시사주간지가 뽑은 열쇳말이 일치한 걸 보면 분명 문제는 탐욕이다.

최초의 탐욕의 날갯짓이 어떻게 이런 거대한 쓰나미를 일으키게 됐는지, 그 과정은 여전히 선명한 채색화로 그려지지 않을 만큼 복잡하기만 하다. 그러나 탐욕의 예기치 않은 나비효과는 만물의 이치인 듯싶다. 박찬열 국립산림과학원 박사의 설명을 듣자면, 숲에 있는 도토리를 지나치게 채취하면 평소 이를 즐겨먹던 멧돼지 등 들짐승이 먹이 부족을 겪게 되고 결국 농가로 내려와 피해를 입히게 된다고 한다. 다람쥐나 청설모 같은 작은 생명들도 더 추운 겨울을 나야 한다는 점은 제쳐두더라도 말이다.

이명박 대통령의 내각 인선을 두고도 탐욕이란 단어가 화제가 됐다. 보수 논객인 소설가 복거일 씨는 민주당 민주정책연구원이 마련한 포럼에 참석해 "이명박 대통령이 총리 역할을 제한하고, 그러다 보니 각료를 임명하는 데 실정 법규를 어긴 사람들이 많이 들어갔다. 이 대통령은 탐욕스러웠다"고 말했다. 그런 대통령과 내각이니, 발표하는 정책마다 부유층 세금을 깎아주고 그린벨트를 없애고 복지는 축소하는 식이다. 가뜩이나 아파트 입주자들이 돈 몇백 원, 몇천 원씩 아끼자고 경비 노동자를 잘라내는 시절이다. 탐욕의 부채질인가.

따지고 보면, 많은 사람들이 욕심을 내는 배경엔 불안감이 자리잡고 있다. 자녀 교육에 대한 불안감, 노후에 대한 불안감, 사고를 당하거나 큰 병에 걸렸을 때에 대한 불안감……. 그런 불안을 국가나 사회가 흡수해주지 못하니, 겨울잠을 준비하듯 닥치는 대로 먹어둬야 하는 것이다. 그러다 보면, 한쪽에선 음식을 버릴 정도로 배부른 사람이 생기는가 하면, 한쪽에선 아이들이 굶주리는 비극이 벌어진다.

미국의 사회운동가 프랜시스 무어 라페는 지구 한켠에선 풍요가 넘치는데 다른 한켠에선 아이들이 굶어 죽어가는 지구의 모순에 천착했다. 그는 『살아 있는 민주주의』(이후 펴냄, 2008)에서 끊임없이 부가 집중돼 결국 경쟁이 성립할 수 없게 되는 시장경제와, 이를 통제할 수 없는 지경에 이른 허약한 민주주의를 그 원흉으로 지목한다. 그가 대안으로 내놓는 것은 부와 결탁한 권력을 더 많은 시민들에게 분산시키는 민주주의의 복원이며, 이를 통해 사회적 자원 또한 더 널리 나누는 방식이다. 10만 명에 이르는 시민들이 예산안 짜기에 참여해 빈곤층에 더 많은 예산이 돌아가도록 한 브라질의 포르투알레그리 등 수많은 사례도 제시하고 있다. 사람들은 그렇게 '탐욕 조절장치'를 고안해내고 있는 것이다.

감단직 노동자(감시적·단속적 노동자를 줄인 말로, 아파트 경비원 등을 지칭함) 착취 문제를 다룬 〈한겨레21〉 기사를 읽고 경비원을 더 이상 줄이지 않기로 한 어느 오피스텔 사람들 이야기도, 작지만 소중한 탐욕 조절장치의 사례다.

민주주의는 급격히 후퇴하고 금융위기의 후폭풍은 온 세계를 덮치는 요즘, 라페의 분석과 제안은 피부로 파고든다. 폐허가 된 골짜기를 지나는 선지자처럼 우리는 탐욕에 대항하는 방법을 명상해야겠다.

진보주의자들의 꿈

소비는 정치다

사람은 남들과 정보를 나누고 의견과 주장을 주고받으려는 본능을 지니고 있다. 그렇지 않다면 매스미디어는 존재하지 않았을 것이다.

사람은 동물적 욕구만 채우는 것으로 만족하지 않고 그보다 고차원적인 '가치'를 추구하는 본성을 지니고 있다. 그렇지 않다면 문명은 존재하지 않았을 것이다.

자본주의 사회에서 이런 본능이 발현되는 현상의 하나가 소비자운동이다.

미국에서 진보적 성향의 사람들은 월마트를 잘 이용하지 않는다. 열악한 노동조건을 통해 이윤을 남기는 기업이란 인식이 퍼져 있기 때문이다. 다른 대형마트보다 가격이 저렴한 편이지만 돈 몇 푼에 양심을 팔지는 않겠다는 것이다. 제3세계 어린이들의 저임금 노동으로 만든 축구공을 더 이상 소비하지 말자는 캠페인은 이미 월드컵 대회에서 이슈화될 정도로 보편화했다. 군수물자를 만드는 회사 제품은 비록 일상 소비재일지라도 사지 말자는 운동도 벌어진다. 이런 소비자운동이 세계를 호령하던 거대기업들에 인간적 가치를 일깨워준 건 당연하면서도 고마운 일이다.

콩고 내전을 보자. 아프리카의 빈국에서 유혈 낭자한 전쟁을 이어가는 반군은 주석, 탈탄, 텅스텐 같은 광물 자원을 팔아 무기를 조달한다. 이곳에서 생산된 광물이 들어간 휴대전화, MP3플레이어, 비디오게임기, 노트북컴퓨터 따위를 쓰지 않는 것은 콩고 사람들의 피를 닦아주는 일이다. 가장 자본주의적인 국가인 미국에서 이런 광물의 원산지를 식별해 선택적 소비를 할 수 있도록 하는 법안이 시민단체가 아닌 의회에서 추진되고 있다.

이런 움직임이 시장의 자유 원칙에 위배된다는 얘기는 들어보지 못했다. 경제가 그저 먹고 싸는 일에만 관련된 게 아니라면, 소비는 분명 정치 행위다.

지금 여기에서도 그렇다. 수구·족벌 언론이 득세하는 언론계 지형에서, 태생적으로 그들과 가까울 수밖에 없는 기업들이 광고를 그들에게만 몰아준다면, 진보·개혁 성향 언론의 입지는 좁아질 수밖에 없고 여론의 다양성은 침해받게 된다. 이때 기업의 공공적 책임에 걸맞게 다양한 성향의 언론에 골고루 광고를 집행하라는 요구를 내건 시민들이 등장했다. 폭력적 방법으로 요구를 관철시키려는 것도 아니다. 그저 선택적 소비를 통해 그런 가치를 조금이나마 실현시켜보려는 것뿐이다. 그들 스스로도 해당 제품을 쓰지 않음으로 인한 불편함을 감수하면서 말이다.

이를 불법이라고, 시장의 자유를 침해하는 행위라고 비난하는 이들의 머릿속이 궁금하다. 이른바 조·중·동 광고주 불매운동에 유죄를 선고한 판결문에서조차 "언론사의 편집 정책을 변경시키고자" "인터넷 사이트에 광고주 리스트를 게재"하는 등 설득 활동을 벌이는 것은 "합법"이라고 적시한 마당이다.

노무현 전 대통령 서거 이후 장삼이사들의 추모 광고가 잇따라도 기업들은 약속이라도 한듯 이 국민장을 애도하는 광고를 일절 내지 않았다. 한 대기업 홍보담당 임원에게 이유를 묻자 "애초 추모 광고를 생각하지 않았다"면서도 "갈수록 정부 정책에 따라 기업의 운명이 좌우되는 상황에서 정부 쪽 입장을 고려하지 않을 수도 없는 일"이라고 말했다. 정부는 기업의 광고 집행에 암암리에 영향을 미칠 수 있다. 하지만 소비자들은 그저 기업이 낸 광고를 보고 소비함으로써만 반응하란다. 이것이 시장경제의 원리인가. 먹고 싸는 것만이 경제라는 강변에, 검찰은 불매운동 수사 검토로 화답했다. 참 지저분한 자본주의다.

남북 공동 과제, 세습 타파

인류 역사에서 권력세습은 익숙한 것이다. 한반도에서만 5000년의 역사인데, 왕조가 마지막 숨을 쉰 것은 20세기 초에 이르러서다. 서구에서도 18세기 말에야 근대적 공화국이 등장했으니, 권력의 민주적 승계야말로 오히려 낯선 현상이다. 권력세습을 극복하는 건 난공불락의 성채를 공격하는 일과 같았다. 감히 국왕의 권위를 부정하고 모든 인민은 태어나면서부터 평등하다는 주장을 펴는 건 목숨을 걸어야 하는 행위였다. 수많은 피와 살이 뿌려진 끝에 얻어진 그것은 과연 '진보'의 열매였다.

더욱이 그것은 불과 몇십 년 전만 해도 우리에게 완전히 충족되지 못한 이상향이었다. 박정희 유신체제가 지속됐다면, 1980년대 군부독재가 지속됐다면, 우리는 아직도 자식에게 권력을 물려주고 쿠데타 동지에게 권력을 이양하는 체제에서 살고 있을지 모른다. 민간인 출신 대통령을 4명째 선출한 것은 '진보'의 성과였다. 숱한 목숨을 바치고 고행을 자처한 민주화운동이 아니었다면, 우리는 지금도 남과 북이 싸잡아 세계의 조롱을 받는 치욕의 한반도에 살고 있을지 모른다.

지금 북한의 3대 세습에 핏대를 올리며 갖은 욕설을 퍼붓고 있는 이른바 '보수' 가운데 상당수는 과거 독재 체제에 협력하거나 적어도 앞장서 저항하지 않은 이들이라는 점에서 지금의 과장된 목소리가 자격지심으로 느껴져 측은하기까지 하다.

또 한편, 진보 진영 가운데 북한의 3대 세습 문제에 뚜렷한 비판적 태도를 보이지 않는 쪽에 대해서도 안타까운 마음이 든다. 감정적 비난과 전략적 대응은 구별돼야 한다는 점에는 백분 동의하지만, '왕조의 부활'이라고 할 만한 정치적 퇴행에 대해 비판적 거리를 확보하지 않는다면 넓게는 인류가 이룬, 좁게는 한국 현대사가 이룬 진보의 성과를 스스로 감추는 노릇이 되기 때문이다. 신이 나서 '3대 세습에 미온적인 좌파'를 비난하는 수구의 목소리에 공연히 힘을 실어줄 필요는 없는 것 아니겠나.

더 공정한 사회, 더 합리적인 사회를 향한 인류의 발걸음은 이제 권력세습 타파 따위의 의제를 훌쩍 넘어서 나아가고 있다. 정치권력의 세습만큼이나 불합리하고 불공정한 부의 세습 문제다. 서구의 내로라하는 부자들이 애써 재산을 크게 떼어 기부하거나 정부의 상속세 축소 방침을 나서서 반대할 만큼, 막대한 부의 세습 문제는 과거의 권력세습처럼 불편한 이슈로 떠오르고 있다. 우리 사회에서도 재벌의 경영권이 바야흐로 3세에게 자동 이전되는 현상이 가시권에 들어왔고, 이로 인한 불법·편법 논란도 끊이지 않고 있다(사실 우리나라 재벌들이 드러내는, 불법 수단을 동원한 경영권 물려주기는 이런 진지한 논의에서 취급하기 민망한 저차원의 문제니 상세한 언급은 하지 않겠다). 정치권력과의 상대적 힘 경쟁에서 갈수록 유리한 위치를 점해가는 경제권력의 모습을 지켜보노라면, 부의 세습 문제는 과거 권력세습에 버금가는 인류의 숙제가 된 듯하다.

물론 쉬운 문제는 아니다. 지금 보기엔 너무도 상식적인 왕조 타파에 수천 년의 세월이 소요됐던 것처럼, 인류의 지혜가 부의 세습 문제에 대안을 내놓고 이를 실현할 결단을 하기까지는 숱한 난관이 기다리고 있을 게 분명하다. 그래도 어찌됐든 이를 앞장서서 견인할 세력은 '진보'라는 이름을 가질 것이다.

그렇다면 이미 오랜 과거에 인류의 지혜와 용기로 해결한 권력세습 문제를 두고 자격도 안 되는 자들로부터 괜시리 발목 잡히는 일을 자초할 필요는 없다. 지금은 진보가 새로운 차원의 인류사적 과제를 떠맡고 나아갈 때가 아닌가.

진보주의자로 산다는 것

미국 연수 한 해 동안 인상에 남은 학내 시위 두 가지. 500평은 됨직한 잔디밭에 밤사이 하얀 십자가가 빼곡히 박혔다. 십자가마다 10명의 태아를 상징했다. 보수 학생들의 낙태 반대 시위는 그렇게 사람 한 명 없는 전시작품이었다. 하루는 오렌지색 티셔츠 바람이 불었다. 가슴마다 "게이, 나는 괜찮아"라고 적혀 있었다. 하룻동안 그 옷을 입고 생활하는 게 진보 학생들의 동성애 지지 시위였다. 싱거웠다.

보수 쪽은 그렇다 쳐도 진보 쪽은 더 역동적이어야 하지 않겠느냐는 불만이 커질 즈음, 학내 신문에 실린 한 학생의 글이 머리를 통 쳤다. 글의 제목은 '당신은 진보주의자로 살 돈이 있소?' 라고 물었다. 어느 늦은 밤, 저녁 거른 배를 움켜쥐고 집에 가던 세라는 뭘 먹을지 고민스럽다. 주머니에 든 건 달랑 2달러. 좋은 식당은커녕 맥도날드도 부담스런 상황에서 타코벨이 눈에 띈다. 값싸고 맛있는 멕시칸 패스트푸드점. 달려가 막 주문을 하다 말고 세라는 발길을 돌린다. 너무 부끄러워 눈물이 쏙 빠질 지경이다. 타코벨에서 쓰는 토마토는 이주노동자들을 착취한 결과물. 진보주의자라면 먹어선 안 된다. 세라는 집에 돌아와 차가운 빵에 땅콩버터를 발라 먹고 잠자리에 든다. 이러다간 노동 착취의 대명사 월마트의 저가 유혹을 견디기도 '열라' 힘들 것 같다고 푸념하며.

돈 없이는 진보적 가치를 지키며 살기 힘들어졌다는 글의 논지도 흥미로웠지만, 글쓴이가 타코벨 앞에서 그토록 진지한 신독(愼獨)의 순간을 가졌다는 점이, 한밤중 진보와 일상의 그 만남이, 낯설게 머리를 통 쳤던 것이다. 그런 뒤 살펴보니, 학교 곳곳에서 일상적인 진보의 움직임은 작지만 끊임없이 이어지고 있었다. 어느 날은 사형제 폐지 소모임이, 어느 날은 정부의 첨단 감시체제 비판 세미나가, 어느 날은 빈곤 어린이 지원 행사가, 어느 날은 인종차별 반대 모임이, 그리고 어느 날은 "게이, 나는 괜찮아" 시위가……. 진보입네 하는 이들에겐 타코벨이나 월마트 거부는 기본 중 기본이었다.

그런 일상적 모색들이 오래 쌓인 덕일 게다. 교정엔 전동 휠체어를 탄 학생들이 불편 모르고 쌩쌩 달렸고, 로스쿨엔 장애인법·인권법 강의들이 수두룩했고, 어린이 보호단체엔 검·경 담당부서까지 아예 입주해 들어와 공조체제를 갖췄고, 인구 5만 남짓한 도시에 으리으리한 여성 쉼터가 지어졌고……. 그 보수적이라는 미국 중서부의 소도시에서도 진보의 퇴적물들은 충분히 많았다.

이른바 진보세력이 10년을 집권했다면서도 무엇을 축적했는지 알 도리가 없는 한국 사회이기에, 작지만 진정 어린 진보의 몸짓이 더 소중해 보인다.

커피 생산지 농민들에게 공정한 값을 치르고 들여온 '착한 커피'를 마시는 처녀들, 자전거로 출퇴근하며 환경과 공존하는 속도를 즐기는 청년들, 패스트푸드에서 아이들을 해방시키려는 엄마들, 한 달에 한 번쯤 텔레비전도 전깃불도 끄고 촛불 아래서 동화책을 읽어주는 아빠들, 대안 배움터에서 즐거워하는 아이들……. 이런 일상의 실천가들은, 의식하든 않든, 늘 미래로 유예돼 왔던 진보주의자들의 꿈을 오늘 현재형으로 즐기며 사는 셈이다. 이들이야말로 단 1퍼센트의 진보일지라도 몸속에 차곡차곡 쌓아가는 단단한 진보주의자들이 아닐까. 그 즐거움을 방해받지 않고 나아가 더 확장해 누리고픈 소망이 있다면, 이는 어떤 추상적 외침보다 강인한 진보의 방어벽이자 추진력이 되지 않을까.

물론 환경을 위해 유기농 식품을 먹고 지구적 연대를 위해 공정무역 커피를 마시는 일 따위는 분명 돈이 더 든다. 그래서 세라의 고민은 계속된다.

죽음이 무섭지 않던가요

무섭지 않았나요, 그 고통이. 세숫물이 조금만 뜨거워도 화들짝 놀라고 마는 우리 몸이 그 타는 불길 속에서 얼마나 끔찍하게 아우성칠 것인지.

혹시 당신은 그를 생각했나요. 1990년대 서울 봉천동 철거촌에 살 때 보았다던, 철거민들을 돕던 그 젊은 여성 활동가 말입니다. 그가 철거반원들에게 무참히 얻어맞던 날, 당신은 그저 구경만 하고 있었다죠. 그래서 두고두고 부끄럽다죠. 그는 얼마나 아팠을지 새삼 생각한 건가요. 그처럼 남을 위해 한번은 육신의 고통쯤 견뎌보겠노라고 결심한 건가요. "나는 내 자신을 버린 적이 없다"고 유서에 쓰면서.

두렵지 않던가요, 소중한 사람들과의 이별이. 비록 처자식은 없다고 해도, 8명 형제와 조카들이 눈에 밟히지 않던가요. 당신이 활동하던 시민단체의 정겨운 회원들은 어떤가요. 숱한 집회에서 만났던 이름 모를 동지들은 또 어떤가요.

"나는 이 나라의 민중을 구한다는 생각이다"라고 유서에 썼지요. 그런데 그 일을 왜 하필 당신이 해야 하느냐는 생각은 들지 않던가요. 몰지각한 인간들이 당신의 희생을 깎아내릴지도 모른다는 생각은 안 들던가요. 하기야, 당신은 누구를 미워해서 그 일을 한 것은 아니겠지요. 오히려 그 반대겠지요. 그러니 당신은 저 천박한 인간들도 이미 용서하고 남았겠지요.

그래도 무섭지 않던가요, 저 칠흑같은 죽음 너머가? 당신이 쓰러진 남산 자락엔 겨울 지나면 어김없이 벚꽃 흐드러지고, 그런 길에 설 때마다 뿌리칠 수 없이 충전되는 삶이라는 중독물질. 그보다 더 절실한 무엇이 있었나요. 1970년 전태일로 하여금 몸을 사르게 한 그 무엇, 1986년 김세진·이재호로 하여금 몸을 사르게 한 그 무엇?

그때와 지금이 같으냐고 말하기도 하지요. 민주화가 됐는데, 표현의 자유가 있는데, 왜 그런 극단적인 선택을 했느냐고 꾸짖기도 하지요. 그러면서도 한-미 자유무역협정 반대 집회는 꾸준히 금지했지요. 반대 광고도 막았지요. 집회를 강행하면, '교통체증'만 떠들어댔지요. 힘없는 이들의 목소리는 자동차 경적 소리에 묻혔지요. 누가 몸이라도 살라야 귀를 기울이겠다는 것이냐? 사실 그런 생각이 들기도 했지요.

그러나 두렵지 않았나요, 당신이 몸을 버려도 세상이 한순간에 바뀌지는 않을 것이란 사실이. 한 평 남짓한 공간에서 12시간씩 뼈 빠지게 일하는 택시기사 당신이 꿈꾸는 그 "일한 만큼 대접받는 사회"는 어쩌면 너무 먼 꿈인지도 모르지요. 농민이든 노동자든 힘없는 이들은 늘 지면서 전진하고, 배반당하면서 지혜로워지는 것이겠지요.

바로 그렇기에 가시면 안 됩니다. 중국의 사상가 량치차오가 이런 말을 했더군요. "우리들은 지금 한 치든 한 푼이든 다만 전진하기만 하면 된다. ……우리들은 길이 멀어 도달하지 못함을 깨닫고도 '죽은 후에야 그만둘 때까지' 노력해야 한다. 이는 곧 공자의 '그 안 될 것을 알면서도 이를 하는'(知其不可而爲之者) 것이 된다. 바로 그 될 수 없음을 알면서도 해야 할 일이기에 이를 하는 것이다. 그러므로 그 생활에는 춘의(봄의 마음)가 깃들게 된다."

당신에겐 아직 할 일이 많습니다. 다시는 죽음을 뛰어넘을 생각은 마십시오. 그저 죽음의 고통을 두려워하며 아득바득 살고자 하는 인간으로, 내 몸의 고통을 두려워하기에 다른 이들의 고통에도 깊이 공감할 줄 아는 인간으로 살아갑시다. 그리고 작은 걸음으로 더 나은 세상을 향해 한 치든 한 푼이든 나아가는 겁니다.

허세욱 씨, 사경을 헤매는 당신에게 너무 많은 질문을 쏟아냈군요. 부디 쾌유해 이 모든 질문에 답해주길 바랄 뿐입니다.

* 한-미 자유무역협정에 반대해 분신한 허세욱 씨는 이 글을 쓴 직후인 2007년 4월 15일 보름간의 투병 끝에 사망했다.

한국 사회는 미스터리하다

보복폭행은 말자, 이 푸른 5월에

아들은 행복했을까?

힘 있고 돈 있는 아버지와 그 아버지의 힘과 돈으로 동원된 경호원·건달들을 배경으로 자신에게 상처를 입힌 또래를 마음껏 두드려 패던 그때.

김승연 한화그룹 회장의 보복폭행 사건은 재벌의 무소불위가 뒷골목 주먹싸움에까지 손길을 뻗쳤음을, 나아가 공권력을 백지상태로 만드는 '자력구제'의 야만에까지 이르렀음을 보여주는 구조적 문제임을 모르지 않는다. 그러나 한화 쪽의 말을 그대로 받아들여 이 사건을 '아버지와 아들'의 문제로 한번 바라보고자 한다.

아들은 힘에 밀렸다. 맞고 왔다. 아버지는 분했다. 상대방은 사회적 지위나 재력이나 명망에서 비교 대상이 될 수 없는 술집 종업원들이었다. 아버지는 가진 게 많았다. 그걸 이용했다. 상대방을 꼼짝 못하게 묶었다. 아들은 아버지의 너른 품 안에서 마음껏 복수했다.

아들은 행복했을까?

나라면 행복하지 않았을 것 같다. 불법이기에 앞서 비겁한 짓이니까. 어릴 적 싸움질 끝에 힘센 형을 데리고 와 보복하는 아이들을 보며 느꼈던, 뭐라 표현하기 힘든 울분의 기억이 남아 있으니까.

그리고 우리 아버지라면, 그러시지 않았을 것이다. 오히려 새벽까지 유흥가를 헤맨 나를 엄하게 꾸짖으셨을 것이다. 술김 시비에 휘말려든 경솔함을 나무라셨을 것이다. 정말 내가 아무 이유 없이 일방적으로 맞았다면, 경찰에 신고하라고 하셨을 것이다.

생각해보면, 남의 자식을 가죽장갑 끼고 쇠파이프로 패서라도 자기 자식을 높이려는 심리는 북창동 술집이나 청계산 공사장 현장에서만 활개치는 건 아니다. 자식으로 하여금 어떻게든 남을 누르게 하고 그로써 스스로 승리감에 도취하고 싶은 부모들의 심리는 이미 우리 사회 전반에 만연해 있다.

그래서 학교는 이미 아이들이 공부로 '맞장을 뜨는' 침침한 뒷골목으로 변해 있다. 성적에서 밀리는 아이는 주먹으로 얻어터진 것보다 더 큰 마음의 상처를 강요받는다. 상대방이 사회적 지위나 재력이나 명망에서 뒤지는 배경을 가진 아이라면, 진 쪽 아이의 부모는 더더욱 참지 못한다. 부모의 능력에 따라 동원된 조기교육·사교육 선생님들을 배경으로 아이는 자신에게 상처 입힌 또래를 때려눕힌다.

아이는 행복할까?

김 회장의 자식 사랑이 결국 자식을 파탄으로 몰고 갔듯, 아이들을 싸움시켜 얻는 결과는 모든 아이들의 패배일 뿐이다. 보복폭행의 연쇄작용일 뿐이다. 성적 경쟁으로 내몰기 전에 아이들의 꿈을 다듬어주고 선의의 경쟁을 통해 서로 장점을 배우게 할 수는 없는 것인지. 비록 공부에서 지더라도 나락의 생활 조건으로 내몰리지 않는, 그래서 경쟁에 목매지 않아도 되는 사회를 만들 수는 없는 것인지. 적어도 유년시절엔 장난과 놀이와 우정에 방점을 찍고 살게 할 수는 없는 것인지. 산골 아이들에게 강남 아이들 같은 교육 조건을 마련해 주고, 강남 아이들에겐 산골 아이들 같은 자연 속의 삶을 선사해 줄 수는 없는 것인지.

힘깨나 쓰고 돈깨나 있는 사람들이 자기 자식만 챙기지 않고, 그 힘과 돈으로 이땅의 모든 아이들이 행복하도록 세상 바꾸기에 나서는 상상. 어린이날을 맞아 꾸어보는 슬픈 봄꿈.

알 수 없는 미소

이배영이란 선수 참 멋있다. 개인적으로는, 지난 베이징올림픽 최고의 감동이었다. 넘어져서도 바벨을 놓지 않던 투혼 때문이 아니다. 미소 때문이다. 2004년 아테네올림픽 때 그의 경기 장면을 지켜보지 못한 덕분에 이배영의 '살인 미소'는 더 신선하고 환하게 다가왔던 것 같다. 다리에 쥐가 나는 불운으로 눈앞에까지 왔던 금메달을 놓친 것은 물론, 실격까지 당한 선수가 주먹으로 바닥을 한 번 치고 머리카락을 붙들며 소리 한 번 지르고는 끝이었다. 경기장을 떠나며 살짝 미소까지 보였다. 쥐가 난 다리를 바늘로 찌르고 다시 경기장에 나설 때도 스스로 손을 들어 박수를 치며 웃어 보였던 그다. 은메달을 따고도 우는 선수들이 많았는데, 생애 마지막 올림픽에서 실격당한 선수의 저 무념무상한 표정이라니!

이제는 금메달 강박을 벗어나야 한다는 것쯤 상식이 됐다. 은메달·동메달 또한 장하다고들 말한다. 실격하고도 웃음 짓는 '훈남' 선수에게 금메달리스트 못지않은 박수를 보낸다. 최선을 다했다면 결과는 중요한 게 아니라고 한다. 선진화한 대한민국이다.

하지만 스포츠를 떠나 일상으로 돌아와 보면, 2등은 여전히 비참하다. 실격은 죽음이다.

기륭전자 비정규직 여성노동자들을 보자. 노동자 파견업체를 통해 일자리를 얻어야 했던 비정규직은 2등 시민이다. 최저임금보다 10원 많은 월급을 받고 일했다. 두 달여 만에 해고됐다. 그것도 문자 메시지로 온 해고 통보. 이후 법도, 정부도 그들을 돌보지 않았다. 안 해본 게 없다고 할 정도로 투쟁했다. 94일간 소금과 효소마저 먹지 않는, 죽음이 보이는 단식투쟁도 벌였다. 단지 일자리를 되찾기 위해 시작한 싸움은 1895일이 지나서야 겨우 끝났다. 그들에게 멋있는 웃음을 지어보라고 할 텐가. 비정규직이라는 2등 시민의 굴레, 혹은 실격자의 멍에를 쓰고 살아가는 이들이 800만 명이 넘는다.

친구들을 제치고 이른바 '좋은 대학'에 들어간 아이들은 우리 사회의 금메달리스트들이다. 그리고 수많은 은메달리스트와 실격자들이 남는다. 아이들은 특목고니 자사고니 하는 '좋은 고등학교'에도 들어가야 한다. 급기야 국제중 같은 '좋은 중학교'도 생겼으니, 초등학생들도 경쟁의 트랙에서 본격적으로 출발 자세를 취해야 한다. 1등과 2등이 갈리고, 실격의 아픔을 겪어야 한다. 아이들에게 "정정당당하게 최선을 다했으면 돼. 졌더라도 자신 있게 웃어보렴"이라고 말할 수 있을까. 결코 그럴 수 없다. 다음 계단에서 아이들은 저 비정규직의 나락으로 떨어질 가능성이 높기 때문이다. 아이들은 정정당당한 경쟁을 한 것도 아니다. 정직한 땀만으로 겨루는 경쟁이 아니기 때문이다. 부모의 경제력에 따라, 지역에 따라 서로 다른 조건에서 경쟁하도록 시키면서 결과는 똑같은 자로 재고 있으니, 출발선이 다른 육상이요 체급을 무시한 레슬링이다.

비록 1등을 하지 못해도, 노력했으나 뒤처지더라도 얼마든지 인간적으로 살아갈 수 있다는 보장만 있다면, 우리는 은메달을 목에 걸고도 감격할 수 있고 실격을 당하더라도 웃을 수 있다. 1등에게 기꺼이 찬사를 보낼 수 있다. 프랑스와 한국 사회에서 살아본 경험을 바탕으로 『뼛속까지 자유롭고 치맛속까지 정치적인』을 쓴 목수정 씨는 그럴 수 없는 이유를 말한다. "생존을 위해 몸부림치게 만드는 한국 사회의 구조가 절망이다. 곁눈질하면 금세 낙오자가 돼버린다. 국가라는 게 있다면 적어도 밥 먹고 자는 정도는 받쳐줘야 한다는 것을 점점 잊어버린다." 그의 프랑스인 연인은 또 이렇게 말한다고 한다. "한국 사회는 미스터리하다. 삶의 조건은 비명을 지를 만큼 힘들다. 폐지를 주우며 살아가는 할머니들이 많을 정도로, 어떤 사회적 안전망도 없다. 다들 자살하기 일보 직전 같은데, 왜 그렇게 밝고 친절한지 모르겠다."

정말 모를 일이다. 대한민국을 무대로 매일같이 펼쳐지는 이 정글 올림픽에서 선수들은 왜 그렇게 밝고 친절한지, 왜 애써 자신의 훈련 부족만 탓하고 있는지. 이 올림픽은 애초부터 정정당당하고 인간적인 스포츠가 아닌데도 말이다.

이상한 일들

지난 2008년 무샤라프 전 파키스탄 대통령의 자진 사퇴 뒤 후임으로 거론되던 이들 가운데 한 명이 눈길을 끌었다. 페미다 미르자 하원의장. 무샤라프의 퇴임을 이끌어낸 집권 연정의 한 축인 파키스탄인민당(PPP) 쪽에서 후보로 거론된 인물인데, 그는 2007년 암살당한 부토 전 총리처럼 여성 정치인이다. 결국 그가 대통령이 되지는 못했지만, 이슬람 국가인 파키스탄에서 여성 정치인들이 이토록 두각을 나타내는 건 뜻밖이었다.

알고 보니, 파키스탄 하원의 342석 가운데 73석(약 21%)을 여성이 차지하고 있었다. 60석은 아예 여성에게 배정돼 있다. 주의회들에서도 전체 758석 가운데 128석이 여성 몫이고, 그 아래 단위의 지방의회들에서는 3분의 1을 여성에게 할당하고 있다. 어디 내놔도 부끄럽지 않을 '여권 선진국'의 외형을 갖췄다.

게다가 2006년 여성보호법 제정으로, 악명 높은 '후두드 법령'도 폐지됐다. 이슬람법 샤리아를 그대로 답습해 1979년에 만들어진 이 법령은 간통한 여성은 돌로 쳐 죽이도록 규정하는가 하면, 여성이 성폭행 혐의를 입증하려면 삽입 행위에 대해 증언할 성인 남성 4명을 증인으로 세우도록 했다. 성폭행을 당했다고 주장하는 여성이 이 요건을 충족시키지 못하면 무고죄와 간통죄로 처벌하는 등 여성에게 너무나 가혹한 법이었다.

그러나 형식적 지표와 제도가 파키스탄 여성의 실제 삶을 대표하는 건 아니다. 보수적인 종교 지도자들과 부족장들은 여전히 여성의 정치 참여를 막고 있으며, 일부 지역에서는 정치 지도자들의 합의로 여성이 투표에 참여하지 못하게 하는 일도 빚어진다. 2007년엔 펀자브주 정부의 여성 복지부 장관이 여성의 사회적 역할에 불만을 품은 암살범에게 살해된 일도 있다.

뿐만 아니다. 지참금 등의 문제로 가정 폭력이 빈번히 일어나는데, 여성에게 등유를 뿌리고 불을 붙여 숨지게 한 사건이 2007년 한 해에만 34건이나 보고됐다. 여성에게 염산을 뿌려 상처를 입히는 일도 흔한데, 병원에서 피해 여성을 받아주지 않아 정확한 통계도 내기 어렵다고 한다. 심지어 정조를 잃은 여성을 남편이나 남자 친척이 살해하는 '명예 살인' 관습도 없어지지 않고 있다.

여성 총리를 배출하고 여성 하원의장이 의사봉을 쥔 나라에서 이런 일들이 벌어지고 있다니, 참 그로테스크한 나라다.

그럼, 우리나라는 어떤가? 대권을 잡은 여성은 아직 없으나 대권에 도전해본 여성은 있다. 단지 국회의장이나 부의장을 해본 여성이 없다는 점은 파키스탄보다 못하다. 2010년 말 현재 여성의원의 비율은 14.5퍼센트에 그쳐 가봉과 함께 80위를 차지했다. 여성 몫으로 배정된 의석은 아예 없다.

하지만 역시 이런 형식상 지표로 그 나라 여성의 지위와 인권 현실을 다 들여다볼 수는 없다. 우리나라엔 샤리아도 없지 않은가. 대신 이 땅에서 벌어지고 있는 구체적 현상들이 더 유효한 판단 잣대가 될 수 있을 법하다.

2008년 총선 이후 한나라당 소속인 서울 중구 의회 의원들이 집단적으로 성매매 추문에 휩싸였다. 총선 기간에는 정몽준 당시 한나라당 최고위원이 방송사 여기자를 성희롱했다는 논란에 휩싸였는데, 도리어 정 최고위원을 비판하는 집회를 연 이들이 선거법 위반 혐의로 기소됐다. 역시 여기자 성추행 파문으로 한나라당을 떠났던 최연희 의원은 총선에서 무소속으로 당선됐고, 은밀히 복당을 모색한다는 얘기도 들렸다. 촛불집회에 참석했다 연행된 여성들은 경찰서 유치장에서 브래지어를 벗도록 강요당했다. 이명박 대통령 소유의 건물 지하에 여종업원이 술시중을 드는 유흥업소가 입주한 사실도 논란을 빚었으나 중요한 뉴스로 취급되지 않았다.

피겨 여왕 김연아 선수의 나라, 세계를 번쩍 든 장미란 선수의 조국, 대한민국에서 이런 일들이 벌어지는 것을 세계인들은 참으로 기괴하다고 여기지 않을까.

확률 문제

확률 문제를 하나 내볼까 합니다.

814만 분의 1. 로또 1등에 당첨될 확률이라고 합니다. 사람들이 그 희박한 가능성에 몰입하는 이유는 무엇일까요? 아마도 확률의 여신이 자신에게 미소를 날릴 것이라는 믿음 또는 집착이겠죠.

0.5퍼센트. 2008년 기준으로 고3 학생이 서울대에 입학할 확률입니다. 교육 경쟁은 결국 극소수의 승리로 끝납니다. 그렇다면 학생 전체를 성적순에 따라 일렬로 세우고 고교·대학을 서열화하는 정책에 반대하고, 평준화에 더 힘을 실어 초·중등 교육에서 승리와 패배의 낙인을 없애겠다는 정책에 찬성하는 이들이 압도적으로 많아야 하지 않을까요. 그러나 많은 부모들은 자녀가 서울대 등 이른바 명문대에 입학하리라 믿고 그 가능성에 집착합니다. 또 애초 그 가능성이 높은 이들이 사회적 의사 결정 과정을 주도합니다. 결국 줄세우기·서열화 정책에 대한 지지가 높게 나타나는데요, 확률의 속임수에 넘어가 다수결 원리가 배신당한 꼴이라고나 할까요. 이제 국제중학교까지 늘린다고 야단입니다. 초등학생 부모들은 또 몇 퍼센트의 확률에 목을 빼고 어린아이들을 영어학원, 논술학원, 면접학원으로 내몰아야 하나요.

2.98퍼센트. 식품의약품안전청이 발표한 선천성 기형 발생률입니다. 무서운 수치입니다. 우리 자녀가, 손자·손녀가, 또는 그 후손

중 누군가가 여기에 걸려들지도 모르니까요. 그러나 사람들은 그다지 무서워하지 않는 듯합니다. 선천성 기형 예방이 사회적 관심사가 되지도 않고 장애인의 권리 확보도 늘 그늘에 가려진 이슈입니다. 이번엔 확률의 여신이 자신을 외면할 것이라는 믿음인가요.

5퍼센트. 대략적인 성 소수자 비율입니다. 역시 심드렁하게 외면하는 수치이지요. '소수자'라고 말입니다.

그럼, 이건 어떨까요. 50퍼센트.

여성으로 태어날 확률입니다. 분명 소수가 아니면서도 명백한 차별과 불편을 겪는 집단입니다. 거의 모든 여성이 해마다 명절만 되면 우리 사회의 역사·구조적인 성차별에 이를 가는데, 평소 여성의 권리를 외치는 목소리는 소수이고 정치권의 관심도 덜 받습니다.

더 높은 확률이 있습니다. 55.6퍼센트.

임금노동자 중 비정규직이 될 확률입니다. 그러나 비정규직 문제는 여성의 권익보다 덜하면 덜했지 더 조명받지는 못합니다. 다수가 맞닥뜨릴 가능성이 높은 문제일수록 사회적 관심은 강도와 규모가 작아지네요. 이건 확률의 속임수도 아니고, 뭐라고 해야 할까요. 다수결 원리의 무력화인가요.

여기서 진짜 문제가 나갑니다. 우리 아이들이 지긋지긋한 학원에 내몰리지 않고 친구끼리 서로 도와가며 마음 편히 꿈을 꾸며 공부할 수 있는 날, 장애인이 비장애인과 동등한 조건에서 자아를 실현하며 살아갈 수 있는 날, 성 소수자들이 당당하게 결혼식을 올릴 수 있는 날, 부부·가족·사회 모든 분야에서 양성 평등이 구현되는 날, 그런 날이 현 정부 아래서 올 확률은 얼마일까요?

이 유토피아의 확률을 맞히는 분께는 선물을 드리겠습니다. 아무쪼록 더 많은 사람들이 '높은 확률의 문제'에 더 관심을 기울여 유토피아의 확률도 조금씩이나마 높여보면 좋겠다는 소망을 빌어 봅니다.

익숙함이라는 악

공식 이데올로기

어릴 적 텔레비전에서 기능올림픽 메달 수상자들의 환영 행사 장면을 보며 한민족의 재능을 빛낸 '산업 역군'들을 우러러봤다. 대통령도 그들을 치켜세웠다. 선생님들이 왜 내게 '너도 커서 저런 훌륭한 인물이 되거라'라고 말씀하지 않았는지는 의문스런 대목이었다. 하지만 어쨌든 그건 공식 이데올로기였다. 불철주야 생산 현장을 지키는 산업 역군은 존경의 대상이어야 한다는 사실에 의심의 여지는 없었다.

중·고등학생 시절, 공장에서 땀 흘려 일하는 산업 역군들을 '공돌이·공순이'라고 부른다는 사실을 알게 됐다. 생산 현장에서 그들을 존중하는 경우는 거의 없다는 것도 알게 됐다. 그건 비공식 이데올로기였다. 하지만 '공식'의 허울을 쓴 것보다 훨씬 현실감 있고 단단한 이데올로기였고, 내가 왜 판검사를 지향해야 하는지에 대한 대답을 찾는 데도 한결 도움이 됐다.

대학에 다니면서 노동자가 세상의 주인이라는 또 다른 이데올로기를 접했다. 그건 배제된 이데올로기였고 불온한 생각이었다. 하지만 어릴 적의 공식 이데올로기와 너무나 닮은 모습이었다. 무에서 유를 창출하며 우리 사회의 부를 이룬 일등공신, 산업 역군에 대한 찬사였다. 공고를 나온 친구가 서울에 올라와 구로동 공단 옆의 한 동굴 같은 방에 둥지를 틀었을 때, 더 이상 친구의 열등감을 걱정하지 않으면서 함께 소주잔을 기울일 수 있었다.

1960~70년대 산업화 시대에 생산 현장에서 산업 역군으로 한창 일했던 이들은 이제 50~60대 이상의 장·노년층이 됐다. 억세던 청년의 근육은 생기가 줄었고 야무지던 처녀의 손끝도 무디어졌을 터다. 그러나 산업 역군들이 젊음을 바쳐 이룬 기적의 고성장이 공돌이·공순이들에게 충분한 혜택을 돌려줬는지는 의문이다. 신산한 삶의 역정 끝에 그들 중 누구는 평온한 가정을 일궜을 수 있고 또 누구는 비탈진 노년을 쓸쓸히 맞고 있을 수 있다. 통계청의 인구주택총조사(2005년)에서 60살 이상 노인 97만 8000명이 1인 가구로 살아가는 것으로 나타났다. 전체 1인 가구의 30.8퍼센트를 차지한다. 2008년 8월 현재 60살 이상 고령자는 711만 명이고 이 가운데 272만 명은 취업을 하고 있다.

하지만 그들이 지금 어떤 처지인지는 상관없다. 그들 모두는 크든 작든 산업화 시대의 주춧돌이요 기둥이었다. 하나의 세대로서 그들은 노고에 보상받아야 하고 최소한의 안락한 노후를 누릴 권리가 있다.

그런데 못돼먹은 후대들은 그럴 생각이 없나 보다. 우리 주위에는 가난과 병이라는 두 가지 고통에 쓸쓸히 신음하며 누구의 임종도 없이 홀로 삶의 마지막 순간을 맞아야 하는 노인들이 많다. 통계가 보여주는 고단한 노인들의 삶을 돌보는 데 발 벗고 나서기는커녕 오히려 60살 이상 고령자의 최저임금을 깎겠다는 발상을 하는 게 우리 정부다.

4·19혁명을 '데모'로 깎아내리며 유신 독재정권의 복권이 도모되는 시절이다. 산업화를 이끈 세력의 복권이라고도 한다. 그러자면 산업화 시대의 밑절미를 떠받치던, 노동자의 권리조차 주장하지 못한 채 그저 열심히 일했던 저 부서진 육신들부터 높여줘야 하지 않는가. 그들의 노후를 살피는 공공의 효도 정책 없이 산업화 시대를 미화하려는 것은, 산업 역군의 공식 이데올로기는 허구였고 이른바 산업화 세력은 파렴치한 가렴주구의 무리였을 뿐임을 자복하는 셈이다. 그런 게 아니었기를 바란다.

진화하는 바이러스

바이러스는 참 기묘한 존재다. 생물도 아닌 것이 생물이 아닌 것도 아니다. 생물이 기본적으로 갖추고 있는 대사 기능이 없다. 숙주의 세포에 침투해서만 살아갈 수 있다. 혼자서는 먹고살지 못한다. 그러면서도 자기 보존과 전파의 이기심은 강하다.

이런 바이러스의 '성질'을 시장경제적 사회의 삶에 비유해보면 어떨까? 대뜸 머릿속에 떠오르는 건 공직자와 조폭이다. 대부분의 사회 구성원은 시장이 요구하는 재화나 서비스를 스스로 생산해 그 교환가치로 먹고사는데, 유독 강제력(합법적이든 불법적이든)을 동원해 다른 사회 구성원한테 신세(세금이나 '삥'이란 이름으로)를 져야만 살아갈 수 있는 게 그들이다. 이상적인 시장경제에서는 공직자도 조폭도 필요로 하지 않을 것이다. 비유하자면 그렇다는 것이다.

내친김에 비유를 좀 더 끌고 가자면, 바이러스의 '작용' 측면에서는 공직자와 조폭을 비유 대상에 같이 놓을 수 없다. 현실의 시장경제는 이상적이지 않으므로, 시장의 실패를 막고 사회적 정의를 실현할 공적 조직이 필요하다. 바로 공직자다. 동시에 그 사회적 정의의 빈틈을 파고들어 해악질을 하는 어둠의 조직도 늘 있어왔다. 조폭이다. 바이러스 중에는 숙주에 해를 끼치지 않고 공존하는 경우도 예외적으로 있다고 하는데, 공직자는 그보다 더 나아가 숙주의 건강에 기여하는 작용을 하는 존재다(물론 '세금 폭탄'을 싫어하는 이들은 이런 평가에 치를 떨 것이다). 물론 때로는 숙주에게 해를 끼치는 독성 강한 유형이 출몰하기도 한다. 반면 조폭의 경우 보통의 바이러스처럼 숙주를 괴롭히고 심지어 죽이기까지 하는 게 통례다.

그런데 바이러스에게도 기본적인 생존 전략이 있어, 정상적인 상황에서는 숙주를 죽음에 이르게 하지 않는다고 한다. 숙주가 죽으면 자신도 더 이상 생존할 근거가 없어지기 때문이다. 극악하게 숙주를 공격하는 건 바이러스 간 교잡을 통해 출현한 신종 바이러스라고 한다. 새로운 종류의 바이러스에 미처 면역력을 갖추지 못한 숙주는 쉽게 죽게 되는 것이다.

이 비유를 끝까지 끌고 갈 생각은 없다. 비유는 진실의 일단을 도드라지게 보여줄 뿐 진실의 전체를 대변할 수는 없음을 잘 알기 때문이다. 특히나 공직자를 바이러스에 비유하는 건 예의도 아니다. 결정적으로 이 비유가 놓치는 또 한 가지 진실은 인간이 바이러스나 다른 생물체와 달리, 현재까지의 과학적 발견으로 미뤄볼 때, 유일하게 영혼을 가졌다는 점이다. 인간은 먹고사는 문제, 자손을 퍼뜨리는 문제 못지않게 인간답게 사는 문제를 중시하는 존재라는 점이다.

다만 한 가지, 생존의 '성질' 측면에서 공직자는 시민을 숙주로 하고 있다는 사실만 유효한 비유로 남겨두기로 하자. 공직자가 받는 임금이 시민의 세금에서 나오고 공직자가 행사하는 권한이 시민의 위임에서 나온다는 사실만큼은 분명하므로, 숙주 없이는 생존할 수 없는 존재임이 틀림없다는 뜻이다.

종합하면, 인간은 자신의 존재를 떠받치고 있는 다른 존재에 대해 바이러스와는 비교가 불가능한 고결한 태도를 지닌 존재다. 그래서 인간의 사회적 삶을 조타하는 유전자와 진화의 법칙은 대한민국 헌법에 수놓인 원칙, 바로 인간의 존엄성과 민주주의다. 다른 모든 제도와 법리와 지침은 이를 실현하는 도구일 뿐이다.

자, 이제 우리의 현실로 눈길을 돌려보자. 용산 참사 재판에서 철거민 피고인들에게 징역 4~5년의 중형을 선고한 법원, 언론관련법 날치기 통과의 위법성을 인정하면서도 법 자체는 유효하다고 결정한 헌법재판소, 자국민이 해외에서 체포·구금됐을 때 적절한 보호를 못한 외교통상부, 막장 빈곤노동의 현실에 여전히 눈감고 있는 노동부……. 진실을 찾아보자.

신종 바이러스는 이 순간에도 새로운 모습으로 진화 중이라고 한다.

그 죽음은 누구의 책임일까

용산이 타결되고 한 난치병 소년이 불에 타 숨졌다. 영하 10도를 넘나드는 추위가 맹렬했다. 용산은 불완전한 타결이었고 소년의 어머니는 아들과 함께 떠나지 못했다. 막 인쇄돼 나온 2010년 1월 1일치 조간신문을 들고 퇴근하던 2009년의 마지막 밤, 두툼한 외투 속에서 나는 몹시 떨었다. 신문 사회면의 1단 기사가 옷깃을 파고들었다.

"40대 여성이 자신의 집에 불을 질러 희귀병을 앓던 아들을 숨지게 했다. 자신도 심한 화상을 입고 병원 중환자실로 옮겨져 치료를 받고 있으나 의식을 회복하지 못하고 있다.

경기도 안산단원경찰서는 31일 희귀병을 앓는 아들을 숨지게 한 혐의(현주건조물방화치사)로 김아무개(46·여) 씨를 조사 중이라고 밝혔다. 김씨는 지난 12월 29일 오후 11시 30분께 안산시 단원구 선부동 한 다세대주택 1층 자신의 집에 휘발유 2리터를 뿌린 뒤 라이터로 불을 질렀다.

이 불로 희귀병을 앓던 아들(17) 1명이 숨졌으며, 함께 있던 작은아들(7)이 중화상을 입었다. 김씨 자신도 가슴과 얼굴 등에 심한 화상을 입고 병원으로 옮겨졌으나 중태라고 경찰은 전했다. 의식을 회복한 작은아들은 경찰에 '엄마가 불을 질렀다'고 진술했다.

경찰은 '숨진 김씨의 아들이 성장하면서 근육계통에 심한 이상이 생겨 서지도 걷지도 못하는 희귀병을 앓고 있었다'며 '특히 이웃들은 김씨가 아들 치료비 등으로 생활고를 겪어왔다고 진술했다'고 밝혔다. 경찰은 김씨가 동반자살을 기도한 것으로 보고 조사 중이지만, 김씨는 의식 회복이 불투명한 상태다."(《한겨레》 2010년 1월 1일자)

저 죽음은 누구의 책임일까? 불을 지른 어머니의 책임일까? 난치병을 갖고 태어난 아들의 책임일까? 이들의 딱한 사정을 미리 찾아내지 못한 방송사 '난치병 어린이 돕기 프로그램'의 제작진 책임일까? 사회복지단체의 책임일까? 비싼 치료비를 받은 병원의 책임일까? 사회 구석구석까지 미치는 치밀한 사회안전망을 갖추지 못한 국가의 책임일까?

'강구연월'(康衢煙月)이라. 〈교수신문〉이 2010년의 사자성어로 '번화한 거리에 달빛이 연기에 은은하게 비치는 모습'을 뜻하는 '강구연월'을 선정했다고 신문은 전하고 있었다. 중국 요임금 시대에 백성들이 태평성대를 노래한 '강구요'에서 유래했다고 한다. 용산 남일당 건물 옥상에서 시커먼 연기 속에 여섯 목숨이 타들어가며 시작한 한 해가 다세대주택에서 피어오른 연기 속에 한 소년의 목숨이 사그라지며 마무리되던 그날 밤, 나는 용산이 새해 화두처럼 던졌던 질문, 그리고 한 해 내내 대답을 들을 수 없었던 질문, 타결 문구에서도 끝내 답을 찾을 수 없었던 그 질문을 다시 되뇌며 종종걸음을 쳤다. 보름이라지만 서울의 달빛은 은은하지 않았다. 어쩌면, 사람 목숨보다 돈이 최고의 구성 원리인 영하 10도의 시대, 그 번화한 거리가 너무 추워, 고개는 절로 처박히고 달을 쳐다볼 엄두도 못 냈는지 모른다.

신문은 또 이명박 대통령의 신년사를 전하고 있었다. "대한민국이 선진 일류국가로 도약하는 길목에서 우리 서로 배려하고, 우리 서로 나누고, 우리 서로 베풀어서, 더 따뜻한 사회를 만들어갑시다." 따뜻한 세상은 어떻게 오는가? 이건희 삼성 회장에 대한 특별사면처럼 오는가? 그렇게 선진 일류국가로 도약하는가? 누구와 무얼 나누고, 누구에게 무얼 베풀자는 것인가? 해묵은 질문이 새해 첫날 아침 일찍부터 고개를 든다. 마감을 하러 출근한 사무실에도 한기가 가득하다.

익숙함이라는 악

10여 년 전, '홈리스' 또는 '노숙자'라는 말이 사회부 기자들에게 갑자기 다가왔다. 1997년 외환위기 이후 집을 뛰쳐나온 어른들이 그렇게 많았다. 서울역에서 어렵사리 한 노숙자를 인터뷰했다.

"밤 10시 서울역 대합실 1층. 50~60명의 사람들이 텔레비전 화면을 쳐다보고 있다. 하지만 보는 듯 마는 듯하다. 붉게 충혈된 눈은 초점이 없이 풀려 있다. 대부분 진한 소주 냄새를 풍긴다. 일부는 의자에 앉아 깊은 잠에 곯아떨어져 있다.

임아무개(47·충남 천안시 죽교동) 씨도 잠을 청하려 한다. 2시간 뒤면 대합실 문이 닫히기 때문이다. 그 뒤부터 대합실 문이 다시 열리는 새벽 3시까지는 지하보도에서 웅크린 채 지내야 한다. 지하보도 중앙은 터줏대감들의 차지다. 임씨의 잠자리는 바람이 쌩쌩 부는 지하보도 입구다. 잠이 올 리 없다. 가족 생각이 가장 절실한 것도 바로 이때다.

설이 갓 지난 2월 초였다. 레미콘 회사에서 부장으로 있던 임씨에게도 정리해고의 칼바람이 불어닥쳤다. 직장 상사가 부르더니 그만 나가라는 투로 말했다. 나이 든 사람순으로 자른다는 말을 들은 터라 스스로 사표를 냈다." (1998년 4월 〈한겨레21〉 203호 특집 '절망의 홈리스' 중에서)

임씨는 "아빠, 왜 회사에 안 가?"라는 중학생 딸의 말을 듣고 집을 나왔다. 고깃배도 타봤지만 신통치 않았다. 18만 원을 받아 10만 원을 집에 부치고 서울로 올라왔다. 서울역에서 다른 노숙자들한테 몰매를 맞기도 했다. 같은 직장을 그만둔 옛 동료도 만났다. 그리고 사흘째 굶은 날 기자를 만났다. 울먹이며 "한강에 갔었다"는 말을 했다. 품속에서 두 장의 사진을 보여주던 임씨가 생각난다. 하나는 가족 사진이고, 다른 하나는 자신이 공들여 설계하고 지은 건축물 사진이었다. 기자는 일자리를 구하러 강원도 속초에 가겠다는 그의 말에 지갑에 있던 3만 원을 꺼내 건넸다. "꼭 갚겠다"며 기자의 전화번호를 챙기던 그는 지금까지 연락이 없다.

오래전 취재했던 일이 떠오른 건, 한 대학원생이 서울역에서 70일간 노숙생활을 해가며 노숙인들의 생활상을 분석한 글(2010년 9월 〈한겨레21〉 827호 표지이야기 '우리는 거지가 아니다')을 읽고 나서다. 그동안 많은 변화가 있었다. '노숙자'는 '노숙인'으로 불리게 됐다. 그들의 편에 서서, 사회의 편견에 맞서 힘겨운 투쟁을 해온 이들 덕분이다. 무료 급식도 활성화됐고 재활을 돕는 다양한 사회적 기업도 생겨났다. 그런데 노숙인들은 사회부 기자들의 망막에서 갈수록 지워져갔다. 익숙해졌기 때문일까? 외환위기 때의 다급한 상황과는 달라졌다는 인식 때문일까? 이제 지원 체계가 어느 정도 갖춰졌다는 안도 때문일까? 지난겨울, 설날을 맞아 아들의 손을 잡고 서울역 택시 승차장에 내려 대합실로 걸어가 표를 사고 개찰구를 지나 열차에 오를 때까지 노숙인의 디테일은 전혀 내 눈에 들어오지 않았다. 지금은 사회부 기자가 아니어서일까? 그때 또 다른 임씨는 계단 옆 쓰레기통에서 담배꽁초를 줍고 있었을 것이다. 평범한 시선에는 보이지 않는 사각지대에서 또 다른 임씨는 간밤에 부족했던 잠을 채우고 있었을 것이다. 익숙해진다는 것은 나쁜 일인 것 같다.

그래서 떠오르는 또 하나의 기억. 2005년 1월 6일 아침, 미국 워싱턴 DC의 거리는 차가웠다. 우리 일행은 G 스트리트 945번지의 한 허름한 교회로 들어섰다. 지하 강당으로 들어서자 퀴퀴한 냄새가 훅 끼쳐왔다. 200여 명의 노숙인들이 강당을 가득 메우고 있었다. 파란 눈의 백인부터 히스패닉, 흑인, 아시안 등 인종도 다양한 그들은 추운 겨울 워싱턴의 거리에서 집 없이 방황하는 처지라는 공통점이 있었다. 교회에서는 따뜻한 한 끼 식사를 대접했다. 그리고 '법률 상담'이 시작됐다. 노숙인들을 상대로 웬 법률 상담?

이 교회는 '노숙인을 위한 워싱턴 법률지원센터'와 연결된 현장 상담소 가운데 한 곳이었다. 1987년 출범한 이 법률지원센터는 노숙인 문제만을 전문적으로 다루는 변호사 단체다. 노숙인으로 전락한 원인이 되는 빚 문제, 일자리 문제, 집을 구하는 문제, 각종 사회복지 수당 문제, 정신·심리치료 문제 등 당장 닥친 어려움부터 정부의 노숙인 정책에 대한 로비 활동까지 노숙인을 위한 온갖 법률적 문제를 해결하기 위해 움직이는 '작은 로펌'이다. 당시 우리 일행의 목적이 공익을 위해 일하는 미국 변호사들의 활약상을 찾아보려는 것이기는 했지만, '노숙인을 위한 로펌'은 미처 상상하지 못했다. 더구나 5명의 변호사(현재 9명으로 늘었다)가 이곳에서 전업으로 일하고 있다니!

미국에서 홈리스 현상이 생겨난 것은 우리보다 오래전이다. 그만큼 홈리스 문제를 해결하기 위한 각계의 노력이 우리보다 많이 더해지고 있는 셈이다. 그저 익숙해지기만 한다는 것은 나쁜 일이다. 전직 사회부 기자의 뼈아픈 반성이다.

정의로운 나라가 할 일

제로섬 복지를 끝내자

몇 년 전 일이다. 휴대전화 너머 아내의 목소리가 몹시 떨렸다. 아이가 머리를 크게 다쳤다는 요지를 겨우 알아챌 수 있었다. 응급실로 달려가 마구 구토를 하는 아이를 붙들고 검사를 받았다. 머리뼈에 골절이 있다는 잠정적인 진단을 받았다. 뇌출혈이 있는지는 더 지켜봐야 한다는 의사의 말을 들은 뒤, 아이를 안고 복도로 나왔다. 아이를 안고, 예쁜 그림이 전시돼 있는 복도를 걸으며 한 가지 생각밖에 들지 않았다. 아이에게 평생 안고 가야 할 장애가 생긴다면…….

그 서늘했던 복도에서 내 머리를 짓누른 건 오로지 아이에게 닥칠지도 모를 고통에 대한 상상이었다. 나와 아내가 나눠져야 할 고통의 몫이나 경제적 어려움 따위는 그 흙빛 상상의 한구석도 차지하지 못했다. 장애아를 둔 모든 부모의 심정도 같을 것이다. 아이가 안쓰러울 뿐, 자신의 고통에 마음 두지 않는 부정과 모정.

지극한 부정과 모정이 삿된 기운을 걷어낸 것일까. 취재를 하며 만났던 장애아 부모들은 한결같이 맑은 얼굴을 하고 있었다. 며칠 전 텔레비전 뉴스에 나온 중증장애아 부모들도 그랬다. 하지만 그들을 대하는 세상의 표정은 결코 맑지 않다. 잠시도 눈을 떼지 못하고 아이를 돌봐야 하는 탓에 근무시간이 긴 직업을 가질 수 없는 문제는 일단 제쳐두자. 그런 직업으로도 아이를 돌보는 데 드는 비용을 감당하기란 쉽지 않은데, 정부 지원을 받으려면 더 벌이가 적은 직업을 가져야 한단다. 가계소득을 따져 지원 여부를 결정하는 제도 탓이다. 아내가 휴직하면 남편이 돈을 벌고, 아내가 복직하면 남편이 사표를 내야 한다.

이런 현실이야말로 요즘 보편적 복지를 둘러싸고 벌어지는 논쟁의 명쾌한 해답을 담고 있다. 어느 선을 정해두고 그 이상과 이하를 갈라 정부 지원을 달리한다면, 그 선을 훌쩍 뛰어넘어 정부 지원이 아쉽지 않은 계층을 제외하고는 저 중증장애아 부모처럼 세상에 둘도 없는 비합리적인 선택으로 내몰리게 된다. 그것은 비합리적일 뿐 아니라 비인간적이다. 더 땀 흘려 일해서 아이에게 조금이라도 더 많은 것을 해주고 싶은 부모의 마음을 꺾어버리기 때문이다. 적어도 아이들을 먹이는 일, 치료해주는 일, 장애가 있으면 돌봐주는 일 등에선 계층을 가리지 않아야 하는 이유다.

그래서 더 열심히 일할 기회를 얻은 얼굴 맑은 부모들은 더 많은 세금도 꼬박꼬박 낼 것이고, 또 자신의 아이만큼 다른 아이도 걱정해서 기부에도 나설 것이다. 보편적 복지를 시행하되 그런 지원이 굳이 필요 없는 계층은 지원금을 스스로 반납하게 하는 제도를 만든다면, 아마 가장 먼저 반납 창구를 찾는 것도 그들이 될 것이다.

그러나 세상은 선한 이들의 마음대로 움직이지 않는다. 국회의원의 절반이라도 빈곤층의 삶을 산다면 이런 글을 쓸 일도 없을 것이다. 공무원 자녀 가운데 절반만 열악한 환경에서 일하는 노동자라면 한 해 1400명이 숨져나가는 산업재해의 끔찍한 현실이 이대로 방치되진 않았을 것이다. 번듯한 자리에 앉아 상대적인 풍족을 절대적인 풍족으로 채워나가려는 욕망에 찌든 이들의 마음대로 세상은 조종되고 있다. 지금까지는 그렇다.

아이의 머리뼈 골절은 오진이었고 결과적으로 큰 탈은 없었다는 사실을 밝혀두려니, 저 가슴 아픈 부모들의 얼굴이 눈에 밟힌다. 그 서늘했던 복도에서 직면했던 전율을 결코 잊지 않겠다는 약속을 전하고 싶다. 부모의 마음을 배신하지 않는 세상을 만들기 위해 굳게 연대하겠다는 약속과 함께.

종교의 자유 vs 정교분리

그때 산에 올라 밤하늘을 쳐다보면서, 코끝으로 쏟아지는 별을 보면서 저 무변광대한 우주의 시작과 끝을 생각했다. 저 시간의 처음의 이전, 그 이전의 이전, 저 공간의 끝 너머, 그 너머의 너머……. 어쩔 수 없이 시작과 끝을 인식의 틀로 가진 인간의 사고능력으로는 도저히 가닿을 수 없는 무한과 신비의 시공간에 생각은 되풀이해 걸려 넘어지곤 했다.

또한 그 어느 때는 오묘하기 이를 데 없는 생명의 신비를 궁금해했다. 진화론이 합리적이라고 여기지만, 억겁의 시간을 거치며 전진해온 생명의 진화를 긍정하지만, 그러면서도 기기묘묘한 수만 가지의 생물종이 지금의 모습을 갖추기까지 생식세포와 유전자 속에서 어떤 일들이 벌어졌는지 도무지 알 수 없는 인간의 한계에 다시 걸려 넘어지곤 했다.

오래전 슬프게 이별했던 신의 이름을 새삼 떠올리고, 종교가 지닌 엄숙한 힘에 대해 고개를 숙이게 되는 순간들이었다. 잔인하리만치 이기적인 셈법에 지배당하는 세속의 일상을 털고, 이 짧고 보잘것없는 존재에 대비되는 영원의 시간성과 생명의 존엄성을 돌아보게 되는 순간들이었다. 두말없이 그것은 종교적 체험이라고밖에 말할 수 없다.

그러나 이미 조직이요 시스템이 돼버린 종교(기관)에서는, 내 게으름 탓인가, 그런 엄숙한 힘을 만나기 어려웠다. 근래 들어 종교가 존재감을 갖고 다가오는 건 오히려 세속적 일상, 특히나 정치와 만났을 때다. 세상을 시끄럽게 했던 이슬람채권법(수쿠크법) 논란이나 이명박 대통령의 무릎 꿇은 기도가 그런 경우다.

종교와 정치의 관계는 어떠해야 할까? 우리 헌법은 그 답을 주고 있다. '제20조 1)모든 국민은 종교의 자유를 가진다. 2)국교는 인정되지 아니하며, 종교와 정치는 분리된다.' 그런데 이 두 조항은 묘하게 충돌한다. 수쿠크법이 개신교계의 반발로 무산된 것이나 이 대통령이 국가조찬기도회에서 애처롭게 무릎 꿇고 기도하는 모습은 1)개신교계가 자신의 종교적 신념을 주장할 자유와 이 대통령이 자신의 종교에 따른 예배 행위를 할 자유를 누린 것이면서 2)종교적 이유로 국가 정책을 결정해서는 안 된다는 원칙을 어기고, 국가원수로서 지나치게 특정 종교에 몰입하는 모습을 보임으로써 국민 통합을 저해한 것이기도 하다.

같은 맥락에서 생각해볼 사례들이 있다.

교회 십자가의 불야성 조명 탓에 밤잠을 제대로 못 이루는 시민이 정부에 하소연을 했는데, "현행 옥외광고물 등 관리법에서 교회 십자가는 기념물·상징물로 보아 옥외광고물로 규정할 수 없고 따라서 규제할 방법이 없다"는 답변을 들었다는 뉴스가 있었다. 1)교회는 그 종교적 상징인 십자가를 장식할 자유를 가진다. 2)정부는 시민들에게 불편을 주는 교회 십자가 조명을 종교 영역이라는 이유로 '특별 대우'해서는 안 된다.

또 다른 사례로 여호와의 증인 신도들은 종교적 신념에 따라 병역을 거부하고 대신 옥살이를 한다. 1)여호와의 증인 신도들은 그들 종교의 가르침에 따라 행동할 자유를 가진다. 2)국가는 이들의 병역거부를 종교 영역이라는 이유로 '특별 대우'를 해서는 안 된다.

바로 앞의 두 사례는 묘한 대조를 이룬다. 한쪽에 대해선 '특별 대우'가 이뤄지고 있고, 한쪽에 대해선 '특별 대우'가 부정되고 있다. 같은 논리가 다른 결과를 낳은 셈이다(양심적 병역거부가 꼭 종교적 이유에서만 이뤄지는 것은 아니며, 이는 종교의 자유와는 다른 인권적 차원에서도 다뤄져야 한다는 점은 여기에서 잠시 제쳐두자).

'종교의 자유'와 '정교분리'라는 두 원칙이 파생시키는 이런 복잡한 충돌을 어떻게 해결해야 할까? 미국 포덤대학 로스쿨의 애브너 그린 교수는 이런 논리를 제시한다. 정책 결정이나 입법 과정에서 종교적 논거는 배제돼야 한다. 그러면 종교인들은 정치 과정에서 자신의 종교적 신념을 투영시키는 기회를 잃게 돼 비종교인에 견줘 불이익을 당하는 셈이 된다. 그렇다면 그 반대급부로, 종교가 배제된 정치적 과정을 거쳐 나온 법률이나 정책을 집행할 때 이로 인해 치명적인 종교적 상처를 받게 되는 이들에게는 일정한 면책을 줘야 공정하다. 그들은 정책 결정이나 입법 과정에 참여할 기회를 애초부터 잃었던 셈이기 때문이다. 그린 교수의 논리를 따르자면, 교회 십자가 조명이든 양심적 병역거부든 그것을 금지·처벌하는 게 '치명적인 종교적 상처'를 주는 일이라면 법 적용에서 면제를 해줘야 한다.

그렇다면 수쿠크법은? 종교적 논리를 배제하고 법을 통과시키되, 다른 종교를 가진 이들에게 이슬람 채권을 사고팔지 않을 자유를 주면 되는 게 아닐까(물론 이는 당연한 일이다). 이명박 대통령의 기도 문제는? 답은 독자의 탁견에 맡긴다.

번거로운 논리는 지워버리자. 정치는 세속의 갈등을 (때로는 강제적인 방법을 동원해) 조정하는 일을 하고, 종교는 그런 갈등 따위는 아예 풀어헤치고 지친 영혼을 영원과 생명의 고귀함으로 인도하는 역할을 한다고 믿는다. 종교가 정치에 얽혀드는 꼴사나운 사태가 발생한다면, 거기에 연루된 종교(기관)는 돌이켜 신의 이름을 부끄러워해야 하지 않겠나.

르완다 탈출

20세기 인류사의 비극으로 새겨진 아프리카 르완다 사태를 기록한 필름을 본 적이 있다. 종족 간 분쟁으로 수십만 명이 학살됐고, 국제사회는 멍하니 바라만 볼 뿐 별다른 조처도 하지 못했던 그 사건의 일단을 보여주는 영상이었다.

사태가 불붙던 시기, 그러니까 르완다에 소요가 일고 걷잡을 수 없는 살기가 고조되던 때, 과거 르완다를 식민지로 지배하기도 했던 벨기에 대사관에 군용 헬기가 내려앉는다. 르완다에 거주하던 외국인들(물론 대부분은 서구 국가 사람들이었다)을 피신시키기 위해서다. 살상의 위협을 피해 쫓겨온 군중이 대사관 문 앞에까지 이르고, 흉기를 들고 이들을 뒤쫓는 또 다른 군중이 다가들고 있다. 사태의 험악한 전개를 예측하지 못한 탓에 자위 수단이 충분히 마련돼 있지 않던 외국인들이 긴급 피신에 나선 참이다. 허겁지겁 헬기에 올라타는 백인들의 모습에는 공포가 서려 있다. 그리고 이 필름의 압권. 마지막에 누군가의 애견들이 헬기에 뛰어오른다. 대사관 문 밖에서 죽음의 막다른 골목에 내몰린 이들이 "우리도 데려가달라"고 울부짖는데, 헬기는 그 개들을 마지막 손님으로 태우고는 육중하게 이륙한다.

나라면 어떻게 했을까? 나라도 그랬을 것 같다. 생명의 위협을 느끼는 순간이라면, 내 가족부터 어떻게든 부여잡고 다음으로 동료나 친구를 건사했을 것이다(아무리 그래도 사람보다 개를 우선순위로 챙기지는 않았겠지만). 그것은 헬기에 대사관의 외교관이나 다른 민간인이나 다 똑같은 인지상정이라고 하겠다.

물론 이것은 극단적인 상황이다. 평시에 일상적으로 일을 처리하는 경우라면, 개인적인 사랑과 아낌의 정도보다 더 공정한 기준을 적용하게 될 터다. 그런 태도 역시 외교관이나 민간인이나 마찬가지일 것이다.

르완다의 영상을 다시 떠올리는 것은 일부 외교관들의 자녀 특채 행태를 접하고서였다. 평시의 공정한 기준을 버리고 자기 자녀에게 특단의 기회를 우선 부여하고자 양심까지 저버리는 모습에서 왠지 저 군용 헬기에 오르는 사람들의 표정에 깃들었던 공포심이 보인다. 삐끗 잘못하면 생계조차 잇기 어려운 비정규·저임금의 나락으로 떨어져야 하는 이 사회가 저 학살의 르완다처럼 살벌한 곳임을 그들은 알았던 것이다. 평시처럼 공정한 게임이라고 믿고 자녀를 내버려뒀다가는 언제 어떻게 절망의 골목으로 내몰릴지 알 수 없었던 것이다. 건전한 상식을 지닌 외교관들이 상식을 저버린 행동을 했다는 사실을 그것 말고는 설명할 도리가 없다. 외교통상부의 특혜 채용 논란은 직장을 구하는 젊은이들에게 대한민국이 이미 전쟁터임을 고위 공직자들이 솔직히 인정한 사건으로 해석할 수밖에 없다.

그리고 그들의 두드러진 행태 덕분에 다른 분야에서도 치열한 헬기 타기의 혼란상이 빚어지고 있다는 사실도 알게 됐다. 대기업 임원 자제들이 부모가 다니는 회사에 남들보다 원활하게 입사하는 일은 아마도 그 실상의 일부일 뿐이리라. 어디선가, 외교관이든 민간인이든, 문밖에서 울부짖는 소녀와 청년 대신 자기 집 개를 먼저 끌어안고 헬기에 오르는 이들도 있으리라는 끔찍한 추정이 전혀 헛된 것은 아니리라.

르완다 사태는 인류에게 인간성을 지킬 지혜가 부족함을 보여줬다. 끔찍한 학살을 저지른 자들에게나, 학살을 막을 힘이 있으면서도 서둘러 개까지 끌고 도망치는 것 외에 아무런 일도 하지 않은 자들에게나.

유족들을 부축하라

20여 년 전 외사촌 형이 세상을 떠났다. 암세포의 공격 때문이었다. 서울의 한 병원에서 사그라져가는 촛불처럼 야윈 형의 얼굴을 본 지 며칠 만에 부음을 들었다. 형수와 어린 딸이 남았다. 영안실에서 영정 앞에 절을 한 뒤 정체가 잡히지 않는 감정에 취해 병원 앞 포장마차에서 술을 마셨다. 자식을 두고 떠나는 이의 마음을 알 수는 없던 20대 시절이었다. 물론 지금이라고 해도 그 마음을 죄 헤아리기는 힘들다. 다만, 남겨진 아이의 까만 눈동자가 슬펐다.

침몰한 천안함 함미에서 주검으로 발견된 고 김태석 상사의 유족을 TV에서 바라봤다. 여섯 살, 일곱 살, 여덟 살 연년생 딸들이 보였다. 엄마는 딸에게 "아빠 어디 갔어?"라고 물었다. 딸은 말이 없었다. 엄마는 "아빠 보고 싶지?"라고 또 물었다. 아이는 고개를 겨우 끄덕이는 것 같았다. 자식을 두고 떠나는 이의 마음이 얼마나 칠흑 같은지 나는 지금도 죄 헤아리기 힘들다. 다만, 길게 펼쳐진 아이들의 내일이 서럽다.

그렇게 남겨진 이들의 마음도 알 길이 없다. 20여 년 전 술에 취해 고꾸라지게 만든, 정체 모를 감정이 스칠 뿐이다. 다만 가늠할 만한 것은 남겨진 이들이 살아가야 할 앞날의 객관적 현실이다. 그들은 이른바 '한 부모 가정'에 편입된다. 신문 사회면에 밝지 않은 사연들과 함께 곧잘 등장하는 그 한 부모 가정이다. 세상은 그들에게 끊임없이 손을 벌릴 것이다. 생활비며, 주거비며, 양육비며, 교육비며…… 뻔한 살림살이 사정엔 아랑곳없이 가장의 빈자리를 굳이 각인시키며 인정사정없이 그들을 코너로 몰아갈 것이다. 아이는 아빠의 체온을 그리워하기에 앞서 엄마의 시름을 먼저 체감할지도 모를 일이다.

보상금과 연금이 계산돼 우리 앞에 제시된다. 그것이 1억 원이든 2억 원이든, 다달이 100만 원이든 200만 원이든, 그것은 그저 숫자에 불과하다. 길게 펼쳐진 내일을 감당하기엔 턱없이 모자란 체면치레일 뿐이다. 그들이 위로받고 또 남은 희망을 그러모아 삶을 견뎌내도록 우리 사회가 해야 할 일은 보상금이나 연금뿐일 수는 없다. 더더군다나 일회성 성금으로 우리의 책임을 덜려 해서는 안 될 일이다.

갑작스러운 불행으로 생계의 한 축이 무너져내린 이들이 슬픔은 오롯이 간직하되 공포에 떨지는 않도록 사회가 팔을 내밀어 부축할 일이다. 그건 나라를 위해 군 복무를 하다 원인 모를 사고로 목숨을 잃은 장병들이나, 직장에서 일하다 사고를 당해 운명을 달리한 산업역군들이나, 심지어 잔인한 운명의 시샘으로 이유 없이 죽음을 맞이한 그 누구나, 자식을 남겨두고 떠나는 이라면 필시 마지막 순간 손을 모았을 바람일 것이다.

대한민국은 그런 준비가 된 나라인가? 학교에서 아이들에게 조건 없이 밥을 먹여주자는 제안에도 브레이크를 거는 세력이 지배하는 나라, 막대한 사교육비를 들이지 않고도 아이들이 평등하게 잘 커나갈 수 있는 방안에 눈먼 나라, 생계가 다급한 이들에게 인간적 생활을 보장하는 일에 인색한 나라, 일자리를 얻기 힘든 처지의 국민에게 직장을 마련해주는 노력이 더딘 나라, 다른 건 제쳐두고라도 한 식구 먹고사는 일만큼은 걱정하지 않게 팔 걷고 보살필 줄 모르는 나라…….

천안함 사고 희생자의 유족 가운데 저런 처지에 내몰릴 이들은 없을까? 보상금과 연금이면 손을 털어도 될 일인가? 희생자들의 주검에 태극기를 덮어주기 전, 우리는 대한민국이 그 유족에게 무얼 해줄 수 있는지 생각해보자. 천안함이 우리에게 남긴 또 하나의 미스터리. 국가는 국민을 어떻게 보살펴야 하는가? 김 상사는 어떤 모습의 대한민국을 지키기 위해 천안함에 올랐는가?

자식을 두고 떠나는 이의 마음을 죄 헤아리긴 힘들다. 다만, 남겨진 이들 앞에 길게 펼쳐진 내일이 출렁이는 백령도 앞바다 파도처럼 위태로워 서러울 뿐이다.